THE PERFECT MARRIAGE

완전한 결혼

조셉 래시티 지음 / 정동섭 옮김

한 언 HANEON.COM

완전한 결혼

펴 냄   2003년 10월 1일 1판 1쇄 박음 / 2003년 10월 5일 1판 1쇄 펴냄
지은이   조셉 래시티
옮긴이   정동섭
펴낸이   김철종
펴낸곳   (주)한언
         등록번호 제1-128호 / 등록일자 1983. 9. 30
주 소   서울시 마포구 신수동 63-14 구 프라자 6층(우 121-854)
         TEL. 02-701-6616(대) / FAX. 02-701-4449
책임편집   이은정 ejlee@haneon.com
디자인   백주영 jypaek@haneon.com
홈페이지   **www.haneon.com**
e-mail   haneon@haneon.com

ISBN 89-5596-108-1   03230

완전한 결혼

The Perfect Marriage
by Dr. Joseph Racite

이 책을 영감의 원천이며,
동반자이자 나의 여왕인 메리에게 바친다.

CONTENTS

한국의 독자에게

독특하고 강력한 메시지를 담고 있는 이 책은 제목이 암시하는 그
대로 '완전한 결혼'을 독자에게 선물할 것이다. 어떤 이들은 이것을
대담한 주장이라고 하겠지만, 참된 사랑은 실패하는 적이 없기 때문
에 이것은 사실이다. 이 책을 통해, 당신은 실패로 유도하는 사랑의
모조품에 대해 그리고 관계를 완전히 변화시키는 사랑의 참된 능력에
대해 배우게 될 것이다.

나는 부부의 하나됨, 결혼서약, 사랑, 남녀 차이, 의사소통, 영성, 헌
신, 갈등 해소, 철학적 차이 그리고 친밀감 등 결혼과 관련된 모든 측
면과 문제들을 두루 다루고 있다. 따라서 당신은 당신의 관계에 현존
하는 또는 미래의 어려움에 대해 확실한 해답을 만나게 될 것이다. 이

책은 또한 앞으로 행복한 결혼을 꿈꾸고 있는 미혼자들에게도 도움이
될 것이다.

나의 '둘 다 이기는' 접근법win-win approach은 다양한 민족과 종교
를 배경으로 하는 부부들을 상대로 이루어진 여러 해 동안의 집중적
인 연구와 다양한 경험에 기초하고 있다. 끝까지 책을 읽어 나간다면,
당신은 언젠가 당신의 부부관계에서 직면할지도 모를 갖가지 잠재적
인 문제에 대한 쉽고 명쾌한 해답을 보게 될 것이다. 당신이 배울 수
있는 가장 중요한 내용은 당신이 바라는 완전한 결혼이 당신의 손 안
에 있다는 것이다!

이 책의 내용에 대하여, 나는 내 친구이며 동료인 정동섭 박사로부
터 전폭적인 지원과 인정을 받게 된 것을 기쁘고 영광스럽게 생각한
다. 부부를 변화시키는 방법에 대한 내 논문을 읽고, 정 교수는 나에
게 열정적인 지지와 격려를 담은 편지를 보내왔다. 그는 나의 접근법
을 "사막에서 발견한 진주"라고 극찬하였다. 나는 독자 여러분과 그
진주를 나누게 된 것을 기쁘게 생각한다.

당신의 관계가 아무리 불행하다고 해도, 이 책이 제안하고 있는 것
을 적용하면, 당신의 배우자나 파트너의 생활에 놀라운 변화가 일어
나는 것을 보게 될 것이다. 어떤 이론이나 접근법의 참된 가치는 그
열매에 있다. 당신이 단계적으로 한 가지씩 나의 제안을 실천하고 당
신의 관계를 갉아먹고 있는 애정 없는 행동을 적극적으로 변화시킨다
면, 이 100퍼센트 사랑의 접근법은 틀림없이 당신에게 '완전한 결혼'
을 선물할 것이다. 당신은 이 책에서 행복한 결혼에 이르는 방법이라
고 널리 홍보되고 있는 다른 이론들도 접하게 될 것이다. 그 오도된
이론들에 대해 읽으면서, 왜 전세계적으로 이혼율과 불행한 관계의

비율이 급상승하고 있는지를 이해하게 될 것이다. 이 책을 읽으면서, 당신은 많은 사람들이 저지르고 있는 실수에 대해서도 알게 되겠지만, 여러 원리와 제안에서 또한 많은 유익을 얻게 될 것이다.

나는 우리의 '완전한 결혼' 세미나를 시작할 때마다 늘 사용하는 문장으로, 서문을 마무리하고자 한다. "이 100퍼센트 사랑 접근법을 적용하면, 당신 부부의 관계는 절대로 전과 같을 수가 없다." 당신의 완전한 결혼 또는 완전한 관계가 바로 당신 앞에 놓여 있다. 광야에서 보석을 만났다고 생각하고 이 책의 메시지를 한번 적용해 보기 바란다! 그리고 나서 당신이 늘 바라고 사모했던 행복한 관계를 누리도록 하라. 완전한 관계에 이르는 짧은 여행을 떠나는 당신에게 나의 뜨거운 마음이 담긴 축원을 보낸다.

2003년 10월
조셉 래시티

옮긴이의 말

왜 남자는 성적인 만족과 칭찬, 여자는 친밀한 대화와 사랑을 원하는가?

사람들은 21세기를 '행복의 세기'라고 말한다. 모든 사람이 행복을 노래하고 있으며, '행복한 가정'과 '행복한 사회'라는 표현이 도처에서 눈에 띈다.

행복은 우리 모두의 관심사지만, 무엇이 있어야 행복한지를 아는 사람은 그다지 많지 않다. 성경은 '서로 사랑하는 것'이 행복의 가장 중요한 조건이라고 가르치고 있다. 특히 결혼한 부부의 경우에는 아무리 각자의 직업에서 성공한다고 해도, 사랑하는 일에 실패하면 생활만족도는 떨어질 수밖에 없다. 사랑하지 않고 행복한 사람은 없다.

결혼이 흔들리고 이혼이 증가하고 있는 현상에는 미국이나 한국이나 그다지 차이가 없다. 그러므로 이 책의 메시지는 문화를 초월하여 어느 부부에게나 적용될 수 있다.

당신의 삶의 우선순위는 무엇인가? 직업에서의 성공인가? 가정의 행복인가?

이 책은 불완전한 결혼, 법적인 이혼과 정서적 이혼이 혼재하고 있는 현대사회에서의 '완전한 결혼'의 비결을 도전적으로 소개하고 있다. 역자는 지난 20년간 대학교수로서 그리고 한국 가정사역학회 초대 회장으로 결혼과 가정을 세우는 일에 전념해 왔다. 그동안 가정생활과 가족치료 분야의 많은 책을 접했지만, 이와 같이 '부부 행복의 비결'을 종합적으로 완전하게 다룬 책은 보지 못했다.

역자가 이 책의 저자인 조셉 래시트 박사를 처음으로 알게 된 것은 2001년 미국 기독교상담자협회 *American Association of Christian Counselors*에서 발간하는 계간지 〈결혼과 가족 *Marriage and Family*〉에 게재된 그의 논문을 통해서였다. 그 논문에 감동을 받은 나는 즉시 저자에게 이메일을 보냈고, 나는 그가 보내준 이 책의 원서를 단숨에 읽어 내려갔다. 우리 부부는 2002년 2월 가정세미나 인도차 캐나다 토론토를 방문했는데, 래시티 박사 부부는 미국 뉴저지에서 10시간이 넘도록 차를 몰고 우리를 만나러 왔다. 그 이후 우리는 같은 분야에서 일하는 동역자로서 아름다운 우정을 쌓고 있다.

미국의 가정을 세우는 일에 앞장서는 이들 가운데는《화성에서 온 남자, 금성에서 온 여자》의 존 그레이나《남자를 화나게 하는 말, 여자를 토라지게 하는 말》의 저자 데보라 태넌과 같이 이혼의 아픔을 딛고 일어선 이들이 많다. 따라서 그들의 메시지에는 간절함이 있다. 래시티 부부도 둘 다 이혼을 하고 난 후, 이와 같이 무게 있는 책을 쓸 수 있었다.

저자는 부부간의 다툼, 채워지지 않는 욕구, 교감과 친밀감의 부족 등의 다양한 관점에서 결혼문제를 진단하면서, 창조주 하나님이 인류를 사랑하셔서 예수 그리스도를 보내 주심으로 우리에게 100퍼센트 사랑을 주신 것처럼, 배우자의 욕구를 100퍼센트 채워 주려는 자세가 무엇보다 중요하다는 점을 설득력 있게 진술하고 있다. 두려움과 이기심, 용서하지 않는 마음과 같은 문제를 극복하고 배우자를 어떻게 구체적이고 일관성 있게 사랑하여 완전한 결혼을 누릴 수 있는지를 자신의 경험담에 비추어 보여 주고 있는 것이다.

저자가 크리스천 심리학자의 입장에서 그의 논리를 전개하고 있는 부분이 일부 독자에게 거부감을 안겨 줄 수도 있다. 그러나 속단하지 말고 계속 읽어 보라. 당신은 진주와 같은 보화를 접하게 될 것이다.

이 책에서 인용한 성경 구절은 《표준새번역》(대한성서공회, 1993)을 따랐다.

이 책의 두드러진 장점은 이제까지 나와 있는 결혼생활에 대한 그 어떤 서적에 담겨 있는 지혜보다도 통합적인 방향을 제시하고 있다는 점이다. 저자는 남자가 원하는 사랑과 여자가 원하는 사랑이 어떻게 다른지를 다른 어떤 저자보다도 더 구체적이고 설득력 있게 설명하고 있다. 남자에게는 왜 성적인 만족과 칭찬받는 일이 우선 중요하며, 여자에게는 왜 친밀감을 느끼게 하는 대화와 사랑받는 일이 우선 중요한지를 설명한 부분은 모든 부부에게 공감대를 주리라 확신한다. 또한 저자는 남편과 아내가 서로의 필요를 알아서 채워 줌으로써, 어떻게 완전한 결혼을 누릴 수 있는지를 구체적으로 안내하고 있다.

결혼을 앞두고 있는 이들, 결혼생활을 하는 이들, 결혼의 위기에서 삐걱거리는 이들, 나아가 이혼의 아픔을 경험한 이들에게도 이 책이 희망과 위로를 선물하기를 바라마지 않는다.

이 책을 우리말로 번역, 출간할 수 있도록 배려해 주신 한언커뮤니티의 김철종 사장님과 박시형 이사님, 그리고 깔끔한 편집으로 읽기 쉬운 책을 만들어 주신 이은정 팀장님에게 독자를 대신해 감사하다는 말씀을 드리고 싶다.

이혼을 막는 지름길은 행복한 결혼율을 높이는 것이다. 이 책을 통해 많은 부부가 '완전한 결혼' 을 이루게 되기를 바란다.

2003년 10월
정 동 섭

완전한 결혼의 기초

당신이 믿든 믿지 않든 완전한 결혼은 있다!

당신은 '완전한 결혼'이라는 것 자체를 어처구니없는 발상이라고 생각할는지 모르겠다. 그러나 혹 완전한 결혼이 신의 계획의 일부가 아닐까 하는 생각을 해 본 적은 없는가?

성경을 읽어 보면, 하나님은 우리가 만족스럽고 흥미진진하고 행복한 결혼생활을 누리기를 원하신다는 것을 알 수 있다. 생각해 보라! 전지전능하시고 사랑이 많으신 하나님이 완전한 결혼에 필요한 청사진을 우리에게 제시하지 않았을 리가 있겠는가?

인류의 조상 아담과 하와는 에덴동산에서 죄를 저질렀다. 이로써 인류가 죄 없이 산다는 것은 불가능해졌다. 따라서 완전한 결혼 역시 불가능하게 된다. 성경은 "모든 사람이 죄를 범하였으므로 하나님의 영광에 이르지 못" 했으며(롬 3:23), 우리가 죄의 본성*sin nature*을 지니고 있다(요일 1:8)는 사실을 상기시킨다. 인간은 이러한 죄성 때문에 죄를 짓게 되고, 하나님을 반역하는 존재가 되었다. 반역이 부부 사이에서 발생하는 모든 문제의 근원이 되는 것이다.

　그러나 하나님은 은혜로우셔서 악마의 간계를 물리칠 수 있도록 배려하셨고(엡 6:11), 예수 그리스도를 통해 모든 것을 감당하게 하셨다(빌 4:13). 그리고 우리는 그리스도로 말미암아 완전한 결혼을 포함한 '모든 것' 을 할 수 있다.

'하나의 완전한 결혼' 과 '진정으로 완전한 결혼'

　이 책은 완전한 결혼을 이룰 수 있도록 돕기 위한 것이지, '하나의 완전한 결혼' 을 만들기 위한 것이 아니다. '하나의 완전한 결혼' 은 부부가 모두 완전한 존재일 때에만 가능하다. 이런 의미에서 '하나의 완전한 결혼' 을 성취하려면 당신과 배우자는 개인적으로, 그리고 부부관계를 완전하게 꾸준히 유지해야만 한다. '진정으로 완전한 결혼' 은 한 쌍의 불완전한 부부가 결혼서약서에 담긴 '내용과 정신' 을 그대로 실천할 때 이루어진다.

　완전한 결혼의 목표는 '완전함' 이다. 그리고 그 목표를 달성하는 방법은 하나님의 능력과 도움에서 비롯되는 사랑이다. 하나님은 "사랑은 없어지지 않는다" 고 말씀하신다(고전 13:8). 그러나 그것은 우리에게 능력을 주시고 결혼생활에서 그의 뜻을 이루는 데 필요한 믿음을 주시는 하나님을 통해서만 가능하다.

왜 완전한 결혼을 성취하려 하는가?

많은 이들이 완전한 결혼이 불가능하다고 믿기 때문에 그러한 발상 자체를 여지없이 일축해 버린다.

그렇다면 완전한 결혼을 성취하는 것이 왜 모든 사람을 위한 하나님의 목표인가를 알아보자. 우선 하나님의 기준을 살펴보자. 하나님의 기준은 완전하며, 이 기준은 그의 뜻을 나타낸다. 오류가 없는 하나님의 말씀은 결혼을 위한 하나님의 완전한 의도를 드러내는 분명하고 구체적인 지침을 담고 있다. 이런 의미에서 하나님의 말씀은 우리에게 그의 형상을 본받으라고 훈계하고 있다(롬 8:29; 고전 15:49).

뿐만 아니라 성경은 하나님은 사랑이라고 말하고 있다(요일 4:16). 우리는 결혼생활에서 하나님의 형상을 닮아 가는 가운데, 그리고 성령이 우리의 행동을 지시하고 안내하는 가운데 배우자를 사랑하게 된다. 이를 따르지 않는 것은 하나님의 기준이나 그의 완전한 뜻을 거역하는 것이다.

우리는 또한 예수님이 교회와 가졌던 관계를 본받아야 한다. 예수님과 교회의 관계는 완전하였다. 하나님의 기준과 형상, 성품 그리고 신적인 본보기를 고려할 때, 결혼에 관한 완전함의 개념을 거부하는 것은 사실상 불완전함을 수용하는 셈이다. 이는 예수님의 가르침과 그의 권위를 부인하는 것과 다르지 않다. 그러나 우리가 서로 사랑하면 하나님이 우리 안에 거하시고, 그의 사랑이 온전히 우리 안에 이루어지는 것이다(요일 4:12).

만약 당신이 아직도 완전한 결혼이 불가능하다고 믿고 있다면, 이 책을 읽으면서 예수님의 가르침을 받아들이고 마음을 새롭게 해 변화하기를 바란다. 예수님은 당신이 꿈꾸던 그런 결혼생활을 누리기 원하신다. 하나님의 뜻이 실현되면 언제나 그의 형상과 일치하고, 항상 가장 좋은 결과가 나타나기 마련이다. 하나님의 형상은 절대적 사랑, 바로 완전함 그 자체이다.

완전함에 이르는 길

자신의 삶에 있어서 하나님의 뜻이 무엇인지에 대해 기도해 본 적이 있는가? 이럴 때 사람들은 일반적으로 자신의 소명에 초점을 맞추는 경향이 있다. 우리는 "하나님, 당신은 내가 무엇을 하기 원하십니까?"라고 묻는다. 우리는 하나님을 위해 무엇인가 의미 있는 일을 하고 싶은 욕망을 따른다. 하나님 나라를 위하여 무엇인가 특별하고 광범위한 영향을 미치고 싶은 것이다. 내 경험에 의하면 하나님과 미지근한 관계를 갖고 있는 사람들도 하나님을 위해 큰일을 할 기회가 있으면 기쁘게 받아들인다.

사람들은 인생의 시련과 환란을 고난으로 생각한다. 그러나 하나님이 보시기에 그런 '과제들'은 모두 당신께 영광을 돌리기 위해 고안되거나 허락된 '믿음을 키워 주는 경험들'이다. 이 경험들은 없어서는 안 되는 소중한 것이다. 왜냐하면 믿음이 없이는 하나님을 기쁘게 할 수는 없기 때문이다(히 11:6).

나는 한 목회자가 "시험받지 않은 믿음은 신뢰할 수 없다"라고 말하는 것을 들었다. 신뢰는 관계를 구축하고 안정시키는 데 꼭 필요하다. 따라서 시험받기를 거부하거나 저항한다면 신뢰를 얻을 수 없다. 당신은 결혼생활에서 시험받을 용의가 있는가?

성경은 믿음의 시련이 인내를 낳는다고 말한다(약 1:3). 하나님의 완전한 뜻을 이루기 위해서는 인내하는 것이 필요하다. 하나님은 당신이 인내를 키워 승리자가 될 수 있도록 도전적인 다양한 경험을 주실 것이다.

믿음을 키워 주는 이러한 경험은 당신이 예수님의 성품을 닮을 수 있도록 고안되었다. 하나님은 당신이 이러한 과정을 통해서야 그의 영광을 위한 사랑의 그릇이 되기를 원하신다. 그러나 사명을 성공적으로 수행하려면 우선 그의 명령을 따르겠다는 각오를 다져야 한다. 또한 부부는 동지이자 동반자가 되어야 한다.

당신이 결혼생활에서 상대하는 적은 사실 당신의 배우자가 아니다. 적은 악마다(엡 6:12). 하나님은 당신이 이 악마에 맞설 수 있도록 '신의 완전한 사랑' 이라는 영적인 무기를 주셨다. 또한 악한 자의 어떤 무기도 막을 수 있는 '믿음의 방패' 를 주셨다(엡 6:16). 그러나 당신이 믿음의 방패를 내려놓는 순간 두려움과 이기심과 독을 담고 있는 악한 자가 침투해 들어올 것이다.

만일 누군가 당신의 몸에 독약을 주사했다면 어떤 일이 일어나겠는가? 말할 필요도 없이 당신은 병약해지고 배우자와 사랑을 나눌 수 없을 것이다. 당신이 믿음의 방패를 내려놓는다면 그렇게 되고 말 것이다. 부부관계는 건강을 잃어버리고 병들게 된다. 여기서 말하는 독은 악마의 유혹을 가리킨다. 악마를 믿기 시작하면 하나님의 말씀을 따르지 않고 배우자를 무시하면서 이기적으로 변하게 될 것이다.

당신이 결혼서약을 하는 순간 당신의 몸은 부부 공동의 것이 되었으며, 평생 동안 하나님의 말씀을 따라서 배우자를 사랑해야 하는 책임을 지게 되었다. 따라서 배우자로부터 벗어나 독립적으로 행동한다면 결혼을 통한 하나님의 이상적인 계획을 깨트리는 것이다.

하나님의 눈을 똑바로 쳐다보며 "나는 내가 원하는 대로 하겠어요"라고 말할 수 있는가? 당신이 하나님의 말씀을 따라 배우자를 사랑하는 동반자로서 여기지 않는다면 결국 하나님을 그렇게 대하는 셈이다.

예수님은 아버지를 기쁘게 하는 아들이었다. 하나님은 결혼을 비롯한 생활의 모든 영역에서 그분의 형상을 닮기를 원하신다. 나는 과거나 개인적 환경에 상관없이 예수 그리스도를 믿으라고 권면하고 싶다. 그는 당신이 새롭게 출발할 수 있도록 도와 주고, 결혼생활에서 오는 시련을 믿음을 키워 가는 경험으로 사용하실 것이다. 이를 통해 당신은 그의 뜻을 이루고, 소명을 성취하고, 하나님께 영광 돌리는 완전한 결혼을 이룰 수 있다. 그로써 최고의 행복을 누릴 수 있을 것이다.

결혼을 위한 하나님의 설계와 완전한 결혼을 위한 그분의 뜻을 보다 자세히 살펴보기로 하자.

"나는 행복해지기를 원합니다!"

완전한 결혼에 이르는 방법을 생각하기에 앞서, 우리로 하여금 결혼이라는 평생의 언약을 따르도록 하는 동인이 무엇인지 살펴볼 필요가 있다. 사람들에게 결혼에서 무엇을 가장 원하는가를 물으면 대체로 '행복'이라고 말한다.

그렇다. 우리는 행복을 소망하면서 결혼한다. 행복의 추구는 공기를 마시는 것처럼 자연스러운 일이다. 인간은 생존과 사랑, 소속감, 자유 그리고 즐거움이라는 기본 욕구를 충족시키며 살도록 타고난 존재들이다. 결혼을 통해 이러한 욕구를 채울 수 있다. 그리고 이는 하나님이 정하신 것이기도 하다.

하나님은 그분과의 관계와 더불어 인간이 타고난 욕구를 충족시킬 수 있도록 결혼이라는 제도를 만드셨다. 그러나 결혼의 행복은 우리의 선택과 무관하게 이루어지는 것이 아니다. 인간은 성경에 기록된 하나님의 완전한 법칙에 따라 결혼을 통해 욕구들을 충족하는 데 따른 책임을 수용하고 감당하는 대신 아담과 하와가 에덴동산에서 그랬던 것처럼 하나님을 깡그리 무시하고 그의 법칙을 우리의 입맛에 맞는 것으로 대치시키고 있다. 안타깝게도 많은 사람들이 결혼의 행복에 도달하기 위한 기본적으로 '자기중심적인' 인본주의 철학을 따르고 있다. 바로 이 때문에 대부분의 결혼생활이 근본적인 문제들에 시달리고 있다.

대부분의 기혼자들은 자기이해에 부합하는 그들 나름대로의 선호와 방식에 따라 결혼생활을 하고 있다.

이기적 태도와 믿음의 부족 그리고 하나님의 말씀을 거역한 대가는 불행한 결혼생활과 이혼의 증가로 분명히 나타나고 있다. 잭 메이홀은 그의 저서 《결혼은 사랑 이상을 요구한다 *Marriage Takes More Than Love*》에서 "모든 결혼은 선택이다. 올바른 선택은 교감과 친근감을 가져온다"고 말하고 있다. 그러나 잘못된 선택은 부부를 환멸과 고독, 정서적 퇴행과 신체적 파멸로 몰아간다. 그는 또한 "결혼이라는 건물이 세워질 토대를 잘 선택하는 일이 일생의 동반자를 선택하는 것보다 중요하다"고 주장한다. 하지만 실제로 결혼의 모든 영역에서 신앙을 기초로 선택하는 사람들은 소수에 불과하다.

밥 묄러는 《좋을 때나 나쁠 때나 언제나 *For Better, For Worse, For Keeps*》라는 그의 책에서 "부부들은 이상하게도 단 하나 확실한 초석,

즉 영적 기초를 빼놓은 채 온갖 다른 원칙들을 선택하고 있다"고 말한다. 하나님은 당신의 기초로 삼지 않으면 행복하고 성공적인 결혼을 이루려는 노력이 모두 허사라고 가르치신다(시 127:1).

결혼의 행복은 어디에서 오는가?

성경은 남녀의 행복이 서로의 욕구를 채워 주는 과정에서 경험하는 사랑과 우정에서 비롯된다는 사실을 분명히 하고 있다. 하나님은 에덴동산에서 이를 설정하셨다(창 2:18). 하나님은 아담이 외롭지 않도록 하와를 '돕는 사람'으로 창조하여 서로를 사랑하는 동반자가 되게 하셨다.

나는 밥 묄러의 견해에 전적으로 동의한다. 그는 이렇게 말한다. "결혼은 평생 동안 우리를 흥분시키고, 자극하고, 양육하고, 도전하고, 격려하기 위한 의도로 만들어졌다. 하나님이 결혼을 통해 목적하신 것은 우리에게 친밀한 동반자와 보람 있는 동역자인 아름다운 관계를 마련해 주는 것이다." 결혼에서 하나님의 목적을 성취하는 열쇠는 아주 간단하다. 바로 하나님이 결혼의 주인이 되게 하는 것이다. 기독교 단체인 포커스 온 더 패밀리Focus on the Family에서는 성공적으로 결혼생활을 하고 있는 600명을 대상으로 한 조사를 했다. 그 조사결과는 신앙을 가정의 기초로 삼은 부부들이 성공적인 결혼생활을 누리고 있음을 보여 주고 있다.

결혼을 대한 하나님의 목적

결혼에 대한 첫 번째 언급은 창세기 2장 24절에 나온다. "그러므로 남자는 아버지와 어머니를 떠나, 아내와 결합하여 한 몸을 이루는 것이다."

분명한 것은 결혼에 대한 하나님의 목적은 교제를 통해 사랑으로 뒷받침되는 하나됨 또는 화합이라는 사실이다. 골로새서 3장 14절은 "사랑은 온전하게 묶는 띠"라고 말하고 있다. 사실 하나님의 모든 창조세계는 그의 참된 성품을 반영하고 있다. 당신이 결혼을 통해 그의 완전한 성품을 드러내는 것이 하나님의 바람이자 욕망이다.

예수님이 아버지와 하나인 것처럼(요 10:30), 주님은 모든 부부가 하나 되길 원하신다. 하나님을 사랑하고 배우자를 사랑할 때에야 우애적인 사랑의 기쁨과 성취감을 맛볼 수 있다.

닐 워렌 박사는 《사랑할 배우자 찾기Finding the Love of Your Life》에서 '우애적 사랑'은 오랜 기간 헌신된 부부관계에서 가능한 강력한 애착의 관계라고 말하고 있다. 이는 부부 사이의 대화와 헌신, 보살핌, 애정 그리고 지원으로 특징지어지는 언약의 관계이다.

우애적인 사랑은 이타적 헌신을 포함한다. 이러한 사랑은 배우자 서로의 다른 개성을 존중하고, 자유를 보장하고, 신뢰한다.

교제가 없는 결혼생활에 미치는 파괴적인 결과를 보여 주는 연구들도 있다. 《사랑 가운데 조화롭게 사는 남녀Living in Sync: Men and Women in Love》의 저자인 데이비츠 박사는 이혼한 남성 400명을 대상으로 조사를 한 적이 있다. 그 결과를 보면 "대다수 남성들이 관계가 실패한 결정적인 요인으로 교제의 부족"이라는 점을 지적했다.

부부의 하나됨

사람들은 부부간의 '하나됨oneness' 이라는 개념을 서로 다르게 해석하고 있다. 하나됨이란 의견이 일치되고 공통의 관심사를 갖는 것, 또는 불화가 없는 상태라고 생각하는 사람들도 있을 것이다. 그러나 부부의 하나됨은 '서로의 관계와 행복에 대해 한마음을 품는 것' 이라고 정의할 수 있다. 그렇다면 당신은 결혼의 어떤 부분에서 배우자와 하나 되지 못하는가?

부부의 하나됨은 결혼을 세 개의 구성인자를 가진 하나의 개체로 개념화하는 것에서 시작해야 한다. 그 세 개는 자신과 배우자 그리고 두 사람의 관계이다. 이것은 삼위일체의 하나님, 즉 성부, 성자와 성령의 형상을 닮은 것이다. 성경은 이와 관련하여 "우리가 우리의 형상을 따라서, 우리의 모양대로 사람을 만들자" (창 1:26)라고 기술하고 있다.

부부가 완전함과 화합을 이루려면 관계를 지키고 최선의 관계를 추구하겠다는 마음가짐이 필요하다. 만일 당신의 말과 행동이 배우자가 아닌 자신의 유익을 위한 것이라 하자. 그렇다면 당신은 배우자로부터 어느 정도의 사랑을 박탈하는 것이기 때문에 본의 아니게 자신을 다치게 하는 셈이 된다.

그러나 행복하고 만족스런 결혼생활을 하고자 하는 바람만으로는 안 된다. 그를 위해서 무엇을 어떻게 해야 하는지 정확히 알고 있어야 한다. 하나님의 말씀은 진리와 그의 사랑에 기댄 분명하고 믿을 만한 해답을 제시하고 있다. 그 가르침을 삶에 적용하려면 믿음이 필요하다. 성경에 따르면 믿음 없이 하나님을 기쁘시게 하는 것은 불가능하다. 하나님을 기쁘시게 하지 못한다면, 배우자도 기쁘게 할 수 없다.

사랑은 믿음의 열매이다.

서로의 욕구를 채워 주어라

결혼의 맥락에서 사랑을 정의하면 사랑은 배우자의 필요를 충족시키기 위해서 자신을 내어 주는 것이다. 저명한 저자이자 강사인 에드윈 콜 박사는《대화와 성과 돈 Communication Sex, and Money》에서 "사랑의 증거는 이타적이고, 베풀고 그리고 하나 되고 싶은 욕망"이라고 말하고 있다. 이것은 누군가 먼저 주려고 할 때 일어난다. 요한복음 3장 16절은 사랑과 주는 것의 관계를 보여 주는 탁월한 예이다. "하나님이 세상을 이처럼 사랑하셔서 독생자를 주셨으니, 누구든지 그를 믿으면 멸망하지 않고 영생을 얻을 것이다."

결혼의 욕구는 주는 행위를 통해서 충족된다. 이는 조건 없이, 희생하고, 최선을 다하는 것이다. 당신의 가장 좋은 것을 주려면 배우자를 다른 무엇보다, 다른 누구보다 우선순위에 두어야 한다. 배우자의 욕구를 완전히 채워 주고 싶다면 배우자가 어떤 욕구를 가지고 있는지 직접 물어봐야 한다. 배우자의 욕구를 하나라도 충족시키지 못한다면, 이는 사랑을 거부하고 있다는 증거에 다름 아니다. 진정으로 배우자를 사랑한다면 모든 것을 기꺼이 주어야 한다.

최고의 결혼생활을 하려면 배우자의 욕구를 충족시켜 줘야 한다. 작가 퍼그손과 더만은《친밀감의 추구 In the Pursuit of Intimacy》에서 다음과 같이 말한다. "우리의 가장 중요한 목표 가운데 하나는 사랑하는 사람들의 욕구를 이해하는 것이다." 그들은 또한 이렇게 적고 있다. "충만한 결혼생활에서는 하나님이 계획하신 부요함과 낭만을 경험할 수 있을 것이다. 그리고 유혹으로부터도 보호받을 수 있을 것이다. 카마이클과 보이드는 《결혼 만들기 In the Making of Marriage》에서 "참된 사랑은 사랑하는 사람의 발전과 안전 그리고 안녕에 대한 헌신이다. 만일 내가 당신을 사랑한다면 당신의 욕구를 충족시키는 일에 헌신할 것이다"라고 말한다.

앨런 피터슨도 《고품격 결혼 Hi-Fidelity Marriage》에서 서로의 욕구를 충족시켜 주는 것이 얼마나 중요한지를 얘기하고 있다. "결혼은 서로의 욕구를 충족시켜 주는 관계이다. 그것은 연애 단계에 그러했고 부부가 함께 하는 마지막 날까지 계속되는 것이다. 다른 사람의 욕구만을 채워 주고 자신을 위해서는 아무것도 요구하지 않는 비이기적이고 이타적인 사람은 이 세상에 없다."

그리스도는 완전한 결혼을 성취하는 데 중심적 존재이다

하나님은 부부가 서로에게 완전하도록 결혼이라는 제도를 만들었다. 그러나 그 중심에 하나님이 있지 않으면 참으로 완전한 결혼을 이룰 수 없다. 그래서 하나님은 당신의 깊은 욕구가 그리스도 안에서 순수하게 충족된다는 진리를 경험할 수 있도록 결혼이 친밀한 관계로 발전할 수 있게 계획하셨다. 성경은 "그리스도 예수 안에 있는 영광 가운데서, 그분의 풍성하심을 따라 여러분에게 필요한 것을 채워 주실 것입니다"(빌 4:19)라고 말하고 있다. 그러나 하나님의 가족으로 거듭나야만 이 욕구들을 채울 수 있다.

뿐만 아니라 진정으로 예수님이 간섭하여 변화를 가져다주기 원하지 않는다면 결혼에 필요한 축복도 기대할 수 없다. 만일 말씀에 순종하는 생활을 함으로써 말씀을 온전히 신뢰한다면, 당신은 주님을 기뻐하게 될 것이고 마음의 소원은 이루어질 것이다(시 37:4).

비록 갈등이 해소될 기미가 전혀 보이지 않는다고 하더라도, 하나님은 당신이 스스로의 명철을 의지하지 않고 모든 일에서 그를 인정하면 당신의 길을 곧게 하실 것이라고 약속하신다(잠 3:5-6). 예수님은 당신이 모든 염려를 맡겨 주기를 원하신다(빌 4:6-7; 벧전 5:7). 그리고 당신이 하나님을 사랑한다면 모든 일이 서로 협력하여 선을 이루게 하신다(롬 8:28). 게다가 당신에게 겨자씨 한 알만한 믿음이라도 있으면 못할 일이 없다(마 17:20). 완전한 결혼이 도저히 불가능하다고 생각되더라도 하나님은 사람이 할 수 없는 것을 한순간에도 성취할 수 있다는 사실을 믿어라.

그러나 하나님의 약속이 실현되는 것을 경험하고 싶다면 성경의 모든 약속에는 이행해야 할 조건이 있다는 사실을 명심하라. 당신의 결혼에 하나님이 축복해 주시길 원한다면 용서는 꼭 필요하다(엡 4:32; 갈 6:7; 고후 9:6). 뿐만 아니라 주는 행위는 받기 위한 조건이 된다(눅 6:38).

하나님의 축복을 받으려면 완전한 인간이 되어야 한다고 생각할지도 모른다. 만약 그렇다면 하나님은 당신을 대신하여 아들 예수를 죽게 하셨다는 사실을 기억하라(롬 5:6). 예수님은 당신을 아무 조건 없이 사랑하신다!

사도 바울은 자신이 완전한 사람이 아님을 고백했다. 빌립보서 3장 12절에서 그는 말한다. "내가 이것을 이미 얻은 것도 아니요, 또 이미 목표점에 이른 것도 아닙니다. 그리스도 예수께서 나를 사로잡으셨으므로, 나는 그것을 붙들려고 좇아가고 있습니다."

당신이 스스로의 불완전함과 연약함을 고쳐 나간다면 성숙에 이를 것이며(히 3:13-14), 선한 일을 행하라는 당신의 소명을 이루게 될 것이다(엡 2:10). 선한 일을 행하는 것은 마음으로부터 드러나는데, 이는 예수께 헌신하고 그를 신뢰함으로써 나타나는 것이다. 결혼도 믿음으로써 완전함에 도달할 수 있다.

래리 크랩 박사는 《결혼 만들기 *Marriage Builder*》에서 "영원한 기쁨에 이르는 길은 우리의 모든 욕구가 충족되는 결혼이 아니라 하나님께 전적으로 순종하고 헌신하는 데에만 있다"고 말한다. 또한 그는 이렇게 주장한다. "자아를 죽이고 포기함으로써 생명을 찾고, 그리스도와 함께 십자가에 못 박혀 오직 그리스도만을 위하여 사는 것을 말하는 성경 말씀은 전적으로 헌신함으로써 하나님을 알기 위해 몰두하는 데서만 참된 만족을 누릴 수 있다는 사실을 분명히 보여 주고 있다."

이러한 맥락에서 보면 하나님께 전적으로 헌신할 때 배우자의 모든 욕구를 충족시키기 위해 마음을 다하게 된다. 그 결과 당신은 받는 것보다는 주는 것에 우선 관심을 갖을 것이며, 결국 당신이 뿌린 것을 거둘 것이다.

주는 것이 받는 것보다 더 복되다(행 20:35)는 말씀처럼 자신을 배우자에게 내어줄 때 결혼생활은 더욱 행복해진다. 예수 안에 거하는 삶은 배우자를 대하는 태도가 비합리적이거나 이기적이지 않다. 뿐만 아니라 하나님과의 아름다운 관계 안에서 사랑은 여러 가지 모양으로 나타날 것이다. 그 사랑은 거저 주어질 것이며(롬 5:8), 이타적으로(빌 2:6-7), 스스로의 선택에 의해서(엡 1:6-7), 배우자의 발전과 행복을 위해서(엡 5:21-25), 희생적으로(요 3:16), 두려움 없이(요일 4:18) 그리고 당신의 사랑하는 말과 행동(요 10:27; 고전 13:4-7)으로 나타날 것이다.

완전한 부부간의 화합을 어떻게 이룰 수 있는가

완전한 화합과 하나됨은 완전한 사랑으로만 가능하다.

부부간의 불화는 서로 협력하지 않고 각자 행동할 때 야기된다. 아모스 3장 3절의 "두 사람이 미리 약속하지 않았는데, 그들이 같이 갈 수 있겠느냐?" 하는 질문은 불화가 결혼에 미치는 영향에 대해 암시하고 있다.

완전한 사랑을 실천하려면, 전부를 주는 삶을 살아야 한다. 그러려면 하나님의 사랑의 성품을 본받아야 하며(요일 4:8, 16), 그의 말씀을 따름으로써 당신의 사랑을 나타내야 한다(요이 1:6). 또한 사랑이 하나님이 주는 선물임을 잊지 말아야 하며, 완전한 결혼은 완전한 사랑으로 이루어진다는 사실을 명심해야 한다. 이것이 당신의 결혼을 위한 하나님의 완전한 뜻이다.

실제로 배우자와의 동의는 서로 조화롭게 상호작용을 하는 가운데, 같은 목표를 향해 진력하고, 같은 기준을 따라 생활하고, 서로의 지원 안에서 서로의 욕구를 채워 줄 때 실현된다. 그 노력의 최종 결과는 바로 당신이 궁극적으로 원하는 참된 행복이다!

윌라드 할리는 《남자의 욕구와 아내의 욕구 *His Needs, Her Needs*》에서 독특하면서도 서로 다른 욕구를 이해하는 것이 얼마나 중요한지를 말하고 있다. 할리 박사의 조사에 의하면, 남자들은 아내에 대한 일차적 욕구는 칭찬과 성적 만족, 내조 및 매력을 원한다. 반면 여성들의 남편에 대한 일차적인 욕구는 애정과 대화상대, 정직함과 이해, 경제력 그리고 가정에 대한 헌신이다.

할리 박사는 상대를 배려하지 않기 때문에 이런 요구를 충족시켜 주지 못하는 것이 아니라 서로의 욕구에 대해 무지하기 때문이라고 말한다. 그리고 "서로의 욕구를 채워 주며 헌신하는 남편과 아내는 행복한 결혼을 위한 토대를 만든 셈"이라고 말하고 있다. 그러나 어떤 연구결과는 어떤 이유에서인지 최상의 행복을 추구하는 부부들이 목표에 도달하지 못하고 있음을 보여 준다.

존 고트만 박사는 대규모의 광범위한 조사를 실시한 적이 있다. 그는 그 조사결과를 내놓으면서 이혼율을 94퍼센트의 정확도로 예측할 수 있다고 주장했다. 그는 이렇게 말한다. "의견과 궁합이 얼마나 잘 맞느냐보다 훨씬 중요한 것은 서로의 차이점을 해결하는 능력이다."

내가 특별히 의미 있고 흥미롭게 생각하는 것은 고트만 박사가 "부부가 어떤 결혼방식을 채택하든, 그들의 대화는 대부분 사랑과 존경이라는 두 가지 기본 감정에 의해 좌우된다"는 것을 발견했다는 사실이다.

우리는 결혼서약을 하면서 평생 동안 배우자를 사랑하고 존경하겠다고 맹세한다. 이 서약을 지킨다면 그리스도와 같은 태도로 배우자의 욕구를 채우는 일을 우선할 것이다. 자신의 욕구를 배우자의 욕구보다 우선시하지 않을 것이며 따라서 배우자로부터 고립되거나 분리되지 않을 것이다. 완전한 결혼은 결혼의 모든 영역에서 두 사람이 하나가 될 때에만 가능하다.

고트만 박사의 주장과 같은 맥락에서 내가 발견한 것은 결혼에 있어서 존경 역시 사랑과 마찬가지의 작용을 한다는 것이다. 배우자를 존경한다면 배우자를 귀하게 여기는 것이므로 배우자를 실망시키지는 않을 것이다. 사랑은 결코 실패하지 않는다(고전 13:8). 그러나 대부분의 사람들은 하나님의 명령과는 상관없이 자신이 편한 방식대로 결혼의 책임을 감당할 수 있다고 믿고 있다. 특히 배우자가 자신을 대하는 방식이 불만스러울 때 더욱 그러하다. 배우자가 자신을 무례하게 대한다고 해서 사랑을 소홀히 해도 좋을까?

마음을 새롭게 하라

결혼을 다룬 많은 책들은 행복한 결혼이 마치 어떤 기술이나 비결을 터득함으로써 가능하다고 말하는 듯하다.

성경은 우주의 신비와 작용에 대하여 구체적인 지침과 명확한 해답을 제시하고 있다. 하나님은 문제에 대한 해답을 구하기 위하여 행간을 읽으라고 요구하지 않는다. 오히려 글자 그대로 읽고 따르라고 요구한다.

성경은 우리의 삶을 위한 하나님의 완전하고 기뻐하시는 뜻이 무엇인지 알기 위해서는 우리 마음을 새롭게 하여 변화해야 한다고 아주 구체적으로 말하고 있다(롬 12:2). 이것은 두 가지 마음을 품지 말고(약 1:6-8, 25) 과거의 행동방식을 서서히, 그러나 신중하고 완전하게 변화시킬 용의가 있어야 한다는 의미이다.

생각이 변화되어야 한다

당신이 어떻게 행동하기로 선택하는가는 무엇을 믿고 어떻게 생각하기로 선택했는가에 따른다. 불행하게도 우리 생각의 많은 부분이 이 '세상의 시스템'과 인간들의 이기적인 행동에 의해 상당히 오염되어 있다. 많은 사람들이 사랑을 못 받는 데 익숙해져 있다. 지금까지 경험한 방식과 목격한 것들은 옳고 그른 것에 대한 판단과 당신을 위한 하나님의 계획에 대한 생각을 오염시켰다. 많은 이들이 예수님이 자신을 사랑하며 갖가지 문제에 대한 해답을 이미 제시해 놓고 있다는 사실을 모르고 있다. 결혼에 대한 성경의 구체적인 지침을 읽고 따른 것이 언제였는가? 모든 말씀을 따랐는가, 아니면 당신의 마음에 드는 것만 골라서 따랐는가? 당신은 아마 더 이상 하나님을 경외하지 않을지도 모른다. 그래서 지혜가 부족하고, 다급할 때에만 그분을 찾는지도 모른다.

완전한 사랑의 관계는 하나님의 뜻이다. 배우자와 번번이 티격태격하는 태도와 이기적인 관계는 지양해야 한다. 그러나 부부관계의 완전함은 혼자만의 힘으로는 불가능하다. 오직 말씀을 따르고 성령의 인도하심으로써만 가능하다.

완전한 결혼이란 무엇인가?

완전한 결혼이란 분명한 목적의식을 갖고 결혼서약을 하고 하나님의 법칙을 신실하고 일관성 있게 실천함으로써 부부가 서로 만족을 느끼는 행복한 결혼을 말한다. 이는 아가페의 사랑을 결혼에 적용하는 것으로, 완전한 결혼은 그리스도를 통해서만 가능하다.

인간은 완전하지 않기에, 하나님은 성령을 보내 당신을 인도하고 돕고 위로하도록 했다. 변화는 성령의 사역을 통해서 거룩해지는 과정이다(롬 15:16). 말씀에 순종하고, 성령의 인도를 받는 것은 하나님의 완전한 뜻이다. 하나님의 완전한 뜻, 즉 완전한 결혼이 아닌 것을 목표로 헛되이 노력할 필요가 있을까?

완전한 결혼을 위해 예수님과 하나님 사이의 관계를 모델로 삼을 수가 있다. 하나님은 남편을, 예수님은 아내를 나타낸다. 결혼생활에서 부딪힐 수 있는 모든 문제는 과거의 사고와 행동방식을 버리고 이 관계를 본받을 때 해결될 수 있다. 성령이 올바른 해답을 찾을 수 있도록 인도하실 것이다. 어려움에 닥칠 때 두려움을 버리고 하나님을 말씀을 따라 신뢰하라.

완전한 사랑은 무조건인 희생을 요구한다. 완전한 사랑은 믿음을 가지고 자기를 버릴 때 하나님의 능력으로부터 오는 것이다.

모든 책임은 자신에게 있다

배우자가 자신의 기준에 미치지 못할 때 자신의 선택에 대해 스스로 책임을 져야 한다. 구원에 관한 결정을 내릴 때 궁극적으로 자신의 구원에 대해 책임을 져야 하듯이, 결혼에서 하나님이 원하는 모든 것들에 대하여 스스로 책임을 져야 한다.

당신 안의 무엇인가가 당신 자신을 다시 검토하라고 강권하고 있는가? 예수님께 당신의 결혼을 구해 달라고 혹은 완전히 새롭게 시작하게 해 달라고 간청하고 싶어지는가? 개인적 행복이나 결혼의 행복을 얻기 위해 자기의 방법으로 노력하는 것을 포기할 생각은 없는가? 만일 기대를 갖고 이 책을 읽고 있다면 당신의 삶에서 성령이 역사하고 있는 것이다!

악마는 당신이 항상 이기기 위해 '티격태격하기'를 바라고 있다.

결혼에 대한 한 연구결과는 티격태격하는 식의 접근은 많은 불만을 낳는다는 사실을 잘 보여 주고 있다. 5년에 걸쳐 이루어진 이 연구는 '당신이 먼저 잘하면 나도 잘하겠다' 는 태도를 지닌 부부는 5년 안에 파경에 이른다는 흥미로운 결과를 내놓았다. 이 연구는 역설적으로 받기를 기대하기보다는 부부관계에 더 많은 것을 투자하겠다는 원칙을 가지고 있을 때 결혼생활이 원만하게 지속된다는 것을 보여 주고 있다.

당신은 기꺼이 베풀면서 살고 있는가?

당신은 결혼하여 배우자와 하나가 되었다. 하나님의 계획에 의하면 결혼을 위해 최고를 추구하는 것은 배우자를 위해 가장 좋은 것을 추구하는 것이며, 자신의 의지를 양보하는 것이다. 당신이 그 길을 따른다면 오히려 삶이 더 풍요로울 것이다!

만일 당신의 결혼의 단 1퍼센트라도 사랑에 지배되지 않는다면, 그 1퍼센트는 하나님의 통제 밖에 있는 셈이다. 이것은 결혼과 나아가 궁극적인 행복에 부정적인 영향을 미칠 것이다. 무엇 때문에 완전한 진리보다 못한 것에 만족하겠는가? 하나님의 진리의 말씀을 들어 진실로 자유로울 수 있을 것이다.

예수님은 당신에게 완전한 결혼을 주려고 하신다.

완전한 사랑의 관계를 성취하려면 당신의 과거에서 현재에 이르기까지 여행을 해야 한다. 다시 말해, 악마가 당신의 믿음과 태도, 감정과 행동에 끼친 거짓말이 무엇인지 살펴보아야 한다.

결혼생활을 하다보면 여러 가지 어려움을 피할 수 없다. 따라서 '죽음이 우리를 갈라놓을 때까지' 함께 하기로 약속한 대부분의 부부들은 감당하기 어려운 갈등이나 불만을 경험하게 된다. 따라서 불화의 씨앗이 어떻게 뿌려지고 자라서 결혼에 어떤 영향을 미치는지 이해하는 것이 매우 중요하다.

당신은 이 책을 읽으면서 하나님의 진리와 결혼을 위한 설계가 무엇인지 알게 될 것이다. 그리고 결혼생활에서 배우자의 욕구를 채워주는 일이 왜 중요한지 깨닫게 될 것이다. 또한 생각을 새롭게 하고 당신의 결혼생활을 놀랍도록 고양시켜 줄 성경적 가르침을 배우게 될 것이다.

완전한 결혼의 필수 요인을 검토하는 동안, 당신과 배우자를 그리스도에게 맡겨라. 그리고 하나님의 선하시고 기뻐하시며 완전한 뜻이 무엇인지를 깨달아 마음을 새롭게 하라.

부부 화합의 힘

　사람들은 최고의 행복을 누리고 싶다는 소망을 품고 결혼을 한다. 그러나 욕망과 우선순위 그리고 서로의 기대가 다를 때 갈등이 싹트게 된다. 특히 중요하게 생각하는 가치관이 서로 충돌할 때 갈등을 피할 수 없다. 이렇게 되면 자신의 욕구가 채워지지 않거나 기대했던 것에 미치지 못해 실망하게 되는 상황이 벌어진다.

　그리스도께서 명령하신, 비이기적인 사랑을 실천하지 않으면 관계가 서서히 악화되어 끝내 이혼을 겪게 될 수도 있다. 이혼이라는 것을 인정하지 않거나 이혼을 하지 않는다고 해도 결국은 '이혼 상태'에서 살게 된다. 결혼서약을 지키지 않고 서로를 귀하게 여기지 않는, 피차 불행한 가운데 살아야 하는 정서적 이혼 상태이다.

정서적 이혼 상태 속에서 사는 사람들은 불행하고 희망이 없는 결혼이라는 덫에 빠져 있다. 이들은 물론 자신이 생각하는 배우자로서의 역할을 하면서 나름대로 하나님의 뜻에 맞는 삶을 추구하고 있다. 당신도 이런 상태에 처해 있지는 않은가? 희망이 없고 덫에 빠져 있는, 그저 살기 위해 몸부림치는 심정으로 말이다. 아마 배우자가 결혼할 당시의 그 사람으로 되돌아오기를 여러 달, 아니 여러 해 동안 바라고 기도했을 것이다. 그리고 이제 더 이상 기대를 가질 수 없는 시점에 다다랐는지도 모른다. 그럼에도 불구하고 당신의 깊은 내면에는 "죽음이 우리를 갈라놓을 때까지"라는 결혼 약속이 공허하게 남아 있을 가능성이 크다.

육체로 사는가, 성령으로 사는가?

부부가 육체를 따라서 살고 있다면 성경의 가르침이 아니라 인간적인 기준에 따라 태도와 행동을 지배받고 있을 것이다. 그 결과 배우자의 욕구를 충족시키는 데 조건을 내세우고, 좋은 뜻이라고 생각하는 한 자신의 행동을 정당화하려 할 것이다.

육체는 언제나 '좁은 길' 대신 '좋은 길'을 선택한다. 우리가 성령을 따라 생활할 때는 믿음 안에서 살게 된다. 믿음으로 행하는 증거는 배우자의 행동과 반응으로 나타난다. 믿음 안에서 생활하는 삶은 언제나 신실한 생활로 이어지는데, 배우자를 말과 행동으로 사랑하게 마련이다.

당신의 신실함 정도는 성경의 가르침을 대하는 태도에 의해 시험대에 오른다. 가령, 내가 "성경의 가르침대로 간음하지 마세요" 하고 말한다면 기분이 어떻겠는가? 당신은 마음이 불편해질지 모른다.

내가 당신의 아내에게 "성경에서 말하는 대로 남편에게 순종하세요"라고 말했다고 하자. 당신 자신이 그 말을 들은 것처럼 긴장되고 반발할까?

당신은 자신의 육체가 하나님의 말씀에 반기를 든다는 사실을 느낄 것이다. 하나님의 말씀은 육체의 요구를 거스른다. 육체는 즉각적이고 대개 과거의 경험에 따라 움직인다. 육체 안에서는 두려움이 우리를 움직이지만, 성령 안에서는 믿음이 우리를 움직인다. 믿음은 하나님을 신뢰하도록 이끈다. 육체는 반발적이지만 믿음은 반응적이다.

사람들은 하나님의 약속보다 악마의 거짓말을 더 잘 믿는다. 그래서 하나님을 믿고 신뢰하는 대신 배우자가 하는 말이나 행동을 통제하려고 애쓴다. 그러나 이러한 통제는 결국 악마를 신뢰하는 결과를 가져온다. 마치 굶주린 사자와 같이 사냥감을 찾고 있는 악마는 우리가 육체를 좇는 결혼생활을 하기를 바란다. 우리가 육체 가운데 산다면 악마에게 먹히는 셈이다. 만일 하나님의 가르침에 마음이 불편하다면 육체를 따라 살면서 스스로를 기만하고 있는 것이다. 이렇게 되면 결국 당신의 결혼생활은 크게 다치게 된다.

부부관계의 퇴보와 붕괴의 원인

악마는 불화를 가져오는 존재다. 악마는 하늘에 거할 때에도 불화를 일으키려 했다. 누구나 악마의 공격을 받을 수 있다. 그리고 불화는 흔히 배우자와의 관계에서 공격적이거나 수세적인 국면에서 나타난다.

불화는 배우자보다 자신에게 더 관심을 가질 때 생긴다. 의견의 차이가 반드시 불화나 갈등으로 이어지게 되는 것은 아니다. 오히려 불화는 배우자의 다른 관점을 이해하고, 상대방의 깊은 욕구를 인식하며, 관계를 보다 성숙시키는 기회가 되기도 한다.

불화는 배우자의 욕구를 자신의 욕구만큼 중요하게 생각하지 않을 때 일어난다(빌 2:4). 예수님이 하나님과 하나인 것처럼 당신과 배우자는 하나가 되어야 한다. 부부가 하나 되지 못하면 결혼은 콩가루처럼 부서질 것이며, 하나님의 완전한 계획을 무너뜨리게 되고 만다. 자기 길로만 가다 배고픈 사자의 밥이 되고 마는 양처럼 하나 되지 못하는 결혼은 곤경에 빠지기 쉽다.

부부가 성령 안에서 하나 되는 것은 서로 돕고 서로의 복지와 가치를 돌보며 그리고 서로의 관심사와 행복에 대해 신경을 쓰는 태도로 나타난다. 그 결과 부부는 협력하게 된다. 성령 안에서의 화합은 하나님이 남편과 아내에게 요구하는 책임과 역할을 수행하도록 한다.

만일 하나님의 명령에 순종하지 않는다면 성령이 하나 되게 하신 것을 누리지 못한다. 또한 가정생활이 혼란에 빠지고 만다. 뿔뿔이 갈라지는 가정은 버티지 못한다(마 12:25).

무엇보다도 성경은, "주께서 집을 세우지 아니하시면 집을 세우는 사람의 수고가 헛되다"(시 127:1-2)고 가르치고 있다. 예수님이 누구이며, 그가 무엇을 명령하는지 알고 있다면 배우자의 목표와 결혼의 이상에 대하여 사랑 안에서 배우자와 하나가 될 것이다.

화합은 예수님 가르침의 한가운데에 있다. 마태복음 18장 18절에서 19절은 다음과 같이 말한다.

내가 진정으로 너희에게 말한다. 무엇이든지, 너희가 땅에서 매면 하늘에서도 매일 것이요, 땅에서 풀면 하늘에서도 풀릴 것이다. 너희 가운데 두 사람이 땅에서 합심하여 무슨 일이든지 구하면, 하늘에 계신 내 아버지께서 그들에게 이루어 주실 것이다.

화합은 너무나 중요하다. 예수님은 겟세마네 동산에서 이렇게 기도하셨다.

> 아버지, 아버지께서 내 안에 계시고, 내가 아버지 안에 있는 것과 같이, 그들도 하나가 되어서 우리 안에 있게 하여 주십시오. 그래서 아버지께서 나를 보내주셨다는 것을 믿게 하여 주십시오(요 17:21).

마음과 정신이 하나 되지 않은 부부는 불화를 겪을 것이고, 문제점들을 해소하는 데도 애를 먹을 것이다. 당신이 만약 두 마음을 품고 있다면 배우자와 다르게 행동하고 당신의 행동이 어떤 영향을 미치는지 고려하지 않을 것이다.

악마가 당신의 마음을 지배한다면 결국은 당신의 태도와 행동 그리고 반응마저도 지배할 수 있다. 악마는 당신의 결혼 전체를 지배하고 싶어 한다. 그런 사실을 모르는 많은 사람들은 하나님께 불순종함으로써 그들의 결혼을 은쟁반에 담아 악마에게 바친다.

이로 인해 부부 중 하나 혹은 둘 다의 욕구가 충족되지 못하는 결과가 야기된다. 배우자를 사랑한다면 항상 배우자의 욕구를 채워 주고 서로가 하나됨을 유지할 것이다. 만일 이유를 불문하고 배우자의 욕구를 무시한다면 완전한 화합의 고리는 끊어진다. 이렇게 되면 배우자는 욕구의 좌절을 경험하고, 방치되고 거절당한 느낌 등으로 낙심하게 된다. 결국 당신은 스스로의 자유의지로 악마의 희생자로 전락하게 되는 것이다.

하나님은 배우자로 하여금 결혼생활에 따르는 욕구를 채우도록 계획하셨다. 따라서 욕구가 채워지지 않으면 마땅히 받아야 할 것을 못 받은 듯한 기분을 느끼게 된다. 그리고 계속해서 요구를 거부당하게 되면 구하기를 멈출 것이고, 좌절과 실망을 느끼게 될 것이다. 당신이 배우자에게 어떤 욕구의 중요성에 대해 혀가 닳도록 이야기했는데도 불구하고 그 욕구가 충족되지 않는다면, 이런 불행한 상황에 빠져 들었다고 보면 된다.

타당한 욕구가 무시되는 것은 물론이고 배우자의 욕구를 채워 주는 데 어떤 조건을 붙이는 것도 해로울 수 있다. 왜냐하면 조건은 사랑의 행위가 아닌 협상의 행위이기 때문이다. 사랑은 되돌려 받을 것을 기대하고 주는 것이 아니다. 예수님은 협상이 아닌 사랑을 명령하신다 (마 22:39).

협상의 행위는 물질적인 것을 상대에게 주었을 때나 어떤 감정이나 행동을 보여 줄 때, 당신의 결혼의 욕구가 실망하게 된 데 대한 반응으로 학습되는 것이다. 당신은 이러한 내용을 이미 학습했는지도 모르겠다. 그 결과 당신의 주는 행위는 진정으로 마음에서 우러나는 것이 아니라 어떤 조건이나 기대에 대한 반응일 수 있다. 어떤 의미에서 당신은 아무것도 받은 것이 없다. 오히려 당신은 배우자로부터 무엇을 취득한 것일 뿐이다.

교환이나 협상 등의 전술은 황금률을 실천하고 무엇인가 돌려받으리라는 보장이나 개인적인 이득에 대한 기대 따위를 하지 말고, 순수하게 주라는 하나님의 뜻과는 거리가 먼 것이다.

배우자를 실망시키지 않으려면 최선을 다해야 한다. 그렇지 않으면 십중팔구 스스로 뿌린 이기심의 씨앗이 해로운 열매를 맺을 것이다. 예수님을 신뢰하는 것은 사랑을 신뢰하는 것과 다르지 않다. 예수님은 사랑이시기 때문이다. 그렇게 한다면 당신은 배우자의 결점을 탓하지 않을 것이고, 고작 배우자의 물질적 필요나 채워 주는 것으로만 만족하지 않을 것이다.

자신은 언제까지나 사랑을 실패하지 않는다(고전 13:8)는 사실을 염두에 두면 좋을 것이다. 그리고 하나님을 신뢰하고 자신을 내어주라는 그의 명령을 조건 없이 순종하면, 부끄러움을 당하지 않고 실망하지 않을 것이다(벧전 2:6).

신뢰는 모든 관계의 기초이다. 서로의 욕구를 완전하고 일관되게 채워 주겠다는 헌신에 대한 확신이 없이 어떻게 신뢰를 가질 수 있겠는가? 서로가 표현한 욕구를 무시하는 일은 서로를 버리는 것과 다르지 않다. 신뢰가 없다면 하나님이 당신이 누리기 바라시는 화합도 유지할 수 없다.

우리는 배우자의 정서적인 만족감을 충족시켜 주지 못한 것을 합리화하기 위해 그럴듯한 이유를 댄다. 사람에게는 자신의 결점을 시인하지 않고 마음 상태, 일, 압박감, 기분, 강요된 요구 따위를 탓하는 성향이 있다.

이와 같은 핑계는 이기적인 자기기만에 불과하다. 그 결과, 배우자로부터 완전한 사랑을 받지 못하게 된다. 잠시 당신이 배우자로부터 거부당하고 있는 것이 무엇인가 생각해 보라.

사실 우리 모두에게는 배우자의 욕구를 모두 채워 줄 수 있는 능력이 있다. 우리는 어떤 의무 사항이나 긴급한 일에는 엄청난 열정과 에너지를 쏟아 붓는다. 하지만 실제로는 결혼에 우선순위를 두고 행하지 않는다. 결국 당신이 얼마나 인식하는가와 상관없이, 스스로 심거나 심지 않은 것만큼 결혼의 불행을 겪게 마련이다.

당신이 결혼서약의 약속을 지키지 않는다면 배우자가 기만당했다고 여기지 않겠는가? '완전한 사랑을 실천하고 신실하겠다'는 서약은 사실상 '내가 기분이 내킬 때 그렇게 하겠다'로 편리하게 바뀌는 셈이다. 뿐만 아니라 '좋을 때나 궂을 때나' 평생 헌신하겠다는 서약은 '결혼이 효과가 있으면'으로 바뀌는 것이다. 배우자에게 신뢰를 주고 유지하는 것은 전적인 헌신에서 비롯된다.

또한 이 헌신은 반드시 일관성을 요구한다.

예를 하나 들어 보자. 당신이 아주 특별한 상황에서 배우자를 단 한 번이라도 속였다면 부부간의 헌신에 충실했다고 말할 수 있을까? 아마 그렇지 않을 것이다. 마찬가지로 결혼의 어떤 부분에서 당신의 일관되지 않은 태도로 인해 발생하는 부작용을 무시할 수 있겠는가?

당신이 원하는 것을 하지 않거나 원치 않는 것을 하면서, 어떻게 당신이 스스로를 귀하게 여기는 것만큼 배우자를 귀하게 여긴다고 주장할 수 있겠는가?

기대에 못 미치는 행동을 할 때마다 더 큰 불화와 불협화음 그리고 실망이 따르게 된다. 기분이 내킬 때만 배우자의 욕구를 채워 주는 것을 괜찮다고 생각하거나 그렇게 할 '권리'가 있다고 믿는다면 악마가 당신을 미혹시키고 있는 것인지도 모른다. 당신의 자유의지를 배우자를 실망시켜도 좋은 것으로 정당화하는 데 사용하는 어리석음을 범하지 마라.

배우자의 욕구를 채워 주기 위해 요구되는 어떤 희생조차도 감수하면서 배우자의 최선을 추구하지 못했다면 당신은 모르는 사이에 가짜를 받아들인 셈이다. 완전한 결혼에 이르는 해답은 언제나 사랑의 실천이다. 희생적인 헌신은 사랑의 가장 중요한 특징이다.

기분전환보다 사랑에 몰두하기

기분전환 *diversion* 이란 부부의 갈등을 막아 주고 정서적 불만이 있을 때 이를 보상하기 위해 사용하는 이벤트나 활동, 오락 또는 메커니즘을 일컫는다. 결혼생활에서 정서적 공백은 배우자가 자신의 욕구를 충분히 채워 주지 않을 때 생긴다. 그러므로 기분전환이란 사랑의 대체물이자 보상품에 지나지 않는다.

당신이 일이나 과외 활동, 취미생활, 텔레비전 시청 같은 것에 지나치게 빠져 있다면 기분전환을 하려고 한다고 볼 수 있다. 그러나 이로 인해 당신의 배우자는 더더욱 거리감과 소외감을 느끼게 된다.

배우자가 당신이 자신보다 다른 무엇을 더 우선시한다고 느낀다면 당신은 기분전환 활동을 하고 있는 것이다. 역기능적인 기분전환에 관한 문제는, 기분전환을 하는 사람이 자기의 문제를 제대로 인식하기에는 너무 바쁘거나 지나치게 무언가에 빠져 있다는 것이다. 아마 가만히 앉아 있지 못하거나 꿔다 놓은 보리짝처럼 우두커니 앉아 있을 뿐일 것이다.

지나친 몰두나 집착은 결핍이나 분노, 상처, 피해의식을 느끼게 하는 불쾌한 생각이나 감정으로부터 벗어나고 싶다는 징후이기도 하다. 또한 주의가 산만해지고 자기에게만 몰두함으로써 짜증나고 불쾌한 감정을 경계하고 회피하는 것이다. 이것은 관심의 초점을 상대가 아닌 자기 자신에게 맞추기 때문에 사랑하기를 어렵게 만든다. 결국 기분전환 활동에 빠진 사람들은 완전히 자신을 내어주는 데에 장애가 있는 경우이다.

기분전환 활동은 결국 중독으로 발전된다. 우리는 그런 중독 증상에 사회적으로 용인되는 그럴듯한 표지를 붙여 준다. '의학 처방을 받은', '취미활동', '즐기기', '단기적', '취미', '책임', '일상의 변화', '유일한 낙' 따위이다.

사람들은 기분전환 활동이 미치는 영향을 최소화하고 이를 추상적인 차원에 묶어 두려고 한다. 그리고 그런 유형의 생활이 배우자에게 미치는 영향과 그 책임을 수용하지 않은 채 그런 생활을 편안하게 즐기고 있다. 현실을 보면 많은 사람들이 부부관계보다 물질적 소유에 우선순위를 두지만, 그 동기에 '불가피함', '필요악', '내 통제 밖의 일', '훌륭한 부양자' 등으로 덧칠함으로써 정당화한다. 그러나 성경은 땅에 보물을 쌓아 두지 말며, 무엇을 먹을까 염려하지 말라고 권면하고 있다(마 6:19-21).

세상일에 몰두하다보면 당연히 배우자에게 최선을 다하기 어려워진다. 그리고 욕구가 채워지지 않으면 유혹에 빠지기 쉬워진다(고전 7:5). 시선을 딴 데로 돌리는 일은 어린양이 목자를 떠나 보호받지 못하는 구역으로 걸어 들어가는 것과 다르지 않다.

사람들은 충족되지 않은 욕구를 텔레비전을 보면서 만회하려는 경향이 있다. 왜냐하면 배우들이 행복한 부부의 삶을 대신하고 있기 때문이다. 더러는 결혼에서 맛보기 힘든 홍분과 스릴을 스포츠나 애로 영화 그리고 모험담 등을 통해 대리만족하려고 한다. 결혼생활이 퇴보 상태

에 있다면 기분전환 활동을 하는 정도에 따라 문제의 성격이 특징지어
진다.

기분전환은 자기의 욕구를 채우고자 노력하고 있는 배우자에게 심한
좌절감을 안겨 준다. 기분전환을 하려 하는 사람은 흔히 갈등을 회피하
려고 한다. 이 경우 갈등과 관련된 문제가 해결될 희망은 거의 없다. 기
분전환 활동이 하나의 행동 패턴으로 굳어질 정도라면 당신과 배우자
는 서로 소외되어 있거나 적대적인 상태에 놓여 있는 게 틀림없다.

자신도 모르는 사이에 갖가지 핑계를 대고 옳지 않은 많은 일들을
할 수가 있다. 자신의 의도와 관점보다는 결과로 자신의 행동을 평가
할 필요가 있다. 만일 다른 일에 몰두해 있거나 너무 바쁜 나머지 배
우자의 욕구를 모두 충족시켜 주지 못하고 있다면 우선순위를 재검토
해야 한다. 때때로 자신도 모르는 사이에 궤도를 이탈할 때가 있다.

기분전환 활동은 결혼생활의 적신호이고, 불화의 열매인 거리감을
'사회적으로 용납한' 결과라고 할 수 있다. 어쩌면 자신을 바쁘게 몰
아붙이다보니 욕구가 채워지지 않아도 괜찮게 되었는지도 모른다. 자
주 집을 비우고 외출을 하게 되면 배우자의 욕구를 채워 주기 위해 자
신을 내어줄 기회를 놓치게 된다.

사람들은 특정한 분야의 사역에 부름받은 것을 정당화하고 싶어 한
다. 아마 다른 활동을 정당화하듯이 "다른 사람을 섬기는 것이 잘못인
가요?"라고 항변하고 싶을지도 모른다. 물론 당신은 어떤 사역에 부
름받았을 것이다. 그러나 최우선인 사역은 바로 배우자를 섬기는 것
임을 명심해야 한다. 그렇게 하지 않으면 값비싼 대가를 치르게 된다.

부부의 화합을 고무하기

당신이 소망하는 최고의 행복은 성취할 수 있다. 그러나 부부간의 친밀함을 견고하게 하기 위해 고칠 것이 있으면 그것이 무엇이든 바로잡는 것이 꼭 필요하다. 부부간의 친밀함은 조화로움에서 시작된다. 그러기 위해선 먼저 예수님과 하나 되어야 한다.

하나님을 신뢰하고 믿음으로써 성령 안에서 생활하겠는가? 먼저 자신을 점검하는 일에서 시작해야 한다. 성령께서 당신에게 말씀하시도록 마음을 활짝 열어라. 하나님의 말씀대로 배우자에게 모든 것을 진정으로 행하고 있는가? 당신의 접근법이 부부간의 욕구를 충분히 만족시키고 있는지 생각해야 한다.

부부간에 다시금 연결고리를 거는 과정에서 육체적으로 반응하고 싶은 유혹을 이겨내야 한다. 그렇게 한다면 배우자의 변화를 볼 수 있을 것이다.

부부간의 힘겨루기 전략

나는 갈등을 겪고 있는 부부들을 상담하면서 욕구가 충족되어도 싸움을 계속 하겠느냐는 질문을 던진다.

그리고 계속 상담을 받겠느냐고 물어본다. 그들은 거의 예외 없이 상담을 계속할 생각이 없다고 대답한다. 물론 부부싸움으로 인해 망가진 관계를 회복하기 위해 당분간 더 상담을 받겠다는 부부들이 있기는 하지만 아주 드문 편이다.

배우자와 화합을 이루지 못하면 직접적인 반대나 수동적인 공격 행동이 두드러지게 나타나기 마련이다. 예수님은 바리새인들에게 "나와 함께 하지 않는 사람은 나를 반대하는 사람"(마 12:30; 막 9:40; 눅 9:50)라고 말씀하셨다. 결국 어떤 형태로든 불화가 생기게 마련인 결혼생활에서도 마찬가지이다. 이런 의미에서 당신은 배우자를 위하는 입장과 반대하는 입장 중 어느 한쪽에 있게 된다.

부부간의 화합이 이루어지지 않으면 의견 대립과 실망 그리고 불화가 일어난다. 불화는 갈등이다. 사람들은 배우자와 불화에 빠져 있을 때 일종의 통제나 힘을 행사함으로써 배우자를 이기려고 한다. 그 결과, 두 사람은 싸움을 하게 된다. 이것을 흔히 '힘겨루기'라고 한다.

배우자가 당신보다 우위를 차지했거나 자기 뜻을 관철했다고 느낀 적이 있는가? 만약 당신이 지금과는 다른 결과를 원했었다면 당신은 힘겨루기에서 졌을 가능성이 크다.

힘겨루기에서 진 사람은 자신이 손해를 보았거나 상처를 받았다고 느낀다. 그리고 원한의 감정에 휩싸이게 된다. 그러나 해소되지 않은 부정적인 감정은 보통 드러내지 않고 담아 두고 만다. 이런 감정은 분노의 형태로 표현되거나 부부관계에 부정적인 영향을 미친다. 가령, 언어적 폭력이 두려워 자신의 채워지지 않은 욕구를 상대방에게 알릴 엄두를 내지 못하기도 한다. 불화를 겪고 있다면, 이 충족되지 않은 욕구에서 기인하는 감춰진 감정이 부부 사이의 싸움에 끼어들게 되어 있다. 이처럼 쌓여 있는 부정적인 감정은 언제 터질지 모르는 시한폭탄과 같아서 어떤 사건이나 행동 또는 환경에 의해 폭발하고 만다.

힘겨루기를 회피하는 상황을 예로 들어 보자. 아내는 남편이 출근하기 전에 키스받고 싶다는 바람을 표현했는데 남편은 이를 무시했다고 하자. 아내는 자신의 기분을 결코 남편에게 알리지 않는다. 그러나 서운함과 상처를 훗날 있을 싸움으로 가지고 간다. 성경은 화를 내되 해가 지도록 노여움을 품고 있지 말라고 권고한다(엡 4:26). 풀어지지 않은 분노는 치명적이고 파괴적인 결과를 낳는다. 원한을 풀지 않은 채 놓아두면 신뢰와 친밀감, 열정과 기쁨이 사라지고 만다.

힘겨루기를 하고 있는지 어떻게 아는가

당신이나 배우자가 내적인 불화 상태에 있다면 진정한 화합과 조화가 부부 사이에 존재할 수 없다. 불화는 진실하게 그리고 솔직하게 다루어야 한다. 그렇지 않으면 계속해서 부정적인 영향을 미치게 된다.

힘겨루기는 일반적으로 언쟁하고, 고함 치고, 위협하고, 거부하고, 조종하고, 완력을 사용하고, 욕을 하거나 상대를 탓하는 식으로 나타나게 된다. 대화하는 중에 의견 차이가 생길 경우 이러한 방식을 의도적으로 또는 반사적으로 동원할 수도 있다.

사람들은 이기기 위해 자기의 입장과 욕구에 몰두하게 되는데, 이는 갈등 해결을 가로막는다.

한쪽이 상대방을 달래기 위해 자기가 원하는 것을 포기하고 양보하면 싸움은 보통 휴전 상태에 이르게 된다. 이렇게 되면 배우자는 이후의 싸움을 위해 더 큰 방어벽을 쌓고 보다 유리한 전략을 세우려고 한다. 결국 힘이 센 쪽이 이기는 것 아니겠는가.

부부가 서로를 상대로 경쟁을 벌이고 자기욕구를 채우기 위해 속이거나 기만하는 것은 슬픈 일이다.

누구나 배우자와 다툰 경험이 한 번쯤은 있을 것이다. 만일 그런 일이 일어나지 않는다거나 갈등을 일으키는 행동을 한 적이 없다고 부인한다면 앞으로도 다툼은 틀림없이 계속될 것이다. 배우자의 욕구를 채워 주기 위해 자신이 할 수 있는 모든 것을 해야 한다.

누가 이기고 누가 지는가?

가장 흔한 자기정당화 방식은 행동의 부정적 결과를 부인하기 위해 그럴 듯한 동기를 들먹이는 것이다. 아내가 소외와 불만의 감정을 토로하면 남편은 자신이 일에만 몰두하는 것은 가족을 위한 것이라고 핑계를 댄다.

성경은 "사랑은 허다한 죄를 덮는다"(벧전 4:8)고 말하고 있다. 만일 당신의 동기와 행동이 사랑에 뿌리를 두고 있다면 허다한 단점을 덮어야 하고, 어려움이 아니라 행복을 증진시켜야 마땅하다.

행동의 동기보다 그것의 결과를 검토하라. 진정으로 사랑을 실천한다면 설령 좋은 의도였다 하더라도 행동의 결과에 관심을 기울여야 할 것이다.

배우자가 당신의 결점을 지적했다면 배우자의 시각을 이해하고 용서를 구하며, 배우자의 욕구를 채워 주기 위해 진심으로 노력해야 한다. 그리고 당신의 행동을 고치기 위해 할 수 있는 최선을 해야 한다.

당신의 태도와 생각이 그리스도를 닮을수록 배우자를 더 사랑하게 되고, 배우자의 관점을 더 수용하게 되며, 행동의 결과에 대한 책임을 감수할 것이다.

배우자의 행동과 관계없이 당신의 반응에 대하여 완전히 책임질 용의가 있는가? 당신이 변하지 않으면 배우자도 변하지 않는다.

공격하지 말고, 사랑으로 대응하라

당신이 문제를 해결하기 위해 말을 꺼냈는데 전혀 엉뚱하게 비난을 받은 적이 있는가? 만일 그런 경험이 있다면 좌절감을 맛보았을 것이다.

예수님은 바리새인들에게서 비슷한 경험을 하셨다. 그들은 언제나 예수님을 흠잡으려고 했고, 예수님은 그런 그들을 위선자라 부르셨다 (눅 12:56).

배우자의 결점과 잘못은 그냥 넘어가지 않으면서 자신의 흠은 덮으려고 하는 우리 역시 위선자가 아니겠는가? 사람에게는 좋은 의도를 들어 자신의 행동을 정당화하려는 경향이 있다.

바리새인과 세리의 비유를 생각해 보라. 예수님은 다른 사람은 멸시하면서 자신을 의롭다고 여기는 사람들을 향해 말씀하셨다. 한 바리새인과 세리가 성전에 기도하러 올라갔다. 바리새인은 혼자 거룩한 척하며 멀리 떨어져서 자신이 사기꾼이나 불한당, 간음하는 사람 그리고 세리와 같지 않음을 하나님께 감사하였다. 게다가 그는 일주일에 두 번 금식하고 모든 소득의 십일조를 드린다고 하나님께 말씀드렸다.

그러나 세리는 가슴을 치고 땅을 내려다보면서 "하나님이여, 불쌍히 여기옵소서"하고 기도하였다. 하지만 예수님은 바리새인이 아닌 세리가 의롭다고 말씀하시고 성전에서 내려가셨다(눅 18:9-13).

당신이 배우자의 요구와 불평을 무시하고 있다면 과연 바리새인과 얼마나 다른가? 자기정당화와 관련한 예수님의 메시지가 있다. 불화한 상태에서 자신을 정당화하는 행위는 자신을 높이는 행위와 다를 바 없다(눅 18:14). 왜냐하면 그것은 교만을 담보하고 있고, 배우자를 실족케 하며, 하나님의 기준에 미치지 못함을 시인하지 않는 것이기 때문이다.

완전한 사랑에 미치지 못하는 당신의 모든 행위는 죄이다. "누구든지 율법 전체를 지키다가, 한 조목이라도 어기면, 전체를 어긴 셈"(약 2:10)이기 때문이다. 뿐만 아니라 배우자의 고통이 당신의 결함과 잘못을 증거하고 있는데도, 자기정당화를 통해 그것을 부인하는 행위는 기만적이다.

결국 힘겨루기 하는 것은 계략적이다. 우리는 성경에서 "악마의 간계에 맞설 수 있도록 하나님께서 주시는 장비로 완전무장을 하십시오"(엡 6:11)라는 말씀을 읽는다. 이 말씀을 진정으로 믿는다면 어떠한 상황에서도 배우자를 조건 없이 사랑함으로써 하나님께 순종할 것이다.

당신은 욕구가 좌절되면 어떻게 반응하는가?

만일 중요한 욕구를 거절당했다면 불쾌감과 거리감을 느끼게 되고, 사나운 행동을 하게 된다. 또한 이것은 계속해서 '욕구불만인' 배우자를 거절할 수 있는 명분이 된다.

성관계를 거부하거나 성적 만족을 주지 못하는 배우자는 종종 이 힘겨루기 전술을 사용한다. 자신이 원치 않으면 배우자의 성관계 요구를 거절할 수 있는 권리가 있다고 생각할 수도 있다. 나는 우선 우리에게는 성관계에 관한 한 자유의지를 행사할 수 있는 천부적인 권리가 있다는 사실을 분명하게 말하고자 한다. 왜냐하면 성관계는 합당하고 성경적인 권리이며 의무이기 때문이다. 만일 당신 부부가 최선의 유익을 추구한다면, 긴박감과 사랑의 마음을 갖고 서로의 어려움을 해결하기 위해 노력할 것이다.

만약 어떤 아내가 성관계를 거부하기 때문에 남편과 매일 다툰다는 이야기를 들으면 당신은 어떻게 반응하는가. 당신은 이때 아내가 성관계를 거부하는 이유가 남자가 아내를 어떤 방식으로든 학대하기 때문이라고 단정하지 않는가?

내가 특별히 흥미를 느끼면서도 실망스럽게 생각하는 것은 남편이 왜 '학대하는' 방식으로 행동하는지, 그 이유를 생각해 보는 아내가 거의 없다는 사실이다. 그런 질문 자체가 금기시되고 있고 정치적으로도 옳지 않다고 믿는다. 그 학대적인 상황에 어떤 원인이 있을지 모른다는 가정을 하기만 해도 학대자 편을 드는 것으로 간주된다.

내 아내 메리와 나누었던 재미있는 대화를 소개하고 싶다. 나는 우리 부부에 존재하는 성관계의 딜레마와 모순 때문에 고민하고 있었다. 나는 질문의 형식으로 이 어려움을 이야기했다.

"당신은 나와 결혼했기 때문에 나에게는 당신과 성관계를 할 수 있는 권리가 있소. 당신은 나와 결혼했기 때문에 당신에게는 나와 성관계를 하지 않을 권리가 있소."

아내는 호기심이 생긴다는 듯 말했다. "계속해 보세요."

나는 이어 말했다. "나는 고객이기 때문에 이 전화를 사용할 권리가 있소. 하지만 전화요금을 내지 않을 권리가 없소. 왜 그럴까?"

메리가 대답했다. "회사는 그네들 것이고 당신은 서비스를 받기 위해 돈을 지불하기로 합의했잖아요. 그렇기 때문에 당신에게는 선택의 여지가 없어요."

나는 대답했다. "나도 당신 말에 동의할 수 있소. 그런데 결혼생활의 성관계에는 왜 똑같은 기준이 적용되지 않는 것이오? 사실 우리가 결혼서약을 할 때 성관계와 정절과 같은 그런 부부간의 욕구를 채워 주기로 약속한 것 아닌가?"

사람들은 배우자가 상대방의 반응이나 행동과 관계없이 일관되게 정절을 지켜 주기를 기대한다. 그렇다면 감히 누가 거부할 수 있는 권리가 있다고 주장할 수 있겠는가? 거부는 결혼서약의 일부가 아니었다. 그런데 어떻게 배우자가 분노의 형태로 깊은 상처를 표현했을 때 피해자인 양 자처하는가?

하나님께서 해가 지기 전에 분노를 풀라고 충고한 까닭은 풀리지 않은 분노 때문에 성적인 관계가 영향을 받기 때문이다. 그런 의미에서 잠자리에 들기 전에 모든 부정적 감정을 풀 필요가 있다.

문제를 해결하는 데 주저하거나 무관심하면 문제는 오히려 커지고 지속된다. 배우자가 채워지지 않은 성적 욕구에 대해서 강하게 반응하는 이유는 성욕 불만이 바람직하지 않기 때문이다. 그것은 결혼식 때 이미 서약한 것이며, 그 욕구를 완전히 충족시키는 것은 하나님이 만드신 책임이기 때문이다.

당신이 기분이 상했기 때문에 배우자의 욕구를 채워 주지 못하는 것이 나름대로 이유가 있다 해서 성관계를 거부하는 행위가 정당화될 수는 없다. 거부하는 것은 사랑이 아니다. 자신을 내어주는 것이 사랑이다.

배우자의 욕구를 채워 주는 것이 정말 불가능할 때가 있을 수 있다. 그러나 이것은 특별한 예외가 되어야지 일반적인 행동형이 되어서는 안 된다.

부부관계에 가장 치명적인 것은 아직 해소되지 않은 분노와 복수심 때문에 배우자의 욕구를 무시하기로 마음먹는 경우이다. 배우자를 사랑함으로써만 결혼의 어려움을 이겨낼 수 있다.

다음의 질문을 한번 생각해 보라.

- 당신의 배우자가 당신의 태도와 행동으로 완전히 만족하는지가 신경 쓰이는가?
- 당신은 자신의 행동과 동기를 검토하는 대신에 배우자를 비판하거나 불만을 표시하는가?
- 당신은 일주일에 몇 번이나 배우자보다 다른 사람이나 활동을 우선시함으로써 배우자가 욕구불만을 느끼도록 하는가?
- 당신은 배우자가 좌절감을 느낄 때 진정으로 미안해 하고 관심을 기울이기보다 자신을 정당화하기 위해 애쓰는가?
- 배우자가 좌절된 어떤 욕구를 말하면 그 욕구를 채워 주려 애쓰는가, 아니면 말다툼을 벌여 자신이 피해자가 된 양 그 욕구를 무시하려 하는가?

나는 독자들이 이 책을 계속 읽다보면 결국 위의 모든 질문에 대답할 수 있게 되리라고 확신한다.

나는 여러분이 결혼생활에서 신의 사랑을 실천함으로써 기존의 자세를 버리고 조그만 변화라도 이루길 기원한다.

피해자 자처하기 전술

사람들은 일반적으로 피해자 편에 서는 성향이 있다. 그리고 피해자를 자처하면 어떤 이득을 취할 수가 있다. 결국에 한 사람이 피해자이면 다른 배우자는 가해자가 아니겠는가.

우리는 사람들을 피해자와 가해자로 나눔으로써 피해자 만들기를 부추기는 경향이 있다. 부부간의 분쟁에 있어서 한쪽은 옳고 다른 쪽은 잘못했다고 판단하는 경향이 있다.

피해자 자처하기를 힘겨루기 수단으로 사용하는 이들이 어떻게 행동하는지 좀더 자세히 살펴보기로 하자.

자신의 배우자가 폭력적이고 못됐다고 불평하는 사람들을 본 적이 있을 것이다. 이들은 어떤 충고를 받아들이거나 건설적인 변화를 모색하는 것도 아니고, 또 학대를 얼마나 더 감내해야 하는지 한계를 분명히 하지도 않는다.

그저 불평이나 늘어놓음으로써 사람들의 에너지와 감정을 고갈시킨다. 이들은 마치 마법 같은 해결책을 찾고 있는 것처럼 보인다. 아니면 이미 결정된 해결책이라도 있는 듯 배우자를 조종하여 상대가 원하는 것에 못 미처 타협을 하고 자신의 실패에 대한 비난을 모면하려고 할 뿐이다.

뿐만 아니라 자신의 결함을 인정하지 않고, 자신의 행동에 대해서도 책임지지 않으려 한다. 내가 관찰한 바로는 이 범주에 드는 두 종류의 사람이 있다. 내가 상담실에서 가장 자주 접하는 이 부류는 '고함치는 아내' 와 '집에 없는 남편' 이다.

'고함치는 아내 증후군' 의 경우는 이렇다. 자기중심적인 아내는 자기가 좋아하는 조건에 따라 자신을 내어줌으로써 통제하려고 한다. 그녀는 남편의 목을 잡고 끌고 가려고 하면서 그가 말을 듣지 않고 저항한다고 불평한다. 남편을 통제하기 위해 고함을 치고 소리를 지른다. 반대로 남편은 아내의 바람에 순응하고 자신에 대한 부정적 해석을 받아들이도록 강요당하거나 고함치는 소리를 들으면서 사사건건 맞서게 된다.

아이들은 이 두 가지 경우 모두에서 가정의 주도권을 잡기 위해 싸움이 벌어지는 광경을 목격하게 된다. 만약 몸싸움까지 벌어진다면 아내의 흥분을 가라앉히려고 그랬다 하더라도 남편이 십중팔구 비난을 받게 되어 있다. 남편이 힘겨루기를 지배하게 되면 가해자로 낙인이 찍힌다. 그리고 힘겨루기에서 지게 되면 성경 말씀대로 가정을 다스릴 줄 모르는 공처가로 낙인찍힌다. 또한 눈물을 흘리는 사람은 자동적으로 힘겨루기의 피해자가 되어 버린다.

만일 아내가 힘겨루기에서 지면, 자동적으로 가사나 의사소통하는 일이나 교감을 나누려는 시도를 중단해도 좋은, 마치 거부할 정당한 명분을 획득한 것이 되는 듯하다. 그 결과 남편은 가해자로 분류되고 통제를 받는다. 뿐만 아니라 욕구도 충족할 자격도 없어진다.

'집에 없는 남편 증후군' 의 경우, 정서적으로나 신체적으로 함께 하지 않는 남편은 대개 아내의 욕구를 무시하거나 자신의 경제력을 근거로 자기의 행동을 정당화한다.

사실 이런 유형은 대개 모든 사람들에게 인기 있는 유능한 사람인 경우가 많다. 그는 책임감이 있고 원만한 사람으로 자신을 가장하는데, 다른 사람에게 해를 끼칠 사람으로는 결코 보이지 않는다. 그러나 그와 한집에 살고 있는 가족들은 정서적으로 고통 속에 있고, 그가 집에 거의 붙어 있지 않고 집에 있어도 마음을 나누지 않는 것에 대해 상처 입고 좌절감을 느낀다. 하지만 주변 사람들은 이런 사실을 전혀 눈치 채지 못한다.

남편이 함께 있지만 사실상 '없다' 는 것은 그와 더 이상 함께 하는 것이 없다는 의미이다. 그는 다른 사람이 말을 걸면 형식적으로 반응하거나 잔소리를 한다. 그리고 비판을 하려 한다. 가족에게 상처를 주는 그의 행동을 문제 삼으면 오히려 건설적으로 변화하기를 거부하면서 점점 더 멀어지려고 한다. 이런 회피 반응은 아내에게 간접적이지만 아주 분명한 메시지를 전달한다. "당신은 마음이 좁고 몰상식한 여자야." 그는 절대로 변할 생각이 없으며 따라서 아내의 불만을 뻔한 잔소리나 불평으로 치부한다. 그래야 자신이 피해자가 되고 아내는 가해자가 되기 때문이다.

피해자인 척하는 것은 성경적이지 않다

'이기적인 피해자'의 행동을 자세히 살펴보면, 그들은 한 가지, 즉 남을 정죄하기 위해 비난만을 한다는 결론에 이르게 된다. 사람을 비난하고 정죄하는 것은 예수님의 성격과 성품이 아니다.

요한복음에는 간음하다가 현장에서 잡힌 여자의 이야기가 기록되어 있다. 바리새인들과 율법학자들은 그 여인을 예수님께 데리고 와서 모세는 율법에서 이런 여자는 돌로 쳐서 죽이라고 명령했음을 상기시켜 주었다. 그리고 나서 예수님의 생각을 물음으로써 그를 고소할 근거를 찾기 위해 그를 시험하였다. 이에 예수님은 "너희 가운데서 죄가 없는 사람이 먼저 이 여자에게 돌을 던져라"(요 8:7)라고 말씀하셨다. 그들이 사라진 후에 예수님은 그녀에게 말씀하셨다. "여자여, 사람들은 어디에 있느냐? 너를 정죄한 사람이 하나도 없느냐?" 그녀가 대답하였다. "주님, 한 사람도 없습니다." 예수께서 다시 말씀하셨다. "나도 너를 정죄하지 않는다. 가서, 이제부터 다시는 죄를 짓지 말아라"(요 8:10-11).

악마는 비난하고 정죄하지만, 예수님은 그렇지 않다. 악마는 "온 세계를 미혹하던 자"(계 12:9)이다. 예수님은 성경 전체를 통해 사랑과 용서를 가르친 것으로 나타나 있다. 사실, 예수께서는 십자가상에서도 아무도 비난하지 않으시고, 자신을 학대하고 십자가에 못 박는 자들을 용서해 달라고 하나님께 기도하셨다. 당신도 결혼생활에서 마땅히 그래야 하지 않겠는가? 우리 가운데 죄 없는 사람은 없다. 그러므로 사랑을 거부하고 배우자의 실수나 결점을 비판의 도구 삼으면서 하나님의 완전한 뜻에 따라 행한다고 착각해서는 안 된다. 이것은 예수님의 성품과 맞지 않는 행동이며 위선이다. 이렇게 되면 부부간의 불행이 생길 뿐이다.

당신은 피해자인 척하는 것이 좋은가?

피해자인 척하는 잠재적인 보상에는 주목을 받는 것을 비롯하여 당한 고통에 대하여 영광을 취하는 것, 다른 사람들의 지원과 동정, 가학적이고 부적절한 것으로 평가받을 수 있는 행동에 대한 정당화 등 여러 가지가 있다. 타인들의 인간적인 지원을 얻어 안전하게 분노를 표출하고, 그들을 이용하여 가해자인 배우자에게 보복을 하면 고통은 힘으로 둔갑한다.

학대에 대한 주요 논쟁을 해결하기 어렵게 만드는 것이 하나 더 있다. 그것은 사회가 신체적 학대를 받은 피해자에게는 책임을 묻기를 꺼려하는 것이다. 신체적 학대는 사회가 처벌해야 마땅하지만, 그 가해자에게 먼저 욕을 하고 폭력을 휘둘렀던 사람에게 책임을 묻는 것 역시 중요하다.

간음은 일종의 가해 행위이다. 그러나 외도를 한 배우자가 이혼법정에서 재산과 주택, 자녀양육권, 위자료 등을 균등하게 나눠 갖고 있다. 배우자의 행동이 결혼을 위한 하나님의 계획에서 그리스도의 성품이나 인격과 전혀 어울리지 않음에도 불구하고 피해자와 가해자 모두가 사회적 보상을 받고 있다.

만일 배우자를 악당이나 가해자로 취급하고 있다면 어떻게 배우자를 귀히 여길 수 있겠는가? 배우자에게 상처를 주는 것은 스스로에게 상처를 주는 것과 마찬가지이다. 왜냐하면 당신은 배우자와 한 몸으로 화합했기 때문이다.

나는 부부들이 서로를 왕과 왕비처럼 존귀하게 대하지 않고 서로를 할퀴는 것을 보면 마음이 아프다. 게리 스몰리는 그의 책《사랑은 결심이다 Love is a Decision》에서 부부가 서로 귀하게 여겨야 할 중요성에 대해 말하고 있다. "관계에 필요한 변화의 문을 여는 가장 효과적인 방법은 사랑하는 사람을 귀하게 여기는 것이다. 그리고 일단 귀하게 여기기로 결심했다면, 우리의 감정과 상관없이 행동해야 한다. 순수한 사랑은 치러야 하는 대가와 상관없이 존귀하게 대하는 것이다. 이러한 사랑은 하나님께 대한 애정으로 흘러넘치는 마음에서 나오는 것으로, 상대방의 최고의 유익을 구할 수 있도록 우리를 자유하게 한다."

역할과 반응은 어린 시절에 뿌리를 두고 있다

많은 사람들이 어린 시절의 피해자 문제를 해결하지 않았기 때문에 힘겨루기의 일환으로 피해자 역할을 이용한다. 배우자의 행위를 부모나 친한 친구의 학대와 구별하거나 분리하지 못하고 있는 것이다. 또는 실패한 애정관계와 분리하지 못하는 것이다.

과거의 피해자 문제를 해결하지 않았다면 배우자의 언어적 메시지나 행동에 대해 과잉 반응하거나 곡해할 가능성이 크다. 뿐만 아니라 화가 나서 배우자에게 한 말이나 행동은 이런저런 의미라고 말할 것이다. 당신의 해석이 완전히 틀렸다고 지적해도, 이를 무시하고 자기 주장만을 고집할 것이다.

마지막으로, 당신은 당신과 과거에 당신에게 상처를 안겨 주었던 사람과의 해결되지 않은 문제와 흡사한 갈등을 재연할 가능성이 있다.

나는 해결되지 않은 과거와 흡사한 갈등이 재연되면, 이를 인정하거나 시인하기가 대단히 어렵다는 사실을 발견했다. 결국 당신의 오해와 과잉반응은 과거의 상처를 덧내는 것에 불과한 것이다.

지금까지 너무 예민하다는 말을 들어 본 적이 없는가?

당신이 피해자 문제를 해결하지 않는 한 계속해서 자신을 피해자로 보고 배우자를 가해자와 악당으로 보는 부당한 시각을 바꾸지 못할 것이다. 뿐만 아니라 이 여파는 더욱 거세질 것이다. 고통 중에 있는 사람을 피해자로 간주해 자녀를 양육하는 데 있어 느슨해지고 과보호를 하게 될 것이다. 이로 인해 자녀들은 정신적으로 고통을 당하게 되고, 자녀를 엄격하게 양육하는 배우자와 갈등을 겪게 될 수 있다.

배우자의 엄격한 양육방식에 강력하게 반발하는 성향이 있는 사람들은 자신의 어린 시절에 사랑받지 못하고 학대받았던 것에 영향을 받고 있는 것이다.

혹시 자녀들에게 너무 관대하다거나 일관성이 없다는 지적을 받은 적이 없는가?

자녀의 잘못된 행동에 대해 쓸데없는 변명을 해 준다고 지적받은 적은 없는가?

자녀를 너무 과보호한다고 지적받은 적은 없는가?

만일 당신이 앞의 질문 가운데 하나에라도 "그렇다"고 답한다면, 어린 시절의 해소되지 않은 문제로부터 자신을 구조하고 치유하려 하고 있을 가능성이 매우 높다.

배우자와 자녀훈육에 대해 의견이 같은가? 그렇지 않다면, 당신은 성경적 지침을 따르는가, 자신의 지식을 따르는가?

예수의 말씀을 따라 행하면 결혼생활이 풍요로워질 것이다. 그리고 그렇지 않으면, 당신의 말에 귀를 기울이지 않는 배우자와 자녀들과 잔소리 전쟁을 벌이는 자신을 발견하면서 힘들어지게 될 것이다.

우리의 자녀들은 상당한 정도까지 병들어 있기도 하고 하나님께 저항한다. 만일 하나님의 권위에 반기를 든다면 자녀들도 영향을 받게 마련이다. 가장 크게 말썽을 부리는 아이는 당신의 부부관계가 어떤가를 가늠하는 척도이다. 문제의 원인이 시정되기 전에는 '불을 완전히 끄는 방법'은 따로 없다. 그런데 잘못을 고치는 일은 당신 자신으로부터 시작된다.

나는 배우자의 욕구를 채워 주는 것에 당신이 어떻게 거부하고 있는지 그리고 그 거부가 어떤 형태를 취하고 있는지를 검토해 보라고 권하고 싶다. 다른 사람의 단점에 초점을 맞추는 것에 유혹받곤 한다. 그러나 문제는 당신은 그 누구도 변화시킬 수 있는 힘이 없다는 점이다. 오직 하나님만이 사람을 전적으로 변화시킬 수 있다. 그러나 당신은 배우자에게 거부하는 방식과, 이를 정당화하는 태도를 스스로 변화시킬 수 있다.

당신은 결혼을 한 것인가,
법정에 서 있는가?

어떤 부부들은 법정에 들어서는 심정으로 상담실을 찾는다. 그들은 증거가 있으니 누가 옳고 그른지를 판결해 달라고 하면서, 한 명은 이기고 다른 한 명은 지게 해 달라는 태도를 보인다.

결국에 상담실은 부부들이 부부싸움을 벌이는 곳이 되어 버린다. 이러한 태도는 내담자가 면담 약속시간을 잡기 위해 상담자에게 전화를 걸었을 때 드러난다.

여성 내담자는 십중팔구 남편에 대항하기 위해 여성 상담자를 요청한다. 이 시나리오에 의하면 남편은 상담 과정에서 아내의 부정적인 감정에 대하여 책임을 지게 되어 있다. 이때 여성 상담자는 자동적으로 아내의 입장을 지지할 것이고, 남편은 자기중심적인 사람이라고 규정되어 변화를 강요받게 된다.

그러나 대부분의 사람들은 갈등으로 인한 교착 상태에서 좌절감과 피해의식을 느끼며 자신이 오해받고 있다고 생각한다. 그리고 지금 겪고 있는 어려움은 상대방이 태도나 행동을 바꾸면 해결된다고 믿는다.

대부분의 사람들은 배우자에게 기쁨과 만족감을 안겨 줄 수 있는 능력을 가지고 있지만 그렇게 하기를 거부하고 있다. 사실 많은 부부가 그저 동거하는 관계와 다를 바가 없다. 이런 상태에서 남편과 아내는 서로 잔소리나 하면서 끔찍한 상황으로 몰고 가, 지속적인 실망과 불행을 경험한다.

동거하는 부부관계의 최종 결과가 '교감을 느끼는' 관계는 아니다. 그것은 갈등을 회피하거나 갈등 속에 사는 참으로 불행한 관계이다. 이는 해소되지 않은 문제가 거론조차 안 되는 소외된 상태로 이어지거나 계속되는 힘겨루기의 적대적인 상태로 끝을 맺게 된다.

부당한 대우를 받은 적이 있는가?

사람들은 배우자에 대한 셀 수 없을 정도의 많은 불평을 가지고 상담실을 찾는다. 그들의 문제는 상처를 받았거나 무시당한 느낌을 받는다는 데 뿌리를 두고 있다. 이런 의미에서 흔히 학대나 박탈을 당했다고 생각하고 있다.

이 두 범주를 들어 주장을 내놓으면, 어떤 내담자는 이를 부인하거나 정당화한다. "나는 그런 말을 한 적이 없어요. 나는 그런 행동을 하지 않았다고요" 또는 "내가 그렇게 한 이유는……"이라는 식의 반응은 공통적이어서 마치 그들이 법정에서 재판을 받는 것으로 여기는 것은 아닌가 싶을 정도다. 그들은 자신이 어떤 대우를 받고 있다고 인식하는 바에 따라 반응한다. 그러면서도 상대방이 의도적으로 이기적이고 상처를 주는 방식으로 행동한다고 비난을 한다.

법정에서와 마찬가지로 자신이 부당한 대우를 받았다고 느끼면 어떤 형태로든 보상을 받고 싶어 하는 성향이 있다. 이는 사과에서 배상에 이르기까지 다양한 형식이 있다. 결혼관계 속에서의 배상은 상대방으로부터 성관계와 같이 무엇인가 중요하게 여기는 것을 박탈하거나 과소비한 것이나 정서적으로 방치한 것에 대한 대해 책임을 지지 않는 형식이다.

법정에서의 문제들은 갈등 관계에 있는 부부에 비교될 수 있다. 법은 장소에 따라 다를 수 있고, 같은 장소 안에서도 개인에게 임의적으로 적용된다. 시간이 가면 갈수록 법은 점점 더 상대적이 되고, 한도 끝도 없어 보이는 상황과 기술적 해석에 따라 달라지고 있다. 부부들도 서로의 욕구를 채워 주는 일에 대한 책임을 감당하는 데 있어서 이와 비슷한 대응을 하고 있다. 부부간의 문제는 사랑이 아닌 법으로는 결코 해결되지 않는다.

당신이 선호하는 것이 하나님의 원칙보다 우선하는가

법률은 어떤 것이 옳고 그른지를 가늠한다는 점에서 사회적 가치관에 직접적으로 영향을 미친다. 사람들은 성경적 기준에서 자신을 판단하기보다는 법률적 기준과 같은 방식에 근거해 자신의 행동을 해석하고 정당화하려 한다.

자신의 행동이 배우자에게 불편을 끼치는 것은 개의치 않는다. 단지 그것이 배우자의 이상에 미치지 못한다고 하더라도 법적 권리 안에 들어만 있다면 괜찮다는 식이다. 가령, 배우자의 성관계 요구를 거절하는 것은 법적인 권리에 속한다. 이것이 결국 우리 사회의 규범을 형성하는 것이다.

계속해서 변화하는 이 규범은 절대적 척도가 되고, 이것은 누가 옳고 누가 그른가를 판단하는 기준을 만든다. 여기에서 우리가 선호하는 것이 배우자의 욕구를 거부할 충분히 정당한 근거가 된다는 마음자세가 나오는 것이다.

결국 '선호하는 것'이 '원칙'보다 우선하는 셈이 된다.

서로의 욕구를 완전히 충족시켜 주는 원리는 대부분의 사람들이 철학적으로 쉽게 동의할 수 있다. 그러나 실제로는 선호하는 것이 실천을 좌우하고 있다. 결국 그들은 믿고 말하는 대로 행하고 있는 것이다.

서로를 완전히 사랑하며 서로의 욕구를 채워 주기 위해 최선을 다할 마음이 있는가? 당신은 분명히 그럴 것이다. 그러나 아마도 당신이 특별히 충족시켜 주고 싶은 마음이 없는 욕구를 배우자가 표현할 때 취하는 반응이 당신이 원칙과 개인적 선호 중 어느 것을 우선하는지 보여 줄 것이다.

일반적으로 사람들은 무기력함과 두려움 때문에 배우자가 자신이 실제로 원하는 것보다 덜 준다 해도 그대로 받아들이는 경향이 있다. 그러나 실제로는 타협한다거나 협상한다는 등의 명분을 내세워 대충 넘어간다.

당신은 협상하는가, 받아야 할 것보다 덜 받는가?

협상한다는 것은 짐작컨대 동의하고 타협하는 시점에서 자신의 욕구를 완전히 채우려고 시도하면서 자신이 받아야 할 것보다 덜 받는 것에 동의를 수반한다.

협상의 필요성은 배우자와 의견이 엇갈릴 때 생긴다. 협상은 말 그대로 분쟁을 해결하기 위해 흥정한다는 의미이다. 분쟁은 원래 바라던 것보다 모자라는 어떤 것을 수용할 때 해결된다. 이를 위해서는 타협이 필요하다. 타협이라는 단어는 상대방에 순응하기 위해 어떤 요구를 포기하고 양보하며, 자기원칙을 조정하겠다는 서로간의 약속으로 정의된다.

결혼의 욕구를 충족시킨다는 관점에서 보면 협상은 결국 배우자가 모든 것을 다 주지 않아도 만족하고 물러서는 것을 포함한다. 욕구를 완전히 채우는 것은 선택이 아니다. 자신의 특정한 욕구를 다 채우지 못해도 만족하겠다는 사람들은 타협 이외에는 별다른 선택이 없다고 믿는 경우가 많다! 그러나 이것은 사실상 욕구를 거부하는 것에 다름 아니다.

완전한 욕구의 충족을 거부하는 것은 진정한 사랑의 실천이 아니다. 그러나 대부분의 의사와 상담자 그리고 목회자들은 내담자에게 그렇게 말하지 않는다.

특정 욕구를 모두 채워 줌으로써 완전한 사랑을 실천하지 않으려는 사람은 상대방을 실망시킨 것에 대해 책임을 지지 않으려고 한다. 나는 우리 사회가 가해로 인한 정서적 피해만을 지원하고, 이기적인 행동은 사실상 보호하는 것은 부당하고 생각한다.

많은 사람들이 하나님 말씀이 담긴 성경적 진리를 진정으로 듣고 싶어 하지 않는다. 차라리 마음에 피를 흘리며 아파하는 사람이 배우자의 욕구를 다 채워 주지 않아도 괜찮다고 말하는 것을 더 듣고 싶어 한다.

소양이 부족한 상담자들은 내담자가 상처 주변에 방어벽을 치도록 도와준다. 그러나 이것은 두려움과 이기심을 조장하는 것일 뿐 아무런 도움이 되지 않는다. 고통으로 인한 내담자의 병적인 증상은 곧바로 거절할 수 있는 권리로 둔갑한다. 이 권리란 실상 자유의지를 말하는 것인데, 이는 건전한 의미를 지닌 것으로 해석된다.

거부가 학대의 최종적 결과로서 극복되고 치유되어야 함에도 불구하고 오히려 배우자를 거부하는 행위가 높임을 받게 된다. 주는 것의 반대, 즉 사랑을 실천하지 않는 것이 책망을 받기는커녕 오히려 동정을 받는다. 이는 결국 거부하는 사람을 부추겨서 계속해서 피해의식을 느끼도록 만들어 마침내 성격으로 굳어지게 한다.

그러므로 아파하거나 경직되어 있거나 이기적인 배우자를 위한 궁극적인 치료 목표는, 아파하는 사람을 하나됨을 거부하는 데에서 하나됨으로 유도할 수 있는 주는 행위로 이끌어 주는 것이다. 예수님은 결코 거부하지 않으셨다. 예수께서는 우리 태도가 맘에 들지 않는다거나 우리가 이기적이고 사랑하지 않는다는 이유로 십자가에 달려 죽으시는 것을 거부하지 않으셨다. 그분은 우리가 주님을 따라 행하기를 원하신다.

많은 목회자와 상담자들은 상대방을 불쾌하게 하지 않기 위해 진리를 희생시키고 있다. 나는 하나님의 말씀이 진리에 참으로 마음이 열려 있는 사람에게 방어적 태도를 자극하게 한다고 생각하지 않는다.

우리는 사랑으로 메시지를 전달해야 하지만, 하나님의 분명한 말씀을 타협해서는 안 된다. 그분의 말씀은 조건 없이 주어진다. 만일 당신이 자신을 내어주는 행동에 조건을 붙인다면 부부 사이에 어려운 문제가 생길 것이다. 협상을 하는 것은 배우자가 실제로 원하는 것의 일정 비율만을 주겠다는 의미이며, 사랑과 주는 행위에 일정한 등급을 매기려는 것이다.

하나님의 말씀이 '서로 합의하는 것'에 반대의 입장을 취하고 있는 것은 아니다. 고린도전서 7장 5절은 결혼한 부부들에게 성적 절제를 서로 합의하라고 권면하고 있다. 그러나 합의하는 것과 한 배우자가 100퍼센트 미만의 사랑을 받아들이도록 요구되는 상황에서 다른 선택의 여지가 없이 동의하는 것은 차이가 있다.

비록 합의했다 하더라도 아담과 하와가 그랬던 것처럼 하나님의 지시에 반하는 쪽으로 성사되어서는 안 된다. 가령 화가 난 상태에서 잠자리에 들기로 합의를 했다면, 비록 합의했다고 해도 그 부부는 오류를 범하고 있는 것이다. 결혼한 부부는 언제나 하나님의 말씀과 일치하는 진리를 따라 함께 해야 한다. 아담과 하와가 에덴동산에서 그랬던 것처럼 전혀 저항하지 않고 최대한의 편안함을 느끼는 것이 반드시 부부가 모두 만족할 수 있는 하나님의 계획이 되는 것은 아니다. 그들은 하나님의 말씀에 근거해 그들의 결정을 내렸어야 했지만, 자기들의 기호에 따라 결정하는 쪽을 선택했다. 하나님이 아담의 순종에 의문을 제기했을 때, 아담은 즉각 하와에게 책임을 떠넘겼다. 배우자를 완전히 사랑하지 않을 때 이러한 반응을 하게 되는 것이다. 우리는 하나님이 기뻐하시지 않는 방식으로 행동하는 데는 그만한 이유가 있다는 핑계를 대면서 아담처럼 행동하곤 한다.

성경의 절대적 명령에 관한 한, 우리는 부부의 욕구에 관해 협상할 아무런 근거가 없다. 하나님의 말씀에 순종하는 것은 '이것이 아니면 저것'의 문제이다. 아담과 하와는 금지된 과일을 열 번 베어 먹었을 때와 똑같이 단 한 번 베어 먹었을 때도 죄를 지은 것이다. 이것은 악마가 가장 흔하게 사용하는 술책이다. 그는 합의에 도달하는 것이 더 좋을 것이라는 약속이나 전망을 내어놓음으로써 완전한 진리를 가로막는 방법을 우리에게 제시한다. 그리고 우리는 이 인위적인 구매증서를 구입했다.

사람들은 완전한 순종을 원하시는 하나님의 뜻을 부분적인 순종으로 대체하였다. 이와 같은 사고방식은 배우자의 욕구를 90퍼센트만 채워 주는 것에도 만족을 느끼도록 만들었다. 90퍼센트가 50퍼센트보다는 낫지 않은가 말이다.

죄를 덜 짓는 것을 무시하려는 것이 아니다. 단지 나는 100퍼센트보다 못한 것은 하나님의 뜻이 아니라는 데에 초점을 맞추고 싶은 것이다. 배우자에게 전부를 주지 않는 것은 죄이다.

죄인은 긍휼함으로 대해야 하지만, 죄는 직시해야 한다. 예수님은 간음하다가 잡혀온 여자에게 긍휼함으로 대하셨지만, "가서, 이제부터 다시는 죄를 짓지 말아라"(요 8:11)라고 말씀하셨다. 그는 "가서 한 번 노력해 보라"거나 "집에 가서 간음하고 싶은 욕구에 대해 남편과 타협해 보라"고 말씀하시지 않았다. 예수님은 그녀의 심중에 깔려 있는 간음하고 싶은 욕구에 대해서는 전혀 고려하지 않았다. 그러나 많은 사람들은 자신이 선택할 권리를 갖고 있다고 생각한다. 특히 그런 자신의 입장을 지지할 그럴 듯한 철학적 근거가 있을 경우에는 더욱 그렇다.

사람은 누구나 자유의지를 가지고 있으므로 성관계의 욕구를 거부할 자유가 있는 것 아니냐고 반박할 수도 있다. 그러나 이러한 사고는 학대와 관련하여 심각한 문제를 야기할 수 있다.

　문제는 학대가 어디서부터 시작되느냐 하는 것이다. 사람은 자기 욕구가 채워지지 않으면 어느 정도 고통을 느끼게 마련이다. 모든 욕구가 채워진다면 서로 싸울 필요가 있겠는가?

　배우자로부터 언어적 폭력을 경험하면 누구나 정서적인 아픔을 느끼게 될 것이다. 그렇다면 부부로서의 욕구가 거절당해도 당연히 아픔을 느끼지 않겠는가? 그런데 왜 '욕구의 거절'이 학대가 아니란 말인가?

　자신이 배우자의 욕구를 채워 줄 수 있는데도 불구하고 이를 거부하는 경우, 그 욕구를 채워 주는 것에 자신이 불편하다고 주장할지 모르겠다. 그렇다면 반대로 자기욕구가 채워지지 않는 배우자는 어떤 기분을 느끼겠는가?

　욕구의 거부로 인해 발생하는 언어적 폭력과 거절은 사실 아무런 차이가 없다. 욕구를 채워 주지 않는 배우자가 먼저 학대를 가하고 있는 셈이다. 그러나 우리는 오히려 언어적 폭력을 가하는 사람을 먼저 정죄한다.

　물론 언어적 폭력을 결코 옹호해서는 안 된다. 마찬가지로 부부간의 욕구를 거부하는 것도 옹호해서는 안 된다. 예수님은 그의 주의를 끌었던 어떤 욕구도 거부하지 않았다. 예수님은 사람들의 욕구를 채워 주셨을 뿐 아니라 보상받기도 기대하지 않으셨다. 우리는 결혼에서의 역할과 서약을 지키기 위해 예수님을 닮아야 한다.

　당신이 배우자의 욕구를 완전히 채우려면 완전해야 한다. 그러나 이것이 누가 옳고 그른가를 판단하는 기준이나 이상이 되지 않는 이유는 무엇인가?

사랑은 100퍼센트 주지 않는다면, 그 사랑에 무엇인가(대개의 경우 이기심)가 더해진다는 것을 잊어서는 안 된다. 사랑은 상대방의 욕구를 채워 주기 위하여 조건 없이 자신을 주는 행위이다. 되돌려 받을 것을 요구하거나 기대하는 것은 거래이다. 어느 정도까지 주고 어느 정도 유보하거나 거절하는 것은 어느 정도까지 사랑하고 어느 정도까지 이기적이 되는 것이다.

사랑은 희생적으로 주는 것을 요구한다. 이것이 예수께서 우리를 위해 십자가에서 죽으심으로 보여 주셨던 사랑이다. 사실 예수께서는 "자기 십자가를 지고 나를 따르지 않는 사람도 내게 적합하지 않다"(마 10:38)고 말씀하셨다. 예수님이 가르치신 것의 대부분은 그의 성품을 따라 변화되는 과정에서 우리가 자아에 대하여 죽을 필요성과 관련된 것이다. 성경은 하나님이 세상을 이처럼 사랑하셔서 자기의 독생자를 주셨다(요 3:16)는 사실에 근거해, 사랑은 주는 것이라고 말하고 있다. 성경은 또한 "사람이 친구를 위하여 목숨을 버리면 이보다 더 큰 사랑은 없다"(요 15:13)고 말씀하고 있다. 그러므로 당신이 배우자에게 줄 수 있는 가장 큰 사랑은 다름 아닌 최선을 다해 배우자의 가장 큰 유익을 추구하는 것이다. 하나님께서는 그의 가장 귀한 것, 곧 자기 아들을 우리에게 주셨다.

당신은 그분의 본성과 성품에 순응하기 위하여 100퍼센트 주는 것에 동의해야 한다. 타협을 요구하는 협상은 관계 속의 한쪽 당사자가 100퍼센트 이하를 상대에게 줄 것을 요구하는 원리 위에서 진행되는 것이다.

만일 당신에게 그럴 만한 능력이 있는데도 배우자가 원하는 것을 다 채워 주지 않는다면 배우자는 사실상 당신의 사랑을 일부만 받고 있는 셈이다.

상대방을 실망시키는 배우자는 욕구를 채워 주지 않는 것에 대한 핑계와 이유들을 항상 가지고 있다. 그러나 욕구를 채우지 못했을 때의 아픈 경험은 핑계와 합리화 앞에서 마치 마법처럼 사라지지 않는다. 그러나 배우자가 그 핑계를 그대로 받아들인다면, 그는 그만큼 사랑받는다고 느낄 것이다. 그러나 배우자가 덜 사랑받는 것처럼 느끼지 않는다고 해서 그가 완전히 사랑받는 것은 아니라는 사실에는 변함이 없다.

가령, 당신이 배우자에게 신실하지 않은데도 배우자는 자신이 완전히 사랑을 받고 있다고 생각한다고 하자. 그렇다고 그가 당신에게서 완전한 사랑을 받는다고 할 수 있는가? 물론, 그렇지 않다.

성실하게 정절을 지키는 것은 결혼한 부부의 요구인데, 우리가 정절을 협상할 수 있겠는가? 만일 정절이 협상대상이 아니라면, 우리가 결혼식을 통하여 서로 채워 주기로 서약한 부부의 다른 욕구들에 관하여 협상한다는 개념을 지지할 수 없다.

협상은 또한 무기력한 관계를 야기한다. 왜냐하면 관계는 사랑에 의해 힘을 얻기 때문이다. 협상의 목표는 육체가 원하는 것에 뿌리를 두고 있다. 그러나 사랑의 목표는 하나님이 원하는 것에 목표를 두고 있다.

그러나 세속적 철학은 결혼을 왜곡시키고 있다. 바로 '자기사랑'이라는 가면을 쓰고 이기심과 상황윤리를 부추기기 때문이다. 이 세속적이고 인본주의적인 철학은 협상이라는 수단을 통하여 부부관계를

74

왜곡시킨다.

협상으로 인한 문제를 해결하는 방법은 아주 간단하다. 바로 서로 만족하고 행복한 관계를 누리기 위해 조건 없이 완전하게 서로의 필요를 채워 줌으로써 사랑을 실천하는 것이다.

둘 다 이기기

부부가 결정하는 것은 서로간의 욕구를 채워 주는 것과는 달라야 한다. 이는 두 배우자에 관련된 특정 행동을 선택하는 것과 연관되기 때문이다.

나는 하나님이 부부가 한 몸이 되어 함께 결정을 내리도록 계획하셨다고 믿는다. 하나님은 사람을 만드신 후 그들에게 "모든 것을 다스리게 하자"(창 1:26)고 말씀하셨다. 아담과 하와 가운데 한 명에게만이 아니라 둘 모두에게 다스릴 권세를 허락하였다. 그러다가 에덴동산에서의 타락한 이후 하나님은 아담이 하와를 다스리게 될 것이라고 말씀하셨다(창 3:16). 아내가 범사에 남편에게 순종해야 하지만, 잠언 31장의 현명한 여인은 멀리서 양식을 날라 오고 땅을 사는 것과 같은 여러 가지 결정을 내린다.

다스림과 지배를 행사하는 부부의 행동에 있어서 순종은 권위와 지도력에 적용되는 것처럼 보인다. 남편은 궁극적으로 집안 일에 책임이 있기 때문에 가족의 복지에 관련된 결정을 내려야 한다. 이런 의미에서 나는 개인적인 결정을 위한 하나님의 인도하심과 관련하여 깊이 있는 연구를 한 바 있는 블레인 스미스와 의견을 같이한다. 그는 다음과 같이 말하고 있다. "부부 역할 가운데 머리됨의 원리를 수용하는 부부에게 있어서, 부부가 어떤 문제를 충분히 의논했는데도 합의에 이르지 못하는 난관에 맞닥뜨렸을 때 이 원리가 적용될 수 있을 것이다. 그때에는 남편의 의견을 따르는 것이 옳을 것이다."

남편의 결정은 언제나 사랑으로 이루어져야 한다. 왜냐하면 남편은 그리스도가 교회를 사랑하시고 자기 몸을 내어주신 것처럼 아내를 사랑하라는 명령을 받았기 때문이다. 남편은 아내의 필요와 정서적인 상태를 반드시 고려하여야 한다. 이를 위해서 아내의 의견을 경청하는 것이 꼭 필요하다.

그러므로 결정의 목표는 항상 합의에 따른 행동이어야 한다. 이 행동의 의도는 언제나 서로의 필요를 고려하는 가운데 결혼의 욕구를 최대한으로 충족시키는 것이어야 한다. 그리고 여기에 신뢰와 화합이 반드시 따라야 함은 물론이다.

모든 중요한 결정은 성경의 원리를 따라 기도하는 가운데 이루어져야 한다. 나는 사소한 결정을 내릴 때는 다음과 같은 일반적 원리를 따르도록 추천하고 싶다. 결정을 내릴 때는 서로를 실망시키지 않으면서 피차 합의할 수 있는 대안을 도출해야 한다.

뿐만 아니라 각자의 입장에서 긍정적인 행동을 할 수 있어야 한다. 쉽게 말해 "네"라고도 "아니요"라고도 말할 수 있어야 한다. 그러나 부부는 합의에 이를 때까지 사랑의 원리를 적용할 의무가 있다.

사랑의 실천은 완전한 화합의 띠로 하나 되는 결과를 낳는다. 이 완전한 화합은 궁극적으로 서로 만족하는 결혼, 둘 다 승리하는 결혼을 이끌어 낸다.

이것이 완전한 결혼의 특징이다.

배우자 욕구의 3가지 범주

조건화된 사회 속에서 행복을 추구하다 보면 결혼생활을 행복하게 이끄는 방법을 알려 준다는 책들에 관심이 가게 마련이다. 사람들은 '……의 비결', '……하는 방법', '……의 완전한 교본', '……의 기술' 등과 같은 눈길을 사로잡는 제목에 끌려 책을 사기도 한다. 그러나 불행하게도 우리는 최소한의 것을 주고 최대한의 것을 되돌려 받기 위해 그리고 그러한 방법을 알기 위해 이런 책들을 읽는다. 성경은 "이 모든 것 위에 사랑을 더하십시오"(골 3:14)라고 가르치며 "주는 것이 받는 것보다 복이 있다"(행 20:35)고 훈계하고 있다.

나는 이런 유의 자기상담 *self-help* 책들을 여러 권 읽어 보았다. 하지만 그 내용에 흔쾌히 동의할 수 있는 책은 별로 없었다. 내가 책을 판단하는 기준은 그 안에 담겨 있는 개념과 이론, 제시한 방법, 접근, 기술, 적용과 목표가 성경의 진리와 일치하느냐 하는 것이다. 당신은 어떤 기준을 어떤 근거에서 사용하는가? 예수님의 가르침과 다른 접근법을 사용하고 있지는 않은가? 만일 그렇다면 행복한 결혼생활을 누릴 수 없다.

아가페 사랑과 당신의 결혼

아가페 사랑은 하나님이 인류를 위해 베푸시는 무조건적이고 희생적인 사랑이다. 예수님이 십자가를 지심으로 그리고 다른 사람을 대하는 방식에서 보여 주신, 고린도전서 13장에 묘사되어 있는 그런 유형의 사랑이다. 고린도전서 13장에는 이렇게 적고 있다.

> 사랑은 오래 참고, 친절합니다. 사랑은 시기하지 않으며, 뽐내지 않으며 교만하지 않습니다. 사랑은 무례하지 않으며, 원한을 품지 않습니다. 사랑은 불의를 기뻐하지 않으며, 진리와 함께 기뻐합니다. 사랑은 모든 것을 덮어 주며, 모든 것을 바라며, 모든 것을 견딥니다.

아가페 사랑은 가장 숭고한 사랑의 표현으로서 하나님의 이타적인 사랑을 보여 주고 있다. 이 사랑은 하나님이 주시는 이러한 형태의 사랑으로 당신의 단순한 자유의지에 의하여 사랑하는 사람을 귀하게 여기고 섬기도록 하는 것이다. 결혼생활에서 이것은 배우자의 필요를 진심으로 채워 주는 과정에서 구현되고 증거된다. 이 사랑의 열매는 배우자의 흠과 결함을 감싸 주고 섬기는 것으로 나타난다.

한나 스미스는 《행복한 생활의 기독교적 비밀 *the Christian Secret of A Happy Life*》에서 아가페 사랑의 특질을 웅변적으로 묘사하고 있다.

> 사랑은 모든 것을 준다. 그리고 모든 것을 되돌려 받아야 한다. 한 사람의 바람은 상대방에게 구속의 의무가 된다. 그리고 마음 깊은 곳에서는 상대방의 모든 비밀스런 바람과 갈망을 알고 싶어 한다. 그런 갈망은 상대방의 욕구를 만족시켜 주기 위한 것이다.

뿐만 아니라 사랑은 진정한 개방성과 솔직함, 진실 그리고 욕구와 감정의 나눔을 포함하는 당신의 배우자와의 높은 수준의 투명함에 의해서 드러난다.

예수께서 당신을 사랑하신 것처럼 배우자를 사랑하라

성경은 배우자를 사랑하라고 가르치고 있다. 당신은 실제로 그렇게 하고 있는가? 만일 당신의 사랑에 점수를 매긴다면 몇 점을 주겠는가?

배우자를 진실로 사랑하고 있는지 알고 싶다면 그 사랑의 성격을 먼저 이해할 필요가 있다.

성경을 살펴보면 예수님의 사랑은 다음과 같은 특징을 갖고 있다.

1. 무조건적이고 주는 사랑이다(롬 5:8).
2. 의지적인 사랑이다. 우리를 사랑하기로 선택하였다(엡 1:6-7).
3. 강렬한 사랑이다(요 13:1; 엡 5:2, 25).

4. 끝이 없는 무궁한 사랑이다(요 13:1; 렘 31;3; 롬 8:39).

5. 희생적인 사랑이다(갈 2:20; 벧전 2:24; 고전 15:3; 고후 5:21).

6. 남을 생각하는 이타적인 사랑이다(빌 2:6-7).

7. 목적이 있는 사랑이다. 그는 우리의 발전과 향상, 행복과 복지를 위하여 일하신다(엡 5:26-27).

8. 그의 말씀과 행동으로 표현된 사랑이다. 그의 사랑은 우리의 모든 필요를 채워준다(요 10:1-14; 14:1-3; 15:9-10; 빌 4:13).

9. 풍성하고 번성케 하는 사랑이다(요삼 1:3).

10. 치유하는 사랑이다(사 53:5; 마 4:23; 약 5:16).

예수님의 사랑법은 당신이 배우자를 사랑해야 하는 기준을 제시해 준다. 그의 사랑은 당신의 욕구를 충족시켜 주고 항상 최고의 유익을 안겨 줄 수 있다. 이러한 기준으로 배우자를 사랑하는가? 하나님은 당신이 그렇게 하기를 원하신다.

부부 욕구의 범주

부부의 결혼생활에서 욕구는 교제, 친밀감 그리고 중요성이라는 세 가지 범주 안에 포함된다. 이 욕구들을 충족시키려면 사랑을 실천해야 한다.

다음의 각 범주 아래 여러 가지 질문이 열거되어 있다. 서로의 필요를 얼마나 채우고 있는지 판별하기 위해 각 질문에 1에서 10까지의 점수로 답할 수 있다.

1. 교제 : 부부가 교제를 나누고 즐기며 가까운 친구처럼 지내는 강력한 유대를 말한다.

이런 욕구를 어느 정도 충족시키고 있는지 알고 싶다면 다음의 질문을 배우자에게 해 보라.

- 나의 행동은 우리가 한 팀으로서 같은 배를 타고 있다는 것을 보여 주는가?
- 나는 당신이 곤고할 때 위로해 주는가?
- 나의 말과 행동은 당신을 안심시키는가?
- 우리는 개인적인 관심사나 흥미 등이 잘 맞는가?
- 나는 당신이 만족스러워할 정도의 인격으로서 성장하고 있는가?
- 당신은 내가 신뢰할 만한 동반자라고 믿는가?
- 당신은 무엇이든지 나와 마음놓고 대화할 수 있다고 느끼는가?
- 당신은 나의 판단과 행동 그리고 동기에 믿음을 갖고 있는가?
- 나는 당신이 행한 모든 것과 나를 화나게 했던 모든 것을 용서하는가?
- 당신은 나의 정직함에 만족하는가?
- 나는 당신과 조화를 이루고 화합하기 위해 노력하는가?
- 나는 당신이 적절하다고 생각하는 방식으로 말하는가?
- 나는 당신에게 개방적이고 솔직하며 정확하게 말하는가?
- 당신은 나와 생각과 감정을 나누는 정도에 만족하는가?
- 내가 화가 났을 때도 항상 당신에게 친절한가?
- 나는 당신에게 필요한 격려를 해 주는가?
- 나는 당신에게 필요로 하는 긍정적 자극을 제공하고 있는가?

- 당신은 내가 우리 관계를 위한 의무와 책임을 잘 수행하고 있다고 믿는가?
- 당신은 우리가 함께 있을 때 내가 진실하다고 믿는가?
- 당신은 내가 배우자로서의 역할을 하는 방식에 만족하는가?
- 나는 당신이 결혼생활에서 안정되게 느끼는 데 필요한 내적인 힘을 소유하고 있는가?

2. 친밀감 : 배우자의 정서적 · 신체적 친밀감을 채워 주는 행동을 의미한다.
이런 욕구를 어느 정도 충족시키고 있는지 알고 싶다면 다음의 질문을 배우자에게 해 보라.

- 당신은 내 애정표현 방식에 완전히 만족하는가?
- 당신은 우리의 성관계에 완전히 만족하는가?
- 당신은 나와 깊은 내면의 감정을 나누는 정도와 횟수에 만족하는가?
- 나는 당신의 모든 욕구에 대하여 귀를 열고 듣는 편인가?
- 나는 당신에게 정서적으로 가까워지기를 원한다는 것을 보여 주는 방식으로 행동하는가?
- 나는 당신이 조건 없이 사랑받는다는 것을 보여 주는 방식으로 행동하는가?
- 나는 당신이 열렬하게 사랑받고 있다는 것을 보여 주는 방식으로 행동하는가?
- 나는 당신의 생각과 느낌 그리고 불행에 이해와 연민을 보여 주는가?

- 나는 당신의 요구에 대한 관심과 흥미를 보여 주는 방식으로 당신을 대하는가?
- 당신은 내가 당신과 친밀하게 관계 맺으려는 방식에 완전히 만족하는가?
- 나는 당신이 만족스러워 할 정도로 사랑스럽게 당신을 대하는가?
- 나는 당신의 느낌과 생각과 필요를 당신이 만족할 만큼 그대로 인정하고 받아 주는가?
- 나는 당신의 정서적 욕구를 채우는 일에 당신이 완전히 만족할 정도로 반응적인가?
- 당신은 나와 정서적으로 가까워지고 싶은 욕망이 있는가?
- 나는 성적으로 당신이 원하는 만큼 자주 스킨십을 하는가?
- 나는 사랑하는 배우자로서 당신과 일상적으로 관계하고 있는가?
- 당신은 내가 당신의 욕구를 완전하게 채워 주려는 '마음'이 있다고 믿는가?

3. 중요함 : 중요하고 특별하게 대우받고 싶은 욕구를 말한다.

이런 욕구를 어느 정도 충족시키고 있는지 알고 싶다면 다음의 질문을 배우자에게 해 보라.

- 당신은 내가 당신을 '특별하게' 대한다고 느끼는가?
- 내가 당신을 하나의 인격으로 존중해 주는가?
- 나는 당신을 있는 그대로 하나의 인격으로 인정해 주는가?
- 당신은 내가 당신을 하나의 인격으로 인정한다고 느끼는가?
- 당신은 내가 당신을 생활에서 최우선으로 대우한다고 느끼는가?

- 나는 당신을 존귀하게 여기는 방식으로 행동하는가?
- 나는 배우자로서의 당신에게 충분한 존경과 찬사를 표현하는가?
- 나는 당신을 하나의 왕이나 왕비처럼 대우하는가?
- 나는 당신의 장점을 충분히 인정해 주는가?
- 나는 당신을 충분히 존경하고 긍정적으로 배려를 하는가?
- 나의 행동이 내가 당신을 고맙게 생각한다는 것을 보여 주는가?
- 나는 당신의 생각과 감정이 나에게 중요하다는 것을 보여 주는가?
- 나는 당신에게 잘 보이기 위해 노력한다고 믿는가?
- 내가 집 안에서 일하는 모습을 보면 당신은 중요하게 느끼는가?
- 나는 당신이 바라는 시간 안에 물질적인 필요를 채워 주는가?

사랑은 무한히 욕구를 채워 주는 것이다

아마 당신은 배우자의 모든 욕구를 다 채워 줄 수는 없다고 느낄 것이다. 나 역시도 그렇게 생각한다. 우리는 하나님만이 완전히 채워 줄 수 있는 공백을 지닌 채 창조되었다.

지미 이밴스는 《반석 위에 선 결혼Marriage on the Rock》에서 "모든 인간에게는 인정과 정체성, 안정성 그리고 목적이라는 네 가지 기본적 욕구를 만족시키고자 하는 본능적 요구와 동기가 있다"고 언급했다. 그는 "자신의 가장 심층적인 욕구를 충족시키기를 하나님께서 맡기지 않는 사람은 가장 많은 소망을 걸고 있는 제일 가까운 사람에 떠넘기게 된다"고 말하고 있다.

우리는 하나님과 더 가까워져야 한다. 그렇지 않으면 욕구를 충족하기 위해 배우자에게 더 많은 짐을 지우게 된다. 그러나 성경은 부부의 욕구를 채우는 데 한계를 두지 않고 있다.

성경은 배우자의 욕구를 무한히 채워 주어야 한다고 가르친다. 가령 용서받는 것은 부부의 욕구이다. 예수님은 끝없이 용서해야 한다고 말씀하셨다(마 18:21-22). 성경은 구체적인 부부간의 역할과 배우자를 어떻게 대우해야 하는지를 언급하고 있다. 성경을 보면 하나님은 당신이 능히 그런 욕구를 채워 줄 수 있다고 믿고 있는 것이 분명하다. 하나님은 사랑을 통하여 이런 욕구가 충족될 수 있도록 결혼제도를 만드셨다.

둘이 하나 되는 방법

어쩌면 당신은 앞에서 열거된 모든 욕구를 채워 주고 있다고 생각할지도 모르겠다. 나는 상담을 하러 온 사람들에게 배우자의 모든 욕구를 채워 주고 있느냐고 묻곤 한다. 그 대답을 종합해 보면 스스로를 과대평가하는 성향이 있음을 알 수 있다. 물론 나도 거기에서 자유롭지 못하다.

당신은 자신의 관점과 욕구들을 근거로 자신의 실적을 평가할 것이다. 예컨대, 당신에게 하루에 반시간의 질적인 시간만 배우자와 보내고 싶은 욕구가 있고, 매일 그만큼의 시간을 배우자에게 할애하고 있다고 하자. 이 경우 당신은 배우자와 질적인 시간을 보내는 범주에 관한 한 자신을 높게 평가할 가능성이 높다.

두 번째로, 당신에게는 결과보다는 동기에 근거하여 당신의 행동을 평가하는 성향이 있을 것이다. 아마 당신이 좋은 의도로 배우자의 욕구를 채우기 위해 어느 정도 노력을 했다면 스스로 최선을 다했다고 결론을 내릴 것이다. 또한 조금도 배우자를 소홀히 하지 않았다고 믿을 것이다.

내가 이런 공통된 성향에 주목하도록 하는 것은 자기인식의 정도를 높이고 자신의 행동을 점검하도록 하기 위해서다.

결혼에 적용한 상호성의 법칙

나는 하나님의 말씀과 일치하는 부부의 상생적 접근을 주장해 왔다. 이것은 결혼관계 안에서 사랑의 상호성을 요구한다. 패트 로버트슨은 자신의 저서 《비밀 왕국 the Secret Kingdom》에서 이 역동을 '상호성의 법칙'이라고 불렀다. 이 법칙은 예수님이 "주어라 그러면 너희에게 주어질 것이다"라고 말씀하신 것에 기초한 것이다. 이 원리는 '인과 법칙'으로 더 잘 알려져 있다. 내가 '사랑'을 주는 행위로 정의했던 것을 상기하기 바란다. 사랑은 배우자의 욕구를 채워 주기 위한 무조건적이고 희생적인 행위이다. 상호성의 법칙에 따르면, 당신의 사랑은 당신의 욕구를 채워 주고 싶은 배우자의 욕망과 능력에 직접 인과적인 영향을 미칠 것이다.

배우자의 욕구를 채워 주고 싶은 마음이 들지 않을 때는 당신의 진정한 동기와 마음을 다시 검토해야 하는 경우도 있을 것이다. 만일 당신이 진정으로 배우자를 사랑한다면, 배우자의 모든 욕구를 채워 주지 않을 이유가 없지 않은가?

뿐만 아니라 그 욕구를 채워 주는 것이 불공평하다거나 희생이라고 생각해야 할 이유가 무엇인가? 당신이 진심으로 사랑하고 있다면, 배우자의 욕구를 충족시켜 주는 것에 기쁨과 만족을 느낄 것이다. 당신은 이렇게 느끼고 있는가?

배우자의 욕구를 우선시하는 것은 그 욕구를 채우는 것과 연계된 한 부분이다. 그렇기 때문에 배우자의 욕구가 채워지지 않는 또는 당장 채워지지 않는 어떤 행동을 하고 있다면, 배우자를 기쁘게 하는 일에 우선순위를 두지 않고 있다는 의미가 된다. 따라서 배우자의 욕구를 소홀히 하는 것은 그것을 거부하는 것과 마찬가지이다.

배우자의 욕구를 내버려 두거나 소홀히 하는 것은 일반적으로 두 가지 요인, 즉 욕구를 채워 주지 않는 것과 그것을 미루는 것에 연관되어 있다. 욕구는 그것을 원할 때 바로 충족되어야 한다. 가령, 배우자가 키스를 원하면 즉시 해 주어야 한다. 그 시간에 지난 후에 해 주면 아무 소용이 없다.

부부간의 욕구를 영원히 충족시키는 방법

결혼상의 어떤 욕구는 내가 '영원한 욕구'라고 분류하는 종류의 것으로 한번 요구하고 서약하는 것으로 끝난다. 쉽게 말해 이것은 계속해서 필요한 지속적 욕구이다.

정절은 영원한 욕구의 한 예이다. 매일 배우자에게 성적으로 정숙하라고 말하는 당신의 모습을 상상할 수 있는가? 정절은 지속적으로 보장되어야 하는 욕구이다. 그렇다면 왜 다른 결혼에서의 욕구는 같은 범주에 포함되지 않는가? 가령, 배우자가 당신이 출근하기 위해 집을 나서기 전에 키스해 줄 것을 매일 요구한다면 이것은 '영원한 욕구'의 범주에 포함시켜야 마땅하다.

당신은 결혼을 하면서 배우자의 욕구를 영원히 채워 주겠다고 서약했다. 언약은 영원한 것이다. 그러나 어떤 사람들은 이 서약을 '이유가 있을 때'로 해석한다. 즉 '당신이 나의 욕구를 채워 주면', '기회가 되면', '기분이 내키면' 식으로 재해석하는 것이다.

어쨌든 배우자의 영원한 욕구를 다시 생각하는 것은 매우 중요하다. 만일 결혼식에서 무엇을 서약했는지 확실히 모르겠다면, 배우자 영원한 욕구가 무엇인지 직접 물어보아라.

어떤 욕구가 영원한 것이 아니라면 즉흥적인 또는 순간적인 욕구로 취급해도 좋을 것이다. 결혼상의 욕구라는 이 범주는 영원한 욕구의 범주에 들지 않는다. 오히려 한때에 요구받고 있는 결혼상의 욕구이다. 포옹 등은 순간적 욕구의 예라 할 수 있다.

배우자의 중요한 욕구를 판단하기

배우자가 어떤 욕구에 비중을 두고 중요하게 생각하는지 알고 싶다면 직접 물어보면 된다. 그러면 그 욕구를 충족시켰을 때와 그렇지 못했을 때 배우자에게 어떤 영향이 미치는지를 가늠할 수 있을 것이다. 이를테면, 배우자에게 어느 특정 욕구가 얼마나 중요한지를 물어볼 수 있을 것이다.

어쩌면 "그 욕구가 나에게는 그다지 중요하지 않다. 그런데 어떻게 그것이 중요한 욕구라고 평가할 수 있는가?"라고 반문할지도 모른다. 대답은 아주 간단하다. 오래 참는 인내심과 태도의 변화가 있으면 된다. 그리스도처럼 사랑하려면 배우자의 욕구를 자신의 욕구보다 우선해야 한다. 사랑한다고 말하면서 배우자의 욕구를 충족시켜 주지 않는 것은 모순이다. 성경이 그 열매로서 사랑을 판단할 수 있다고 말했듯이, 당신이 의도한 결론은 당신의 책임 있는 행동에 근거해서 내려져야 한다. 예컨대, 야근을 하라는 상관의 지시에 영향을 미칠 수는 없지만, 퇴근해서 집으로 돌아왔을 때 보여 줄 수 있는 애정은 통제할 수 있다.

만일 당신이 성경이 따라 사랑을 실천하고 있다면 배우자의 가장 중요한 욕구들을 채우는 데 시간과 에너지의 대부분을 사용해야 한다. 그렇게 하려면 부부가 함께 보낼 시간을 따로 떼어 놓아야 한다. 뿌린 대로 거두게 마련이다. 당신이 바라고 기대하는 반응이 돌아오지 않아도 오래 참고 포기하지 말아야 한다. 만일 당신이 진실한 사랑을 하고 있다면 배우자의 가장 중요한 욕구를 채워 주는 일에서 기쁨을 얻을 것이다. 만약 그렇지 않다면 당신의 마음을 변화시켜 달라고 하나님께 기도하라. 그에게 완전히 승복하라. 그리고 배우자에게 어떻게 반응하고 접근하는지 말씀으로 보여 달라고 간구하라. 배우자를 위하여 쉬지 말고 기도하라!

배우자의 욕구의 한계를 시험하라

아무런 요구를 하지 않는다고 해서 배우자에게 욕구가 없다고 생각하면 착각이다. 배우자의 욕구를 확실하고 정확하게 알기 위해 계속 관심을 가져야 한다. 때에 따라서는 배우자가 중요한 특정 욕구를 드러내기 꺼려할 수도 있다. 왜냐하면 조금 덜 중요한 욕구가 거부당했을 때보다 중요한 욕구가 도전받거나 거부당했을 때의 고통이 더 크기 때문이다.

가장 중요한 욕구를 드러내는 일은 정서적으로 위험하며 큰 두려움을 일으킬 수 있다. 한 사람의 가장 중요한 욕구는 또한 그 사람이 누구인지를 가장 잘 나타낸다. 그러므로 그것을 거부하는 행위는 그 사람의 정체성을 거절하는 것과 마찬가지이다. 개방적이고 투명하게 자신의 가장 중요한 욕구를 말하고 있다면 배우자는 당신은 큰 힘을 주는 셈이다. 그러므로 당신이 그 특정한 욕구에 가치와 무게를 부여하지 않는다고 해도 배우자의 욕구를 이해하는 것이 필요하다. 그리고 배우자의 모든 욕구를 그대로 존중해야 한다.

배우자의 욕구를 존중하라

어렵게 표현한 욕구를 대수롭지 않게 여기거나 비판하면, 배우자는 거절감과 수치심을 느낄 것이 분명하다. 그리고 자신이 신뢰와 사랑을 받지 못하고 있다고 생각할 것이다. 그러므로 배우자의 욕구를 다룰 때는 언제나 그리스도와 같은 태도를 취해야 한다. 당신이 부정하거나 거절하는 배우자의 욕구가 배우자에게는 매우 소중한 것일 수도 있다. 배우자의 가장 중요한 욕구에 귀를 기울이는 것은 마치 심장수술과 같아서 조그만 실수에도 치명적인 사고를 일으킬 수 있다.

하찮은 성냥불 하나가 도시 전체를 불사를 수 있다는 사실을 기억하라. 배우자의 욕구가 너무 불합리하다고 귀찮게 여기거나 거절하면 결혼 전체가 잿더미로 변해 버릴 수 있다. 당신이 하찮고 어처구니없다고 생각하는 것이 배우자에게는 결혼생활의 행복을 좌우하는 맥박일 수도 있다.

결혼에서의 배우자의 욕구는
저절로 없어지는 것이 아니다

배우자의 욕구가 단순히 없어진다고 생각하는 것은 환상에 불과하다. 우리의 욕망과 기호를 반영하는 욕구는 사라지지 않는다. 오히려 욕구가 채워지지 않으면 그것을 충족시키고 싶은 욕망이 강박적 집착으로 발전할 수 있다. 이것은 사태를 더 악화시킬 뿐이다. 욕구가 채워지지 않은 것에 아픔을 느끼면 느낄수록 더 큰 좌절감을 경험하게 된다.

당신은 사랑과 행복과 보람을 창조할 수 있는 열쇠를 한 손에 쥐고 있다. 당신은 결혼서약을 하면서 이 '열쇠'를 사용하기로 맹세하였다. 자동차 제조회사에서 자동차에 시동을 걸 수 있도록 특별한 열쇠를 만든 것처럼, 예수님은 배우자의 욕구를 채워 줄 수 있도록 당신을 설계하였다.

특정한 욕구를 채워 달라고 배우자에게 요구하는 것이 왜 사랑의 행위가 아니라고 생각하는가? 당신에게는 자신의 욕구가 무엇이며 그것이 채워지지 않을 때 기분이 어떻다는 것을 배우자에게 알려 줄 의무가 있다. 만일 그렇게 하는 것이 두렵다면 스스로 두려움 속에 살고 있는 것이다. 온전한 사랑은 두려움을 내쫓는다. 그러므로 두려움으로 인해 무기력해진 자신을 방치한다면, 당신은 사랑 안에서 온전해질 수 없다(요일 4:18).

당신이 배우자로부터 무엇이 가장 중요하냐는 질문을 받았다면 솔직하게 말해야 한다. 만일 대답하기를 주저한다면 건강한 결혼생활을 하기는 더 어려워질 것이다. 완전히 솔직해짐으로써 당신의 결혼을 축복하라.

욕구를 감추는 것은 창고 보관세를 치르는 것과 유사하다. 시간이 지나면서 누진되는 금액은 보관된 품목에 대한 단기 혜택을 훨씬 능가하게 된다.

'관계의 병'을 앓고 나서야 배우자를 만족시킬 수 있다

건강하지 못한 결혼 상태는 불가피하게 '관계 질병 *relationship sickness*'을 일으킨다. 관계적인 병은 서로의 욕구가 의도적으로 채워지는 것이 아니라 간헐적으로 채워지는 불화에 의해 특징지어진다. 부부관계는 서서히 내리막길에 접어들고 소외감과 적대감이 싹트게 된다.

이 병을 죽이려면 먼저 병을 앓아야 한다. 예수님은 자신이 길이요 진리요 생명이라고 말씀하셨다(요 14:6). 그의 가르침을 지킴으로써 생명을 얻을 수 있다. 당신의 부부관계는 생명력으로 차고 넘치는가? 말씀을 버리면 죽음을 낳는다. 이혼은 결혼의 죽음이다. 오늘날 절반 이상의 결혼이 이와 같은 종말을 맞고 있다. 이제 방향을 바꾸어야 한다. 그러나 대중을 위로하고 달래는 대신에 진실을 말함으로써 그 방향을 바꾸는 것이다. 예수님의 가르침은 진리이다!

당신의 배우자는 행복한가, 불행한가?

만족해 하는가, 좌절감에 빠져 있는가?

당신이 얼마나 원인을 제공하고 있는지는 알 수 없다. 그러나 당신이 해결책의 큰 몫을 차지하는 것은 확실하다. 배우자의 욕구를 완전히 채워 주는 것으로 시작하라. 그리고 당신의 눈앞에서 기적이 일어나는 것을 보라. 당신이 해결책의 한 부분이라면, 당신은 곧 문제의

한 부분이기도 하다.

자신에게 솔직해지자. 우리가 어떤 것에 의견을 달리할 때, 그 근거를 요구하지 않는가? 이면의 원리를 이해하지 못하고 동의한다면, 우리는 현실을 받아들인다.

우리는 20층 빌딩에서 뛰어내릴까 말까를 결정하는 근거로서 만유인력의 법칙의 '원리'를 모두 이해하려고 하지는 않는다. 단순히 뛰어내리기로 결정할 경우 죽음에 이른다는 것을 알 뿐이다. 20층에서 뛰어내리면 최종 결과는 죽음인 것처럼 부부관계를 살리기 위해 해야 할 일을 하지 않으면 결혼은 죽음을 맞게 되어 있다.

우리가 만유인력의 법칙을 지배하는 원리를 모두 알고 있다 해도, 그 원리를 변화시킬 수는 없다. 마찬가지로 만유인력의 법칙을 부부의 욕구에 비유하면, 배우자가 왜 어떤 욕구를 갖고 있는지 이해한다고 해서 그 욕구가 무엇인가를 변화시키지 못한다는 것이다.

우리가 만유인력의 법칙을 존중하고 따르는 것처럼 결혼의 행복과 생명을 가져다주는 법칙과 원리도 똑같이 존중하고 따를 필요가 있다.

완전한 결혼은 배우자의 욕구를 채워 주기 위해 기쁨으로 마음을 다해 자신을 내어주는 완전한 사랑을 실천할 때 성취된다. 우선 이 장의 첫 부분에 나오는 모든 질문들에 배우자와 함께 답해봄으로써 이 과정을 시작하라. 그러면 배우자의 욕구를 완전히 만족시킬 수 있을 것이다.

욕구 충족에 관한 진실 테스트

예수님은 진실 그 자체이다. 그러므로 그분은 배우자와의 관계에서 척도이자 기준으로 사용되어야 한다. 하나님은 '사랑'이라는 한 단어로 표현된다고 해도 과언은 아니다. 오랜 동안 진리에 대한 우리의 개념은 하나님의 성품과 연계되어 왔다. 그러나 오늘날의 진리는 상황에 따라 주관적이다. 그리고 개인에 따라 다르게 정의된다. 마찬가지로 예수 그리스도로 말미암은 하나님의 권위 있는 가르침들도 많은 이들에 의해 같은 방식으로 취급되고 있다.

조시 맥도웰은 《옳은 것과 틀린 것 *Right From Wrong*》에서 "하나님을 무대에 등장시키지 않고 객관적이고 보편적이며 영원한 진실과 도덕의 기준에 도달하는 것은 불가능하다"고 말하고 있다. 그의 말은

"하나님의 본성과 성품이 진리를 규정한다"는 나의 주장과 상통한다. "그의 성품에서 흘러나와 율법으로 나타난 그의 진리는 모든 사람들과, 모든 시대와, 모든 장소에서 항상 옳은 것이다."

조시 맥도웰은 어떤 행위가 하나님의 본성과 성품에 부합하는가를 판별하기 위해 모든 상황에 '진실 테스트'를 적용한다.

> 하나님의 말씀은 교훈으로 가득하다. 그것은 우리의 선을 위해 성경에 말씀하신 명령들이다. 법칙들은 교훈을 주신 이유이며 법칙 뒤에 있는 인격은 하나님 자신이다. 교훈으로부터 법칙으로 나아갈 때 하나님의 인격을 만나게 된다. 우리의 태도와 행동을 하나님의 성품 및 본성에 비추어보는 것은 진실 테스트를 통해 가능하다.

진실 테스트는 부부가 서로의 욕구를 얼마나 채워 주고 있는가를 판별하기 위해 내가 개발해낸 일종의 모델이고 지침이다. 이 모델 안에 포함되어 있는 질문은 어떤 특정한 욕구가 하나님의 명백한 표준에 따라 충족되었는가를 판별하기 위해 긍정적인 답변이 나와야 한다. 이것이 다소 기계적이고 율법적으로 느껴질 수 있으나 내 의도는 전혀 그런 것이 아니다. 오히려 부부가 서로의 욕구를 채워 주는 법을 배울 수 있도록 주의하여 이 지침을 개발했다.

진실 테스트 모델에 몇 가지 욕구를 적용해 보면 배우자의 욕구를 채워 주는 하나님의 기준을 내면화시킬 수 있을 것이다. 그렇게 되면 당신 부부에게는 이것이 평생 동안 더없이 좋은 축복이 될 것이다.

하나님의 뜻에 순종할 때 성령은 모든 진리를 가르쳐 준다. 나아가서 이 진실 테스트 모델은 당신의 진정한 영적 동기가 분명해지는 진리의 순간을 경험하게 해 줄 것이다. 배우자의 욕구를 충족시켜 주는 것이 그 증거가 될 것이며, 완전한 결혼을 성취하는 것이 목표가 될 것이다.

부부간의 욕구를 충족시키기 위한 진실 테스트 모델

다음의 모든 사항은 당신이 배우자의 욕구를 충족시키고 있는가를 확인하기 위한 것으로 진실 테스트를 통과하려면 모두 긍정적으로 답해야만 한다.

기준 1 : 당신은 배우자에게 이러한 구체적 욕구가 있다는 것을 알고 있다.

당신이 배우자의 구체적인 욕구들을 모두 알고 있다고 믿으면 절대로 안 된다. 배우자의 가장 중요한 욕구가 거절당할지도 모른다는 두려움 때문에 당신과 단절되어 있다는 사실을 알게 되면 아마 놀라게 될 것이다.

부부간의 욕구는 하나님의 말씀 안에서 발견되는 바람이자 권리로서, 부부간의 상호작용으로 성취되어야 한다. 배우자의 욕구를 만족시키는 방법은 배우자의 최고의 유익을 위해서 조건 없이 희생과 기쁨으로 당신 자신을 내어주는 것이다.

당신이 충족시키지 못하고 있는 배우자의 욕구를 발견하기 위해 다음과 같은 질문을 해 보아야 한다. "당신을 100퍼센트 만족시키지 못하고 있는 특정한 욕구가 무엇인지 나에게 말해 줘."

기준 2 : 욕구는 결혼과 결혼관계에 대한 하나님의 목적과 설계 그리고 명령에 관한 하나님의 말씀에 부합되는 것이다.

5장에서 다룬 부부 욕구에 대한 질문들을 이용해 보고, 무엇보다 성경을 권위 있는 참고문헌으로 활용할 것을 권한다. 남편과 아내의 역할에 관한 성경 말씀을 주의 깊게 연구해 보라.

기준 3 : 당신은 배우자로서 합법적으로 그리고 결혼서약의 정신을 이행하는 방식으로 그 욕구를 채워 줄 수 있다.

예컨대, 하나님의 말씀에 따르면 성적인 만족은 결혼생활 내에서만 충족시킬 수 있는 인간의 욕구이다. 성적 만족은 사랑의 정신으로만 채워 주어야 한다.

기준 4 : 당신의 배우자의 모든 욕구가 완전히 충족되었는지는 말로 확인된다.

이러한 욕구들이 완전히 충족되는가를 확인하기 위해 다음 질문들은 긍정적으로 답변되어야 한다.

- 나는 당신이 원하는 만큼 자주 당신의 욕구를 충족시켜 주었는가?
- 나는 당신이 가장 만족할 정도로 당신의 욕구를 충족시켜 주었는가?
- 나는 당신이 원하는 적절한 시간에 당신의 욕구를 충족시켜 주었는가?
- 만약 내가 당신의 욕구를 100퍼센트 충족시키지 못했다면, 그렇게 하기 위해 내가 무엇을 해야 하는지 말해 줄 수 있는가?

- 내가 더 이상 잘 할 수 없을 정도로 당신의 욕구를 충족시켜 주고 있는가에 대해 당신이 정직하게 말하는 것을 주저하게 하거나 꺼려하게 만드는 나의 태도와 행동이 있는가?
- 결혼생활의 욕구를 충족시키기 위해 내가 성실하게, 당신을 가장 행복하게 하는 방식으로 욕구를 채워 주고 있는지에 대해 지속적인 피드백을 해 줄 수 있는가?

기준 5 : 부부간의 욕구는 '산상수훈'의 가르침에 맞게 그리고 예수님의 사랑의 정신에 맞게 충족된다.

배우자가 당신의 태도와 행위에 만족한다 하더라도, 배우자를 만족시키려고 한 동기가 예수님의 사랑에 전적으로 근거하고 있는가를 따져봐야 한다.

기준 6 : 당신의 배우자는 결혼생활의 욕구가 완전하게 충족되고 있음을 비언어적인 표현과 행동, 외적인 증거로 나타내 보인다.

진심과는 달리, 배우자는 여전히 자신의 욕구를 분명하게 말하지 못할 수도 있다. 어쨌거나 배우자를 만족시키지 못하고 있다는 의심이 들 때마다 자신을 내어주는 행위를 통해 사랑을 보여 주어라.

아울러 배우자를 완전하게 사랑하고 기쁘게 하려는 마음가짐으로 계속적인 피드백을 요구하라.

기준 7 : 당신의 배우자의 욕구를 충족시키는 데는 일관성이 요구된다.

일관성은 헌신에서 나온다. 그것은 약속을 지키는 것, 솔선하는 것 그리고 인내심을 가지고 버티는 것을 포함한다. 일관성은 부부의 욕구뿐만 아니라 모든 욕구에 똑같이 적용된다. 그리고 결혼생활의 욕구를 충족시키는 것은 특별한 사건이 아니라 하나의 생활양식으로 취급된다. 배우자의 욕구를 충족시키려는 마음이 있다면 굳이 이를 상기시켜 줄 필요는 없을 것이다.

자신을 점검하고 진척 상황을 확인하라

첫째, 5장에 있는 질문들을 기록하고 스스로에게 질문해 봄으로써 그리고 배우자에게 1점부터 10점까지의 척도에서 자신의 만족도를 몇 점으로 평가하겠는가를 물음으로써 배우자의 모든 욕구(예를 들어, 교제와 친밀감, 중요성 등)를 채워 주는 과정을 시작하도록 하라.

10점은 완벽한 만족을 나타낸다. 반면에 5점은 욕구가 절반 정도밖에 채워지지 않고 있다는 의미이다.

둘째, 양과 질에 따라 만족과 불만족을 구별하도록 하라. 이를테면, 배우자가 당신의 키스에 대해서는 만족할 수 있어도, 그 횟수에 대해서는 만족하지 않을 수 있다. 질과 관련해 가령, 배우자가 일주일 동안 몇 번이나 요리를 하는가에 대해서는 아주 만족할 수 있다. 그러나 메뉴나 요리에 들어가는 양념이나 식사시간 등에 대해서는 다소의 불만이 있을 수 있다.

당신이 받은 점수를 흔쾌히 받아들여라. 반박하거나 정당화하려고 하면 배우자는 불쾌함을 느끼게 된다. 그런 식으로 하면서 배우자가 편하게 마음을 열고 당신에게 솔직해지기를 기대할 수 있겠는가?

배우자가 자신의 욕구가 충족되고 있는가를 당신에게 말할 때, 배우자가 완전히 안전하며 사랑받고 있다고 느낄 수 있도록 해야 한다.

여기서 '완전히' 라는 말은 더 이상 해 줄 수 있는 것이 없고, 완전히 만족한 체할 필요도 없는 상태를 의미한다.

perfect marriage **07**

헌신적인 사랑의 완전한 적용

헌신적인 사랑은 배우자의 욕구를 채워 준다. 배우자의 욕구를 충족시키는 과정에서 어떤 조건을 달면 절대로 안 된다. 어떤 사람들은 배우자가 그런 자격을 갖추었다고 느끼거나 그럴 만한 동기가 유발되었을 때만 배우자의 욕구를 채워 주려고 한다. 그러나 이것은 진실한 사랑이 아니다.

결혼생활은 부부간의 욕구가 조건 없이 충족되어야 한다는 원칙에 따라 유지되어야 한다. 욕구를 말하기 전에 그럴 만한 자격을 먼저 갖추라고 요구한다면 이는 사랑의 흐름을 거스르는 행위이다. 이것은 앞에서 언급한 '법정의 원리'를 따르는 것에 다름 아니다.

내 아내의 절친한 친구인 레아 라이트의 할아버지 아서 루터는 "예수님은 결코 실패하는 적이 없다"는 노랫말을 지은 적이 있다. 이 노래는 예수님은 사랑이기 때문에 사랑은 절대 실패하지 않는다는 의미를 담고 있다. 사랑 안에서는 자신을 희생해 배우자의 욕구를 충족시키는 것이 부자연스럽고 부당한 일이 아니다.

조시 맥도웰은 《사랑의 비결》에서 '주는 행위'가 바로 사랑의 핵심이라고 쓰고 있다. "참된 사랑은 'G-I-V-E'라고 씌어져 있다." 그는 "성숙한 사랑을 하는 사람은 상대방을 중심에 둔다"고 말한다.

루이스 스메디스 역시 자신의 책에서 "헌신적인 사랑은 자신이 받을 것을 포기함으로써 상대방이 필요로 하는 것을 얻게 하는 힘"이라고 강조하고 있다.

하나님은 우리를 사랑받고 싶은 욕구를 비롯하여 소속감, 존중, 배려, 수용, 보호, 친밀감, 성적 만족, 양육 등의 기본적 욕구를 지닌 존재로 창조하셨다. 부부가 이러한 욕구들을 서로 충족시켜 주기 시작할 때 신뢰와 사랑과 행복이 피어나기 시작한다.

처음 부부가 되었을 때의 기분을 떠올려 보라. 아마 이러한 기본적 욕구의 충족이나 예상되는 충족이 당신의 신뢰와 사랑과 행복 사이에 정적인 상관이 있다는 것을 알 수 있을 것이다. 약혼하고 결혼하던 바로 그날, 당신은 틀림없이 이러한 감정들을 느꼈을 것이다.

헌신과 행복 사이의 관계

헌신은 디디고 서 있는 마루와 같다. 헌신의 최종 결과는 정직과 신뢰 그리고 변치 않음이다. 이러한 것들이 올바르게 작동할 때 행복한 결혼생활이 꾸려진다.

이러한 것들 없이 결혼생활을 성공적으로 이끌 수 있는가? 밥 뮐러는 《좋을 때나 나쁠 때나 언제나》에서 "헌신 이외에 행복의 기초는 없다"고 헌신의 중요성을 강조하고 있다.

폴 콜만도 《행복한 부부들의 30가지 비결 *The 30 Secrets of Happily Married Couples*》에서 "헌신은 친밀한 관계에서 꼭 필요하다. 헌신이 약화되면 사랑과 신뢰의 양도 그만큼 감소한다"고 말하고 있다.

그는 헌신을 "약속에 대한 헌신, 사랑하겠다는 결심, 장애물이 있어도 사랑을 지키겠다는 결단"으로 정의한다. 저명한 작가인 엘리자베스 엘리엇 *Elisabeth Elliot*은 "사랑은 손을 내밀어 다가서려 하고, 불편과 어려움을 감수하며, 보상을 바라지 않고 오직 주려고만 하는 것"이라고 쓰고 있다. 이와 같이 헌신에는 희생이 따르게 마련이다.

희생은 되돌려 받을 것을 생각하지 않고 조건 없이 주는 것이다. 주저 없이 모든 것을 주고 자신을 희생하려고 하는 마음은 당신의 사랑을 측정하는 척도다.

헌신의 다섯 가지 특성

데이비드 호킹과 캐롤 호킹은 《낭만적 연인들, 친밀한 결혼 *Romantic Lovers, The Intimate Marriage*》에서 헌신에 대한 콜만 박사의 정의를 좀 더 확대해 설명하고 있다. 그들은 헌신의 특성을 친밀감, 강렬함, 불멸성, 소중함, 성실성 이렇게 다섯 가지로 정의하고 있다.

이러한 특성은 진실로 헌신을 이행하고 있는지를 분별하는 하나의 지침으로 활용할 수 있을 것이다.

진심으로 배우자의 필요를 채워 주고 있는지 알아보기 위해 자신에게 다음의 다섯 가지 질문을 해 보라.

1. **친밀감** : 나는 배우자의 욕구를 완전히 충족시킬 정도로 충분한 친밀감을 나타내고 있는가?
2. **강렬함** : 나는 배우자의 욕구가 완전히 충족될 만큼의 열렬한 사랑을 표현하고 있는가?
3. **불멸성** : 나는 배우자의 욕구를 채워 주는 데 요구되는 희생을 감수하며 배우자의 욕구를 완전히 충족시키고 있는가?
4. **소중함** : 나는 사랑에 뿌리를 두고 있고 배우자의 모든 욕구를 채워 주려고 하는 바람과 마음가짐을 갖고 있는가?
5. **성실성** : 나는 일관되게 배우자의 필요를 충족시켜 주었는가?

이 질문들을 헌신을 평가하는 지침으로 적극 활용할 용의가 있는가?

당신이 헌신하겠다는 것을 배우자에게 반드시 말로 표현해야 한다. 이는 다시 한번 마음을 다잡는 효과가 있다. 그리고 말로 한 약속은 지키려고 하기 마련이다.

배우자에게 말하라. 당신이 배우자의 욕구를 충족시키고 있는지 물어보고 하나님의 도우심을 구하라. 우리는 '배우자의 욕구를 채워 주겠다'는 매우 중요한 욕구를 하나 더 가져야 한다. 당신은 과연 그런 욕구를 가지고 있는가?

내가 이 헌신의 특성을 연구하고 있을 때 성령이 내게 예수님의 말씀을 주셨다.

네 마음을 다하고 네 목숨을 다하고, 뜻을 다하여, 주 너의 하나님을 사랑하라(마 22:37).

이런 태도로 행동할 때 당신은 점차 주님의 성품과 모습을 닮아 간다. 먼저 마음을 다해 하나님을 사랑하면 틀림없이 하나님을 기쁘게 할 만큼 배우자를 사랑하는 일에 헌신하게 될 것이다. 하나님은 그의 계획에 따라 배우자를 사랑하는 법을 가르쳐 주기 위해 그의 성령을 당신께 주신다고 약속하셨다. "보혜사, 곧 아버지께서 내 이름으로 보내실 성령께서 너희에게 모든 것을 가르쳐 주시고 내가 너희에게 말한 모든 것을 생각나게 하실 것이다"(요 14:26).

진정한 헌신은 어디에 근거하는가?

래리 크랩 박사는 결혼생활의 근본이 되는 세 가지 주요한 요소의 하나로 헌신을 제시했다. 그는 "결혼생활에서 사랑이 충분하지 못하면 헌신이 약화되는데, 하나님은 신앙을 통해 그것을 새롭게 회복하기를 원하신다"고 주장하고 있다. 하지만 배우자에 의해 욕구가 좌절될 때마다 그리스도처럼 행동하도록 이끌어 줄 뿌리 깊은 헌신을 얻으려면 하나님의 주권과 선하심을 인정해야만 한다.

당신의 신앙이 그분 안에 깊이 뿌리를 내리지 못하고 있다면 모래 위에 집을 지은 어리석은 사람과 같다.

내 말을 듣고 그대로 하는 사람은, 반석 위에다 자기 집을 지은 슬기로운 사람과 같다고 할 것이다. 비가 내리고 홍수가 나고 바람이 불어서, 그 집에 들이치지만, 무너지지 않는다. 그 집을 반석 위에 세웠기 때문이다. 그러나 내 말을 듣고서도 그대로 행하지 않는 사람은, 모래 위에 집을 지은 어리석은 사람과 같다고 할 것이다. 비가 내리고 홍수가 나고 바람이 불어서, 그 집에 들이치면 무너진다. 그리고 그 무너짐은 엄청날 것이다(마 7:24-27).

그러나 너희는 먼저 하나님의 나라와 그의 의를 구하면(마 6:33), 서로 행복하고 만족스러운 결혼생활을 포함한 이 모든 것을 더하여 주실 것이다.

오래 지속되는 결혼생활의 10가지 중요한 특성들

헌신의 중요성과 효과는 상담을 통한 연구에서 입증되었다. 첫 번째 결혼생활이 20년 이상 지속된 부부를 대상으로 147가지의 특성을 조사한 연구결과가 발표된 적이 있다.

그 결과 배우자들이 갖고 있는 중요한 특성 10가지가 확인되었다. 그 특성 가운데 평생의 헌신이 성공적인 결혼생활에 크게 기여하고 있는 것으로 밝혀졌다.

우리는 오래 지속된 결혼생활에 기여한 10가지 특성이 모두 성경에 근거하고 있다는 점에 주목해야 한다. 그 연구결과를 뒷받침하는 성경구절을 함께 살펴보자.

1. 결혼에 대한 평생의 헌신(마 19:6-8)
2. 배우자에 대한 성실(마 5:27; 19:9)

3. 강한 도덕적 가치(갈 2:20; 골 1:10)

4. 가장 좋은 친구로서 배우자에 대한 존중(벧전 3:8-9; 빌 2:2-5)

5. 성적인 정절에 대한 책임(약 2:11)

6. 좋은 부모가 되고자 하는 소망(엡 6:4)

7. 하나님에 대한 충성과 신앙의 성실성(엡 6:16; 갈 2:16)

8. 배우자를 기쁘게 하고 부양하려는 의지(엡 5:21)

9. 배우자와 좋은 친구되기(골 3:12-14)

10. 자발적인 용서와 용서받기(엡 4: 32)

순종의 보상은 행복하고 만족스러운 결혼생활로 나타난다. 앞에 언급한 특성들이 당신의 결혼생활에서도 발견할 수 있는가?

이러한 특성 하나하나는 부부 모두에게 계속적으로 무엇을 하든가, 되라고 요구한다는 것을 인식하기 바란다. 또한 상호 의존과 화합 그리고 영성이 결혼생활의 지속과 행복에 있어 꼭 필요하다는 것을 명심하라.

만약 이러한 특성 가운데 어느 하나가 빠져 있는 결혼생활은 어떠할까? 성경은 이미 이러한 특성들의 중요성을 힘주어 말하고 있다. 우리가 행복한 결혼생활을 오래 누릴 수 있도록 하나님이 이미 충분하게 준비해 두었다는 사실이 놀라울 따름이다.

오래 지속되는 성공적인 결혼의 중요한 특성들

나는 지난 22년간 크리스천 상담자로 전문적으로 일해 왔다. 나는 그 경험을 바탕으로 성공적인 결혼에 기여하는 다음은 10가지 특성을 추려낼 수 있었다.

    1. 부부의 화합과 하나됨
    2. 서로의 욕구를 완전히 충족시키려는 태도
    3. 서로를 향한 태도와 행동에서 주님께 헌신하는 마음
    4. 서로에게 가장 좋은 친구가 되기
    5. 서로를 동등하게 대우하는 결혼서약의 실천
    6. 서로를 세워주는 의사소통을 위해 서로 노력함
    7. 부부만을 위한 질적인 시간을 우선시함
    8. 정서적이고 지적인 친밀감
    9. 하나님의 신적인 질서를 몸과 마음으로 따름
    10. 개인으로 그리고 부부로서 영적인 성숙

"예"가 항상 승리한다

배우자의 욕구가 무엇이든 항상 그의 요구에 "예"라고 대답해야 한다. 사랑은 어떤 것도 거부하지 않고 당신을 내어줄 때 이루어진다. 사랑은 희생이며 자신의 유익을 구하지 않는다. 그렇다면 당신은 조건 없이 항상 "예"라고 말하고 있는가? 아니면 상황에 따라 모면할 수 있는 여지를 두고 답변을 하는가?

"예"라는 대답에 대해 명확히 할 필요가 있다. 긍정적인 대답은 욕구의 충족과 관련해 사용하는 것이 원칙이다.

이 원칙을 실제 생활에 적용시켜 보자. 배우자가 '우리의 결혼'에 대해 의논하고 싶다고 말한다고 하자. 이것은 결혼생활에 따르는 욕

구를 충족시키는 것(이 경우, 의논하기)을 의미한다. 이때 "예"의 규칙이 적용되려면 욕구가 질문 형식으로 표현되어야 한다.

'우리의 결혼을 의논하기 위해서' 라는 요구는 "우리의 결혼에 대해 의논을 해 볼까요?"라는 질문이 되어야 할 것이다. 이때 "예"의 규칙을 따른다면 당연히 대답은 언제나 "예"가 될 것이다.

하지만 부부들은 종종 혼란과 기싸움을 일으키는 말장난에 휘말리기도 한다. 이를테면, 배우자는 그런 토론이 필요 없다는 반응을 보일 수도 있다.

어떤 일을 하고 싶지 않다는 말은 하나의 욕구를 표현하는 것이 아니다. 그것은 곧 상대의 욕구에 대한 거절을 의미한다. 위의 예에서, 결혼생활에 대해 의논하고 싶지 않다고 할 경우 당신의 배우자는 실제로 요청받은 욕구에 대한 거절을 요구한 것이다.

어떤 사람이 "왜요?"라고 물을 때, 요청받은 욕구를 그가 충족시켜 주기 원치 않는다고 말하고 있다는 것을 눈치 챈 적이 있는가? 어떤 욕구가 있다는 것을 정당화하거나 어떤 욕구가 타당한지를 규명하려는 것은 이기적인 행동이다.

만일 결혼생활에 따르는 욕구에 대한 반응을 주지 않는다면, 이는 '거부' 하는 것이고 이기적인 것이다. 그런 행동은 사랑이 아니다. 많은 상담자들이 결혼을 파괴하는 첫 번째 것으로 이기주의를 꼽고 있다.

빌립보서 2장 3절은 이기심은 아가페 사랑과 반대라고 말하고 있다. 이기심은 무가치하며 해로움 외에는 아무것도 없기 때문에 '허영' 이라고 부른다. 이것은 특히 결혼생활에서 그렇다. 당신이 유보하고 주지 않아서 얻는 것은 도대체 무엇인가?

배우자에게 특정한 욕구의 이유를 설명해 보라고 한다든가 타당성을 규명하려 든다면 그것은 그 욕구를 거절하는 것에 다름 아니다. 당신도 배우자가 요청한 욕구에 대해 충분한 이유를 대 보라고 요구하는 사람인가? 당신이 진정으로 하고 싶은 것은 어떤 주저함이나 망설임과 섞여서는 안 된다.

요즘 세탁은 어떻게 하고 있나요?

이기심이 사랑의 흐름을 어떻게 변질시키는지 알아보기 위해 세탁에 비유해 보자. 흰 옷은 흰 옷끼리 그리고 검은 옷은 검은 옷끼리 모아서 세탁하는 것이 중요하다. 만일 둘을 함께 세탁하면 검은 옷의 색깔이 흰 옷을 오염시키게 마련이다.

당신이 흰색과 검은색의 옷을 함께 세탁하면 흰색 옷이 더럽혀진다. 그것이 실수라 해도 결과는 달라지지 않는다.

배우자의 욕구를 충족시켜 주지 않고 이기적으로 행동한다면 그 최종 결과도 마찬가지일 것이다. 이렇게 보면 배우자의 욕구를 채워 주지 않는 행위는 오염된 관계로 나타나게 되는데, 주는 것을 통한 사랑의 흐름이 주지 않는 것을 통한 이기심의 때에 희석되고 만다. 사랑의 흐름이 계속 이어지도록 하는 것 외에는 달리 선택의 여지가 없다.

당신의 '흰 옷'을 담은 옷장(예를 들어, 결혼관계)이 더럽혀져 있다면, 다량의 표백제(예를 들어, 100퍼센트 사랑의 실천)가 필요하다. 아마 당신은 이제 배우자가 어떤 주제를 왜 화제에 올리고 다시 이야기하려 했는지를 이해하게 되었을 것이다.

"예"가 아닌 대답은 모두 "아니오"

"예"가 아닌 망설임이나 그밖의 다른 반응들은 사실 "아니오"라는 대답을 위장한 것과 마찬가지이다. 긍정적인 확답은 어떤 조건과 결합되지 않으며 가슴으로 주어진다. 다음은 가장된 "아니오"에 해당하는 예이다.

- 최선을 다하겠습니다.
- 노력해 보겠습니다.
- 물론이죠.
- 그럴 거야.
- 내 생각엔……
- 틀림없어!
- 오케이!
- 맞아.
- 할 수 있으면……
- 휴-우.
- 일이 끝나자마자……
- 시간 있으면……
- 해 볼게.
- (완전 침묵)

"예"라는 대답을 하지 않았어도 약속을 지킨 적이 있었기 때문에 내 말에 동의하지 않는 사람들도 있을 것이다.

누군가가 당신에게 한 약속을 지키지 못했을 때를 생각해 보라. 약속을 지킨 사람과 지키지 못한 사람들을 주의 깊게 살펴보라. 태도가 분명한 사람은 "예"라고 명확하게 대답하는 것을 꺼리지 않는다. 물론 주저하거나 망설이면서도 거짓으로 대답을 하기도 한다. 아마 한 번쯤은 그런 경험이 있을 것이다. 그러나 앞으로는 배우자의 대답이 긍정적인 "예"의 확답일 때까지 계속해서 의논해야 한다. 배우자가 어떤 말을 했을 때 진짜 의도가 무엇인지를 매번 따져 봐야 한다면 신뢰가 형성될 수 있겠는가!

예수님은 이렇게 말씀하셨다. "너희는 '예' 할 때는 '예' 라는 말만 하고, '아니오' 할 때에는 '아니오' 라는 말만 해라. 이보다 지나친 것은 악에서 나오는 것이다"(마 5:37).

물론 실제로는 물리적인 제약이나 한계로 인해 특정한 욕구를 충족시키는 일이 불가능할 때도 있을 수 있다. 그런 예외들이 당신에게 적용되고, 당신의 생명이 거기에 달린 상황이라면 신체적 해를 입지 않고 욕구를 충족시켜 줄 수 있겠는가? 또 최종 결정을 할 때 성령의 인도를 받으며 내적인 확신에 순종하고 있는가? 배우자의 욕구를 충족시켜 주지 못할 경우 마음이 아픈가? 당신의 마음이 올바르다면 괴로워하는 것이 마땅하지 않은가?

당신의 배우자는 통제력 밖의, 그래서 핑계를 대야 하는 상황에 맞닥뜨리게 될지도 모른다. "미안해, 깜빡했지 뭐야", "갑자기 일이 생겼어", "기억이 나지 않는데", "그런 말 한 적 없는데", "가능한 한 빨리 할게", "생각조차 못했어", "전화하려고 했어", "내가 할 수 있는 게 아무것도 없었어", "그게 그렇게 중요한지 몰랐어", "미처 생각하지 못했어", "너 같으면 어떻게 했겠니?", "걱정하지 마" 따위의 대답들이 헌신적이지 못한 사람들에 의해 끊임없이 사용되고 있다. 당신도 이런 변명을 하곤 하는가?

자기정당화와 자기합리화는 100퍼센트 사랑을 실천하지 않는 사람들이 하는 변명에 불과하다. 이것은 곤란한 상황을 최소화하는 데 이용된다. 헌신은 희생과 우선순위 설정 그리고 책임감을 필요로 한다. 서약을 지키면 결속이 생기고 신뢰가 커진다. 그러나 서약을 지키지 않으면 관계는 약화되고 불신이 증폭된다.

결혼은 50/50 책임제라는 주장에 속지 마라

많은 사람들이 세상의 철학에 미혹되어 결혼생활은 50/50이라는 명제에 속고 있다. 이 명제에 동의하는 사람들은 그 50퍼센트의 선을 어디에다 그어야 하는지 합의를 하지 못하고 있다. 그리고 각자가 삶의 어느 영역에서 책임을 져야 하는지도 모르고 있다.

달걀 한 판이 있는데 그 가운데 반만 먹을 수 있다면 누가 그것을 사겠는가. 반밖에 먹지 못하는 달걀은 사지 않으면서 왜 50퍼센트 사랑이라는 철학은 사려고 하는가? 성경은 경건의 모양은 있으나 그 능력을 부인하는 자들을 주의하고(딤후 3:1-5), 예수님의 가르침보다 다른 교훈을 따르는 자들은 교만해져서 아무것도 알지 못하는 자들이라고 말하고 있다(딤후 6:3-4). 또한 사람들의 관습과 세상의 학문과 철학과 헛된 속임수에 사로잡힌 자가 되지 말라고 경고하고 있다(골 2:8).

당신의 집에 경찰관이 있는가?

욕구가 충분히 채워지지 않는 상황에서 발견되는 또 하나의 특징은 자신의 욕구를 배우자에게 알리지 못한다는 것이다. 나는 이것을 '경찰 효과 *Police Effect*'라고 부른다.

고의든 우연이든 한번쯤은 경찰차가 당신 뒤를 따라오는 것을 경험했을 것이다. 그순간 당신의 일거수일투족을 스스로 살피기 시작한다는 것을 알고 있는가? 비록 법을 어긴 적이 없더라도 왠지 모르게 불안해지고 불가피하게 어느 정도 위축된다.

자, 이제 당신의 욕구를 배우자에게 알리려 할 때 어떤 기분이 드는지 생각해 보라. 조금이라도 불안하고 위축된다면 내가 말하는 '경찰 효과'를 경험하고 있는 것이다. 이 경찰 효과가 부부관계 속에 정말로 존재하는지 알고 싶다면, 당신의 욕구를 생각해 보고 그것을 어떻게 배우자에게 알릴지 궁리해 보라. 배우자가 들어주기 꺼려 하는 욕구를 호소한다고 생각해 보라.

만일 배우자와의 관계가 원만하다면 별다른 불안이 없을 것이다. 요구를 하면 욕구가 충분히 채워지기 때문이다. 따라서 욕구를 알리는 데 죄책감을 느끼지 않고, 부당하다는 생각도 하지 않을 것이다.

실제로 대부분의 부부들은 보복을 피하고 '딱지를 끊는 것'을 피하기 위해 어느 정도는 소외된 상태에서 사랑한다. 대부분의 사람들은 부정적인 반응에 직면할지도 모른다는 두려움 때문에 '경찰 효과' 속에 살면서 그로 인해 느끼는 엄청난 분노를 미처 인지하지 못하고 있다. 경찰은 국민의 안전과 복지를 보호하는 일을 하고 있으므로, 경찰의 공격을 받는다는 것은 있을 수 없는 일이다. 배우자의 안전이 어떠한 요구도 하지 않은 것과 연계되어 있다고 상상해 보라. 그러나 놀랍게도 이러한 상태에 있는 부부들이 적지 않다.

'경찰 효과'가 작용하는 정도는 당신이 배우자를 신뢰하는 정도와 정비례한다. '믿음'은 배우자가 당신의 욕구를 일관성 있게 완전히 채워 줄 수 있다고 믿는 확신의 정도이다. 채워지지 않는 욕구가 무엇인지 배우자에게 솔직히 말할 수 있는가?

경찰관과 비교해 배우자를 어떻게 접근해야 할 것인지를 한번 고려해 보자. 상식적으로 생각해도 경찰관에게 불손하게 접근하거나 반응한다고 해서 당신이 원하는 대로의 반응을 일으키지 않는다. 이것은 앞에서 거론한 '상호성의 법칙'을 고려해도 이해할 수 있다. 이것을 염두에 두고 언제나 당신의 결혼에서 황금률을 실천하도록 하라. 사랑을 행동으로 옮겨라.

욕구를 채우기 위해 시도하는 가운데 하나님께 지혜와 판단력과 순수한 마음을 구할 필요가 있다. 만일 당신이 배우자의 특정한 욕구를 채워 주고 싶지 않다면 어떤 압박감을 느끼게 될 것이다. 그리고 그것을 거절하기 위해 도피처를 찾을 것이다. 그리고 배우자의 실망하는 태도 자체에 시비를 걸기까지 할 것이다. 또한 책임을 회피하기 위해 배우자가 실망을 토로하면 화풀이를 하고 있다고 해석하는 실수를 저지르게 될 것이다.

마치 달걀 위를 걷는 것처럼, 거절당할까봐 불안하고 두렵고, 욕구를 표현한 것 때문에 모욕을 감수해야 한다면 사랑과 행복이 공존할 수 있겠는가? 이렇게 사는 것은 심하게 말하면 화장실에 가고 싶다고 하면 고문당할 거라는 위협과 마찬가지이다.

하나님은 창세기에서 아담과 하와에게 '함께' 땅을 정복하라고 하셨지 '따로' 정복하라고 하지 않으셨다. 뿐만 아니라 하나님은 그들을 서로의 욕구를 채워 줄 수 있는 능력을 지닌 존재로 창조하셨다. 욕구를 말로 표현하는 것을 불안하게 만들고, 욕구가 채워지고 있는가에 대한 사랑어린 피드백을 어렵게 만드는 것은 하나님의 뜻과 배치된다.

경찰관 배지를 버리고 배우자에게 사랑의 면류관을 씌워 주라. 그러면 뿌린 대로 거둘 것이다.

남녀 차이는 부부에게 주신 하나님의 선물이다

남자와 여자는 어느 정도 다르게 생각하며, 서로 다른 일차적 욕구를 갖고 있다. 따라서 배우자에게 자신의 욕구를 알려 줄 필요가 있다. 사실 남녀간의 차이는 부부관계를 정체 상태로 몰아가는 원인이 되기도 한다.

나는 부부들이 상담을 요청하는 이유가 그들의 일차적 욕구가 채워지지 않는 것에 대한 좌절감과 욕구를 채워 주지 않는 것에 대해 불평했을 때 보이는 배우자의 반응 때문이라는 사실을 발견했다.

뿐만 아니라 자신의 필요를 채우기 위해 서로에게 사용하는 접근방식이 종종 실패하는 것을 경험한다. 왜냐하면 그들의 행동과 상대방의 행동에 대한 해석이 타고난 남성과 여성으로서의 인식과 성향에 근거하고 있기 때문이다.

그러나 본질적인 차이점을 인정하고 수용한다면 그 차이는 우리를 부부로서 하나 되게 하는 하나님의 방법이 될 수도 있다. 서로의 차이를 인정하고 수용하면 각자 따로 있을 때보다 더욱 강해질 수 있다.

어느 지점에서 배우자의 욕구는 채워지는가?

대체적인 원칙을 말한다면 배우자의 욕구가 채워지고 있는지의 여부와 언제 완전히 채워지는지에 대한 판단이 필요할 때, 욕구는 허용되어야 한다. 예컨대, 아내가 애정에 대한 욕구가 강하다면 남편은 아내를 포옹하고 키스하는 횟수를 몇 배로 늘려야 한다. 그래도 더 많은 애정을 원한다면 기쁨으로 마음을 다해서 아내가 충분하다고 느낄 때까지 그 욕구를 채워 주기 위해 노력해야 한다.

부부의 욕구는 어떤 방식으로 채워져야 하는가?

부부간의 모든 욕구는 마음을 다해 솔선해서 채워 주어야 한다. 가령, 누군가 당신에게 500만 달러짜리 선물을 받아가라고 한다면 즉시 찾아갈 것이다. 이것은 당신에게 '마음' 이 있기 때문이며, 따라서 서둘러 솔선해서 행동하는 것이다.

당신의 배우자는 당신이 자신의 욕구를 진심으로 채워 주고자 하는 마음이 있는지를 판단할 수 있을 정도의 충분한 지성과 직관을 가지고 있다. 더구나 당신을 겪어 본 경험이 있다. 만일 당신이 부부관계에 필요한 주도권을 행사하지 않는다면, 배우자의 욕구와 관련해 당신의 행동을 합리화하는 대신 스스로 책임을 지고 자신을 살펴보라고 말하고 싶다.

마음을 담아 배우자의 욕구를 충족시킬 용의가 있는가? 그렇다면 지금 바로 시작하라. 그래서 행복한 배우자로부터 오는 보상을 거두도록 하라.

말장난은 변장한 거절이다

많은 사람들이 욕구를 거절하기 위한 방편으로 상대방의 욕구를 "원하는 것", "욕심", 또는 "병" 이라고 폄하하곤 한다. 예컨대, 남편들은 "성에 강박적인" 관심을 갖고 있다는 말을 자주 듣는다. 아내들은 사랑받고 싶은 감정이나 욕구를 표현하면 "정신병원" 에 가보라는 말을 듣곤 한다.

사랑을 실천할 마음이 있다면 이러한 말장난은 삼가야 한다. 나아가서 어떤 욕구를 가지고 있는 것에 대하여 죄책감이나 이상한 생각을 갖지 말라고 당부하고 싶다. 하나님은 당신을 부부간의 욕구를 갖는 존재로 창조하셨으며, 배우자에 의하여 그 욕구가 채워지도록 설계하셨다.

진정으로 배우자를 사랑한다면 말장난을 의사소통의 한 수단으로 사용하지는 않을 것이다. 사랑은 서로의 최고의 유익을 구한다는 사실을 알고 있다면, 배우자의 요청에 대비해 "예"라는 응답을 항상 혀끝에 준비하고 있어야 한다. 이것이 바로 당신이 배우자에게 바라고 원하는 것이 아닌가? 배우자가 "안 돼"라고 말했을 때 기분이 어떤가를 생각해 보라. 아마 배우자와 하나 되지 못한 기분 그리고 불완전한 느낌으로 인해 마음이 공허해질 것이다. 하나님은 부부관계에 무엇인가 옳지 않은 것이 있으면 이를 분별할 수 있는 판단력을 주셨다.

필요 = 소망 = 욕망

필요는 소망이나 욕망을 만들어 내기 마련이다. 그러므로 완전한 사랑을 실천하려면 필요와 욕구, 소망과 욕망을 동의어로 취급해야 한다.

필요를 구별하는 데에 사용할 수 있는 어구의 예는 다음과 같다.

- "나는 ……하고 싶어요"
- "나는 ……할 필요가 있어요."
- "……한다면 나는 행복할 거예요."

- "……한다면 얼마나 좋을까."
- "……해도 괜찮겠어요?"
- "……할 수 있겠어요?"

사랑은 사탕발림을 필요로 하는가?

많은 사람들이 욕구를 요구할 권리가 자신에게 없다고 생각한다. 우리는 어떤 요구를 할 때 "제 부탁을 좀 들어주시겠어요?"라고 말해야 한다고 배웠다. 이것은 마치 "나에겐 이 특별한 욕구를 채울 만한 자격이 없지만, 그래도 부탁을 들어주지 않겠어요?"라고 말하는 것과 다름없다.

나는 우리가 욕구를 채워 달라고 요청하는 것이 이기적인 행동이라고 믿도록 사회로부터 얼마나 강하게 조건화되었는가에 놀랄 때가 있다. 우리가 서로를 위해 하는 모든 것은 장래의 보상을 염두에 두고 하는 계산적 행위로 보인다. 성경은 우리는 서로에게 사랑의 빚을 지고 있다고 말하고 있다(롬 13:8). 그러므로 하나님 기준에 따르면 당신은 당신이 받는 대우와 별개로 사랑을 거부할 때마다 배우자가 받아야 할 사랑을 도적질하는 것이다.

당신이라면 당신의 물건을 훔쳐 간 사람을 신뢰하겠는가? 강도짓을 한 사람과 사랑하는 관계를 갖는 것이 쉽겠는가? 아마 이 두 가지 질문에 긍정적으로 대답할 사람은 많지 않을 것이다. 당신이 배우자의 욕구를 채워 주지 않음으로써 그가 도적질을 하게 된다면 당신의 배우자가 어떻게 사랑받는다고 느낄 수 있겠는가?

게다가 당신 같으면 도둑질당하고 강도당한 것에 대해 합당한 이유를 댈 수 있겠는가? 만일 당신이 그럴 수 없다면, 배우자가 마땅히 받아야 할 권리가 있는 욕구를 당신이 채워 주지 않은 채 배우자의 것을 도적질한 죄를 어떻게 합리화할 수 있겠는가?

사랑의 거부를 합리화하기 위해 사용하는 두 가지 뻔한 이유가 있다. 하나는 주는 수준과 관계된 것이고, 다른 하나는 자신의 느낌과 관계된 것이다. 만일 자신이 배우자에게 이미 충분히 주고 있다거나 자신이 받고 있는 것보다 많이 준다고 판단하면, 이것은 관계의 다른 영역에서 주지 않는 것을 합리화하는 도구로 사용된다. 또한 화나고 상처받고 모욕감을 느낀 것이 사랑의 거부를 합리화하는 도구로 사용되기도 한다. 당신이 느끼는 기분은 분명히 배우자에게 요구할 자격을 부여하지만, 그렇다고 사랑을 거부할 수 있는 자격까지 부여하는 것은 아니다.

예수님이 단 한번도 "제발"이라는 말을 사용하지 않은 것이 흥미롭지 않은가. 예컨대, 하나님은 마지막 만찬에서 제자들에게 "너희는 이것을 행하여 나를 기억하여라"(눅 22:19)라고 하셨지 "제발 이것을 행하여 나를 기념해 줄 수 있겠느냐?"고 하시지 않았다.

친절하고 예의바른 것은 물론 좋은 것이다. 그렇다고 상대방의 목소리나 톤이 마음에 들지 않는다고 하여 상대의 욕구를 거부하는 것을 보면 놀라지 않을 수 없다.

만약 100만 달러짜리 공짜 선물을 찾아가라고 말한 사람이 무례하다고 해서 그 선물을 찾아가지 않겠는가? 그 대답은 말할 필요도 없을 것이다. 나는 이 원리를 당신의 결혼에 적용하라고 말하고 싶다. 욕구에 필요한 일체의 조건을 걷어내야 한다. 그 결과는 참으로 멋있는 사랑의 행위로 나타날 것이다.

한 가지 강조하고 싶은 것이 있다. 당신에게는 배우자가 당신의 욕구를 채워 주어야 한다고 요구할 권리가 없다는 것이다. 당신이 원하는 방식으로 욕구를 채워 달라고 부탁할 수는 있다. 내가 설탕발림으로 요구하는 것을 거론하는 일차적 이유는 당신이 배우자에게 강요하고 있는 욕구를 충족시키는 조건을 의식하게 하려는 것이다.

'마음을 다해' 채워 주는 것이 아니라면 정말 채워지는 것이 아니다. 요구는 사랑이나 그리스도를 본받는 것이 아닌 힘겨루기일 뿐이다. 모든 욕구가 조건 없이 충족되어야 하지만, 이를 배우자에게 강요해서는 안 된다.

아가페 사랑을 실천하는 가운데 이 원리를 부부가 함께 적용한다면 당신과 배우자는 모두 승리하게 될 것이다. 반대로 부부는 공동운명체이므로 하나가 지면 둘 모두 지게 될 것이다.

지속적 헌신의 핵심 요인들

헌신은 결혼식에서 했던 서약의 이행과 관련이 있다. 이는 어려움과 역경, 유혹, 권태, 상처 그리고 불확실한 상황에서 엄청난 인내와 끈기를 요구한다.

닐 워렌은《승리의 결혼 *Triumphant Marriage*》에서 이렇게 말하고 있다. "불행하게도 결혼서약은 믿기 어려울 만큼 형식적으로 취급되고 있다. 대부분의 사람들은 대충 결혼서약을 하고 만다."

현실에서의 진정한 헌신은 동기부여가 끝나는 곳에서 시작된다. 자연스럽게 배우자의 욕구를 채워 주고 싶어 할 때나 결혼상의 책임을 이행하기 위해 일정한 방식으로 반응할 때는 헌신이 요구되지 않는다. 헌신은 이런 일을 하고 싶지 않을 때 필요한 것이다. 내키지 않은 마음은 때때로 뒤로 미루는 형태로 나타난다.

헌신은 특별히 당신이 원치 않을 때 끝까지 책임지겠다는 각오와 결심으로 나타난다. 뿐만 아니라 헌신은 곤경과 갈등의 상황을 참아 내는 것을 요구한다. 헌신하는 사람은 어떤 조건도 내세우지 않는다.

헌신은 조화로운 결혼의 최종적인 결과가 아닌 행복한 결혼을 위한 필수적인 조건이다. 배우자와 50년간을 함께 했다고 해서 완전한 헌신을 했다고 할 수는 없다. 그러나 50년간 배우자의 욕구를 채워 줬다면 완전한 헌신을 입증할 수 있다. 결혼은 서로의 욕구를 의식적으로 채워 주는 것이 아니고 자연스럽게 채워 주는 가운데 지속되는 공존하는 관계이다.

그냥 동거하는 상황에서는 결혼에 대한 만족이 없다. 이런 상태라면 '편의적 결혼' 이라 해야 마땅할 것이다. 이는 부부 중 하나 또는 둘이 자기욕망에 도움이 되는 경우에만 상대방의 욕구를 채워 주는 경우이다.

매일 일하러 출근하는 배우자를 생각해 보라. 그는 자신의 기분과 상관없이 자유를 희생하면서 일을 하러 간다. 가족부양자인 남편이 특히 그렇다. 남편에게는 가정과 아내의 필요를 채워 주기 위해 해야 하는 과업이 있다.

"당신이 나를 대하는 태도가 마음에 안 들어서 오늘 출근하지 않겠어!"라고 말하는 남편을 상상할 수 있는가? 그런 남편은 사람들로부터 무책임하다는 비난을 들을 것이다.

배우자가 자신을 실망시키기 때문에 배우자를 실망시킬 수 있는 선택의 자유를 가진 사람은 아무도 없다. 아내들은 결혼의 책임을 다하기 때문에 남편으로부터 월급을 받는 것이 아니다. 그들의 봉급은 '평생의 행복'이라는 다른 형태로 주어진다.

결혼을 팀 스포츠에 비교해 보자. 팀의 성패는 각 선수의 역할에 달려 있다. 힘을 합쳐 노력할 때 승리를 거둘 수 있다. 마찬가지로 결혼을 승리로 이끌려면 마음을 모아 함께 노력해야 한다. 승리는 선수들이 완전히 헌신해야 가능하다. 만일 한 명이라도 헌신하지 않으면 상대 팀을 이기기 어렵다. 그 상대 팀은 바로 이기심이다.

결혼생활의 폭풍을 헤쳐 나가려면 헌신이 필요하다. 논쟁을 해소하기 위해 당신이 사용하는 접근방식은 당신이 참으로 헌신하고 있는가를 가늠하는 기준이 된다. 예컨대, 대부분의 부부싸움은 한 사람이 자기 뜻을 관철하는 것으로 끝이 난다. 이것은 단순히 한쪽이 힘겨루기에서 이겼음을 의미할 뿐이다.

힘겨루기에서 이기는 쪽은 대부분의 경우 더 많은 협박의 무기를 갖고 있는 쪽이다. 결과적으로 위협을 느끼고 겁이 많은 더 약한 배우자가 계속되는 갈등과 예상되는 처벌을 피하기 위해 항복을 하고 만다. 많은 부부들이 이런 식으로 평생을 살고서도 서로에 대한 헌신을 자랑한다. 사실 그 부부들이 성공한 것이라곤 함께 '시간을 보낸 것' 뿐이다. 닐 워렌은 자신의 책에서 "많은 사람들이 어떤 진정한 성장이나 향상이 없이 일련의 '버텨내는 경험'으로 특징지을 수 있는 결혼생활을 하고 있다"고 지적한다.

진정한 헌신이 부족한 부부는 항상 같은 문제를 놓고 싸우게 된다. 헌신이 있었다면 서로의 욕구를 조건 없이 채워 주었을 것이다. 그러면 계속해서 싸울 일도 없다.

개인과 관계의 성장을 위해 헌신하게 되면 서로 만족을 얻을 수 있는 방식으로 행동하는 책임을 감수하게 된다. 이를 성취하려면 각자가 주도권을 잡고 자신의 부정적인 행동을 변화시키는 책임을 져야 한다.

책임은 헌신의 핵심 요소이다. 스스로 책임을 질 때 탓하는 것이 없어지고, 상대방을 통제하고자 하는 욕심도 없어진다. 책임을 행사하려면 배우자의 행동과는 상관없이 스스로의 행동에 적절한 변화를 시도해야 한다.

당신은 자신의 모든 행동에 대해 책임을 지고 있는가?

비난하고 보복하는 것은 오히려 비난당하고 보복당하는 악순환을 불러올 뿐이다. 뿐만 아니라 문제해결에 아무런 건설적 역할도 하지 못한다. 가령, 부부가 불이 난 방 안에 갇혀 있다고 가정해 보자. 서로 "당신 때문에 불이 났다"고 탓만 한다면 어떻게 되겠는가? 결국 둘 다 불에 타서 죽고 말 것이다. 설령 불이 난 원인을 밝혔다고 한들 불이 꺼지겠는가? 원인이 규정되었다고 치료가 되는 것은 아니다. 탓하는 것으로는 관계를 죽일 뿐이다.

만일 당신이 헌신하고 있다면 끝까지 사랑하라는 말을 들을 필요도 없을 것이고, 어떤 원한이나 불쾌함도 경험하지 않을 것이다. 그리고 "내가 깜박했네요", "저는 몰랐어요", "다시 한번 말해 주지 않을래요" 따위의 상투적인 말들은 사라지게 된다.

이렇게 되면 위기가 닥쳐도 성스러운 결혼서약을 생각하게 될 것이고, 결혼생활은 이 숭고한 약속의 의미를 실천함으로 인해 본 궤도에 돌아오게 될 것이다. "귀히 여기고 위로하며 신실하게 사랑하겠다"는 말은 부부싸움에 직접 연결되고 갈등을 해소하는 데 적용될 것이다.

온전히 헌신하지 않은 사람은 망설이고 충분히 베풀지 않는다. 이것은 신뢰를 가지고 친밀하게 다가서는 능력에 영향을 미치게 되고, 그 결과 행복과 만족 수준은 크게 낮아지고 만다.

헌신은 사랑과 인내에 뿌리를 두고 있다. 이는 자기의 행동에 대해 책임을 지고 모든 관계의 장애물을 극복하겠다는 각오로써 열매를 맺는다. 지금까지 온전히 헌신하지 않았다면 지금 시작하라. 당신은 당신에게 힘 주신다고 약속하신 그리스도로 말미암아 모든 것을 할 수 있다!

결혼증명서는
종잇조각에 불과한가?

결혼증명서는 '한 장의 종잇조각'에 불과하다고 말하는 것을 들어 봤을 것이다. 부부로서의 의무를 대수롭지 않게 여기고 그 책임을 부정하는 사람들이 이런 말을 쉽게 한다.

이 종잇조각은 하나님 앞에서 기쁨으로 했던 서약의 법적인 증거이다. 서약은 성경 전편에 나오는 신의 계율에 뿌리를 두고 있다. 그렇다! 이 조그만 종잇조각은 당신이 결혼식에서 했던 큰 약속에 대한 증거이다. 그리고 이 약속들은 결혼의 이상과 당신에 대한 하나님의 기대를 구체화하고 있다. 많은 사람들이 이 작은 종잇조각과 이처럼 큰 문제를 가지고 있다는 것은 참으로 놀라운 일이다. 실상을 말하자면, 일반적으로 결혼서약을 현실에 적용하면서 발생하는 차이가 부부 불화의 바탕에 깔려 있다.

결혼은 부부간의 하나 된 믿음에 뿌리를 내려야 한다. 그렇지 않으면 머지 않아 분리와 갈등이 뒤따르게 마련이다. 따라서 부부관계를 향해해 가는 데 있어서 부부는 각자가 포용하고 있는 신념 체계가 어떤 것인지를 알고 규정하는 것이 반드시 필요하다. 그리고 부부관계를 지배하고 있는 보편적 원리가 무엇인지도 이해해야 한다.

당신과 배우자는 결혼의 의미와 책임에 대하여 서로 다른 생각을 갖고 있는가? 결혼은 하나님이 창조하시고 계획하셨다. 따라서 결혼이 무엇이며, 남편과 아내의 책임과 역할은 무엇이고, 결혼생활이 어떻게 이루어져야 하는지는 하나님이 결정한다. 그러나 사람들은 성경적 가르침을 자신의 기호와 경험했던 결혼 모델 그리고 사고와 행동 방식을 조건화한 사회화 과정에 기반한 자신의 결혼관으로 대치시키고 있다.

많은 사람들이 십계명의 문자와 정신을 대하는 것처럼 결혼서약을 적용한다. 그들은 '계명' 이라는 말을 '제안' 과 '지침' 이라는 말로 바꾸어 버렸다. 예수님이 십계명을 '사랑하라고 하는 계명' 으로 대체하셨음에도 불구하고(마 22:40) 우리는 전통적인 방식을 따라 결혼한다. 우리는 종교적인 의식을 치르고 서로와 하나님 앞에 거룩한 서약을 하는 것으로 하나님 말씀에 대한 우리의 동의를 공개적으로 확인한다.

전통적 결혼서약

서구에서의 결혼서약이 거의 통일되어 있다. 그리고 대개 다음과 같은 숭고한 약속을 내포하고 있다.

- 남편과 아내로 취하고
- 아플 때나 건강할 때나
- 위로하고
- 기쁠 때나 슬플 때나
- 정절을 지키고
- 부유할 때나 가난할 때나
- 보호하고
- 사랑하고
- 존중하겠다

이 약속들은 결혼생활의 근거이자 기반이다. 서약은 하나님께서 항상 당신의 결혼에 대하여 책임을 물을 일정한 그리고 취소할 수 없는 규례와 계약, 계명, 언약, 맹세 그리고 율법을 나타낸다. 간단히 말해 이 숭고한 서약은 아가페 사랑을 구체화한 것이다.

배우자의 말이나 행동이 어떠하든 배우자를 이런 식으로 사랑하라는 것이 예수님의 뜻이다. 그의 말씀은 진리이다. 그러므로 진리에서 떠난 것은 결국 실패하게 마련이다. 하나님은 사랑이기 때문에 사랑은 결코 실패하지 않는다. 사랑에서 떠나는 것은 하나님으로부터 떠나는 것이기에 실패하게 되어 있다.

불행하게도 많은 사람들이 단순히 의식을 치르는 기분으로 서약을 한다. 엄숙하고 숭고한 서약을 해도, 실제 생활에서는 새해 벽두의 결심만큼의 헌신도 보이지 않는다. 대부분의 경우, 결혼서약은 가까스로 이해되고 적당히 내면화시켰다가 서약을 적용하기가 어려운 상황이 펼쳐지면 재빨리 망각해 버린다.

밥 뮐러는 이 사실을 강조하고 있다. "오늘날 결혼서약은 죽을 때까지 지켜야 할 엄숙한 선서라기보다는 융통성 있는 목표 정도로 받아들여지고 있다." 또한 그는 "전통적인 결혼서약에 나오는 '죽음이 우리를 갈라놓을 때까지' 라는 문구는 '우리의 사랑이 지속될 때까지' 로 바뀌고 말았다"고 개탄한다.

결혼에 따르는 권리

오늘날 결혼서약은 조건적인 합의서로 간주할 정도로 변질되었다. 다른 모든 계약이 그러하듯 결혼 역시 '이행사항' 과 함께 시작된다. 결혼서약은 당신이 주어야 하고, 당신이 받아야 할 것을 명시하고 있다. 하나님은 당신의 결혼생활에서 100퍼센트 베풀도록 요구한다. 이것은 당신이 해야 할 합당한 봉사이다.

당신은 배우자의 최고선을 위해 당신 자신을 내어주어야 한다. 당신과 배우자에게는 자신의 욕구를 채우는 권리가 있지만, 또한 서로에게 최대한 유익을 가져다주는 방식으로 행동할 책임이 있다. 그러므로 자신의 욕구 못지않게 배우자의 욕구에도 똑같이 관심을 기울여야 한다.

하나님의 눈으로 보면, 당신은 결혼과 더불어 더 이상 독립되거나 분리된 존재가 아니라 배우자와 하나가 된 것이다. 그러므로 당신이 하는 말이나 행동 그리고 하지 않는 것은 관계에 서로 영향을 미친다. 언젠가 나는 어떤 여성으로부터 남편이 침실에서 자신을 아주 만족시켜 주었다는 말을 들은 적이 있다. 나는 그녀에게 침대에서 100퍼센트를 주었느냐고 물었다. 그녀의 대답은 예상대로 "그렇다" 였다. 나는 그래서 그녀에게 침실 밖에서도 남편에게 100퍼센트를 주라고 말해 주었다. 그러면 남편의 아내에 대한 대우와 아내의 남편에 대한 대우 사이에는 정적인 상관이 있음을 알게 될 것이다. 마찬가지로 배우자의 가장 중요한 욕구가 채워지는 것과 당신의 욕구가 채워지는 것 사이에 상관이 없음을 보게 될 수도 있다.

누구든 기분에 따라 서약에 대한 책임을 부정하거나 변화시키지는 못한다. 그러나 우리 대부분은 그렇게 하고 있다는 것이 문제이다. 우리의 기분과 태도가 배우자가 욕구를 채울 자격이 있는가 없는가를 정당화하는 데 사용되고 있다. 사람들은 때때로 서약이 효력을 발휘하려면 자신의 기분이 긍정적이거나 상호적이어야 한다고 생각하고 있다.

당신은 결혼서약을 하며 배우자가 그의 몫을 이행하든 하지 않든 서약을 존중하겠다고 약속했다. 가령, 배우자가 간음을 했다고 하자. 그렇다고 당신에게 정절에 대한 서약을 파기해도 된다는 권리가 부여되는가? 물론 그렇지 않다. 다행스러운 것은 100퍼센트 사랑을 실천하겠다는 각오가 배우자도 그렇게 하도록 동기부여를 하는 가장 효과적이고도 강력한 방법이라는 것이다. 이렇게 되면 개인의 차이와 기호가 영향을 미치는 것도 막을 수가 있다.

닐 워렌은 《승리의 결혼》에서 결혼의 스릴은 두 개의 복잡한 개성을 한데 엮어 서로 만족스러운 개체를 형성하는 데 있다고 말했다. 차이를 화해시키는 과정은 유익하고 재미있을 수 있다.

완전한 사랑을 실천하려면 많은 사람들이 회피하는 의무를 수행해야 한다. 결혼을 거룩하고 고귀한 것으로 여긴다면 배우자가 결혼서약을 존중하지 않을 경우에는 그 사실을 알려 줄 의무가 있다. 그러나 혼자 깨끗한 척 상대방의 흠을 지적하는 게 아니라 서로의 관계를 보호하려는 목적과 의도를 가지고 사랑하는 태도로 임해야 한다.

당신은 또한 사랑과 존경의 마음으로 자신의 욕구를 배우자에게 알려 줄 권리가 있다. 불행하게도 배우자의 부정이 문제가 되었다면, 이것을 배우자에게 알릴 권리가 있다고 믿을 것이다.

'정절을 지키는 것'은 단지 결혼서약의 항목 중 하나에 지나지 않는다. 그리고 정절은 결혼의 욕구 가운데 하나일 뿐이다. 불행하게도 사람들은 부정不貞 행위와 같은 심각한 과오가 있을 때에만 '욕구에 대한 기대'를 가질 권리가 있다고 생각하고 있다.

충족되지 않은 다른 욕구도 부정과 마찬가지로 고통스럽고, 거절과 방임 그리고 배신을 낳는다. 가장 소중한 욕구는 그것이 거부되었을 때 당신에게 가장 많이 상처를 주는 욕구이다.

배우자와 나누었던 숭고한 서약을 하루라도 잊으면 안 된다. 매일같이 서약을 상기하고 명심해야 한다. 서약을 생각하면서 배우자와의 관계 속에서 사랑의 불꽃을 살리려 할 때, 그 맹세를 지킬 수 있을 것이다.

당신의 결혼서약을 다시 검토하고 자문해 보라. "서약 가운데 내가 배우자나 하나님께서 만족하지 못할 만큼 지키지 못하고 있는 것이 무엇인가?" 그런 후에 그 부분에 대해 배우자의 욕구를 채우기 위해 새롭게 다짐하라.

결혼은 당신과 배우자가 서로를 어떻게 대우해야 하는가와 관련한 중요한 권리를 수반한다. 이런 의미에서, 결혼은 왕과 왕비가 있는 왕국에 비유할 수 있을 것이다. 왕과 왕비는 존귀하게 대우받을 권리를 따로 획득할 필요가 없다. 그들은 그들의 중요한 위치와 신분으로 인하여 그런 대우를 받을 자격이 있는 것이다.

하나님의 눈에 가장 높은 지위를 점하고 있는 당신이기에, 당신의 결혼은 부모나 피고용인이 된 것을 포함하여 첫 번째 우선순위를 차지해야 마땅하다. 그러므로 당신이 결혼생활에서 말하거나 행하는 모든 것이 왕이나 왕비에게 어울리는 것이어야 한다. 관계상의 어려움을 겪거나, 짜증이 나거나, 좌절감을 느끼고 화가 나거나, 흥분할 때 더욱 그렇다.

자격이 있다는 것과 권리가 있다는 것은 서로 다르다는 사실에 유념하라. 왕과 왕비는 그들이 무엇을 하고, 어떻게 행하는가와 관계없이 존귀하게 대우받을 권리가 있다. 결혼서약과 하나님의 말씀은 배우자에 대해 책임 있는 삶을 살 것을 요구한다. 에베소서 5장 21절은 "그리스도를 두려워하는 마음으로 서로 순종하십시오"라고 권면하며 상호 책임의 중요성을 말하고 있다.

처음에는 이렇게 행하는 것이 쉽지 않을 것이다. 그러나 이 원리를 실천하기로 마음먹는 순간 완전한 결혼을 이룰 수 있을 것이고 동시에 불화를 야기했던 조건들이 사라질 것이다.

결혼반지로 결혼을 유지하라

이제 권위, 순종, 성적 관계에 대한 하나님의 가르침과 오늘날 결혼이 직면하고 있는 논쟁거리를 얘기해 보기로 하자. 이를 위해 우선 결혼이 대한 하나님의 생각을 살펴보기로 한다. 이것을 염두에 두고 결혼반지가 끼어 있는 손을 들어 보라. 당신에게는 엄지와 나머지 네 손가락이 있다. 하나님이 우리의 결혼에 거는 기대에 맞추어서 손가락의 의미를 살펴보자.

하나님은 결혼에 들어온 사람 중 누구도 다른 사람의 엄지 아래 있기를 원하지 않는다. 엄지는 억압적 통제를 상징한다. 아내들은 지배적인 남편의 엄지 아래 들어가게 될지도 모른다는 생각 때문에 남편에게 순종하라는 말을 혐오한다.

하나님은 결혼 안에 있는 어느 누구라도 집게손가락에 의하여 대표되는 역할을 하기를 원치 않는다. 집게손가락은 지적하고, 방향을 가리키고, 탓하는 데 사용된다. 계속 힘겨루기를 하고 있는 부부는 집게손가락 결혼을 하고 있는 것이다.

가운데 손가락보다 부부관계를 더럽히는 나쁜 태도를 나타낸다. 중지는 다른 손가락보다 길며 결혼생활에 가장 큰 역효과를 끼친다. 중지의 더러운 암시적 의미는 배우자를 멸시하고, 자기중심적인 태도의 파괴적이며 불신앙적인 성격을 분명히 보여준다.

하나님은 어느 누구도 새끼손가락 결혼을 하기 원하지 않는다. 새끼손가락 결혼이란 배우자가 지배의 관계에서 순종하고, 통제당하고, 조종당하고, 약자로 취급받는 결혼을 말한다. 이런 결혼은 일방적 횡포로 특징지어진다.

하나님은 모든 결혼이 결혼반지가 끼워진 손가락 위에 있기를 원한다. 이것은 모든 결혼서약의 글자와 정신이 진정한 의미에서 생활화되는 결혼이다. 배우자 각자가 하나님이 지시하신 역할을 따르고 그리스도와 같은 자세로 서로 사랑하는 결혼이다. 행복과 만족으로 가는 길은 말씀을 따라 가는 것이다. 당신은 어떤 결혼생활을 하고 있는가?

당신은 배우자인가, 로봇인가?

하나님은 당신이 결혼생활을 통해서 충만한 인간다움을 누리기를 원하신다. 그러나 불행하게도 많은 사람들이 결혼 후에 그들의 정체성을 상실하거나 변화시킨다. 그들은 노동자, 부모, 배우자의 보다 나은 반쪽, 가정주부, 일중독자, 광신자, 하인, 로봇 따위가 된다. 당신은 이 가운데 어느 것과 닮았는가?

하나님은 당신이 그리스도의 안에서 성장하기를 원한다. 성경은 이 세상을 본받지 말고 하나님의 형상을 본받으라고 가르치고 있다(롬 8:29; 12:2). 결혼을 향한 신의 목적을 이루기 위해 그 정도는 해야 하지 않겠는가?

당신은 꼭두각시 사랑을 보여 주는가?

자신의 의지와 상관없이 주도록 강요받을 때 당신의 인간성은 상실된다. 이런 일이 일어나면 당신은 꼭두각시로 전락한다. 사람은 사랑할 수 있지만 꼭두각시는 사랑할 수 없다. 당신은 당신 자신인가, 아니면 배우자의 꼭두각시인가?

꼭두각시는 욕구를 채워 달라고 요구하지 않는다. 게다가 자신을 통제하고 있는 사람이 결정한 대로 말하고 행동한다. 꼭두각시는 성장할 수도 없다. 배우자가 꼭두각시이면 좋겠는가? 배우자의 바람과 자유의지에 대해 수용적인가? 아니면 배우자가 자신의 바람과 의지를 표현할 때 화가 나는가?

통제를 받으면 진정한 자아가 표출될 수 없다. 이제 '경찰 효과'를 구별하여 다루는 것이 왜 중요한지를 깨달아야 한다. '경찰 효과'는 성장은 물론 진정한 사랑을 불가능하게 만든다. 선택의 자유를 허용하는 것은 배우자를 실제로 사랑하게 하는 데 꼭 필요하다. 위협이나 두려움 때문이 아니라 배우자로 하여금 자유롭게 주도록 하기 때문이다.

만일 두려움 때문에 준다면 사랑을 주는 것이 아니다. 단지 순응하는 것뿐이다. 이것은 또한 더 강한 자기애를 개발할 필요가 있음을 암시하는 것이다. 자신을 사랑한다면 두려움이나 다른 부정적 감정 때문에 주지는 않을 것이다. 배우자를 사랑하기 때문에 올바른 일을 하고 있다고 생각할지 모르지만 모두 잘못된 이유로 하는 것이 된다.

자기애를 개발하지 않고 관계에 변화를 일으킨다든가 그리스도의 형상을 닮아갈 수는 없다. 자기애의 결과는 자기존중이다. 존중은 사랑하는 관계에 없어서는 안 되는 근본적인 요소이다. 자기존중은 왕이나 왕비에 어울리는 행동을 하도록 이끈다. 만일 관계를 나누는 과정에서 자신의 정체감을 상실한다면, 어떻게 스스로를 왕이나 왕비로 여기고 배우자도 그처럼 대우할 수 있겠는가?

결혼서약은 배우자의 욕구를 100퍼센트 충족시키기 위해 자신을 100퍼센트 내어주도록 요구하고 있다. 그러나 당신과 배우자는 주는 결심을 하는 과정에서 완전한 자유를 누려야 한다.

사랑으로 배우자에게 주의를 기울여라

주의를 기울이는 행동은 배우자의 욕구 가운데 대부분을 차지한다. 이 행동들은 관계 안의 친밀감 욕구를 충족시키기 위하여 나타내는 사랑의 행동을 가리킨다.

가장 흔한 친밀감 욕구는 애정과 존중, 주의, 인정, 수용, 공감, 격려 그리고 고마움이다.

배우자의 정서적 욕구에 주의를 기울이고 싶다면 다음의 원칙을 따르는 것이 좋다. 배우자를 향한 모든 생각과 말 그리고 행동에 분명히 사랑을 드러내 보여야 한다. 마치 배우자로부터 사랑의 마음을 빼앗으려는 것처럼 그리고 그것을 침실에 들 때까지 이루지 못하면 당신의 영혼을 잃을지도 모른다는 듯 시시때때로 사랑을 표현해야 한다.

사랑에 초점을 맞추어라

우리는 사랑하고 그것에 주의를 기울이는 방법을 알고 있다. 그러나 극소수의 사람만이 그것을 실천에 옮긴다. 대부분의 사람들은 물질적인 걱정을 하면서 정력을 낭비하고 있다. 또한 사람들은 '일어났어야 할 일'과 '일어난 일', '나쁜 사람들', '나에게 상처를 입힌 사람들', '원하지만 갖지 못하는 것들' 그리고 다른 여러 가지 '위험'의 끝없는 목록을 걱정하면서 세월을 보낸다.

사건과 사람들 그리고 상황 변화와 씨름하며 평생을 보내는 것은 참으로 불행한 일이다. 사람들은 이미 일어난 일과 우리가 변화시킬 수 없는 일에 대해 고민하면서 허송세월을 보내고 있다. 그러면서도 우리가 변화시킬 수 있는 단 한 가지, 우리의 사랑은 무시하고 있다.

당신의 결혼증명서는 한 장의 종잇조각에 불과한가, 아니면 배우자를 평생 동안 사랑하겠다는 그리고 서로의 행복을 위한 하나님의 계획을 성취하는 일에 헌신을 하겠다는 다짐의 문서인가?

행복한 결혼을 만드는
질적인 시간

공동관심사는 결혼생활을 흥미롭고 역동적으로 만드는 데 그리고
꾸준히 성장하게 하는 데 꼭 필요하다. 공동관심사란 부부가 함께 즐
길 수 있는 일이나 활동, 노력 등을 말한다.

부부 관심사와 안정된 결혼생활은 서로 밀접한 관련이 있다. 따라
서 배우자와 함께 할 수 있는 공동관심사를 개발하는 것은 중요하다.
공동관심사는 함께 즐길 수 있는 활동에 부부를 동참하게 하기 때문
에 알찬 시간을 만들어 준다.

비슷한 관심사를 개발하는 일에 관심을 기울이기 시작한 것은 최근
의 일이다. 한 연구결과는 유사한 관심사가 중요하며, 그 영향이 아주
긍정적이라는 사실을 일관되게 보여 주고 있다. 유사한 관심사는 부

부의 화합과 연결된 개념이라 할 수 있다. 린 화이트는 시간을 함께 보내는 것이 어떻게 행복에 기여하는지를 알아보기 위해 2,000쌍의 부부를 면담했다. 그 결과 부부가 함께 시간을 보낼 것인가의 여부를 결정하는 것은 자녀양육이나 일과 같은 제약사항이나 성격과 관계없이 그들의 결혼생활의 질이라는 것을 발견하였다.

또한《베스트 부부 *His Needs, Her Needs*》의 저자 할리 박사는, 남편들은 아내와 '여가를 함께 즐기는 것'을 가장 원하고 있음을 밝혀 냈다.

이와 같은 발견들은 배우자와 보내는 시간의 양과 부부관계의 질 사이에 상관관계가 있음을 강하게 시사하고 있다. 이 두 가지 요소는 직접적인 관련이 있지만 상호 회피나 무관심 등의 문제를 오히려 지속시킬 뿐이다.

부부가 함께 성장하지 못하면 결국 두 사람은 서서히 멀어지게 마련이다. 욕구가 채워지지 않으면 그 빈자리를 다른 방법으로 채우는 방법 외에 다른 대안은 없다.

공동관심사는 함께 하고 싶은 욕구를 증대시켜서 결과적으로 부부관계에 긍정적인 영향을 미쳐 두 사람이 함께 하는 시간을 우선시하게 만든다. 연구결과는 행복한 부부들은 이러한 욕구를 갖고 있으며, 실제로 그러한 기회를 직접 만들고 있음을 보여 주고 있다.

공동관심사에 참여하는 것을 일이나 자녀양육 또는 집안 살림을 하는 와중에 시간 때우기 식으로 해서는 안 된다. 반드시 부부가 마음과 생각과 개인 일정에서 똑같은 가치를 부여함으로써 나타나는 각자의 생활방식이 되어야만 한다. 당신과 함께 평생을 살기로 한 배우자의 가장 좋은 친구가 되는 일은 당연히 결혼생활에 보탬이 된다.

질적 시간을 얼마나 가지면 충분한가?

공동관심사를 함께 개발하여 실행하기 위한 방안을 한 가지 제안해 보겠다. 우선 배우자와 일주일에 적어도 15시간의 질적 시간을 보내면서 친밀한 관계를 도모하라고 권하고 싶다. 나는 어려움을 겪고 있는 부부들 가운데 주당 15시간의 질적 시간을 함께 보낸 경우를 보지 못했다.

질적 시간은 부부가 동시에 만족해 하는 시간이다. 이 시간에 부부는 서로의 욕구를 충족시키게 된다.

적당한 질적 시간을 보내는 일이 여러 가지 제약과 요구 사항 때문에 매우 힘들지도 모른다. 직장에서나 부모로서의 책임, 경제적 압박 때문에 질적 시간이 우선순위에서 밀릴 수도 있다. 빠듯한 예산이나 경제적 부담 때문에 일하는 시간을 줄이기도 어렵고 경우에 따라서는 직업을 두 개 가져야 하는 상황에 처할 수도 있다.

만약 상황이 이러하다면 단호하게 결정을 내려야만 한다. 행복하게 서로 채워 주는 결혼생활을 할 것인지, 아니면 값비싼 자동차를 몰고 커다란 집에서 그저 동거할 뿐인 결혼생활을 할 것인지 결정해야 한다.

대출금과 자동차 할부금 그리고 빠듯한 생활비 때문에 쩔쩔매는 사람은 당신만이 아니다. 많은 사람들이 실수를 하고 있으며, 나 역시 그랬었다. 그러나 기쁜 소식은 당신에게는 집과 자동차를 팔고 보다 싼 집과 보다 싼 자동차를 갖는 것으로 부담을 줄일 수 있는 자유가 있다는 것이다.

이렇게 하는 것에 흥분하고 화내지 마라. 정력만 낭비될 뿐이다. 당신은 당신의 가장 중요한 욕구를 만족시켜 주지 못하는 것들을 위해 대가를 치르면서 인생의 대부분을 낭비하고 있다. 물질적인 풍요가 당신을 사랑할 수는 없다.

당신이 소유하고 있는 것이 무엇이든, 당신은 이미 가장 귀중한 은사를 갖고 있다. 그것은 바로 사랑이다. 그런데 그것은 거저 주어진 것이다. 배우자와 갖는 질적인 시간은 예수님이 당신에게 거저 주신 사랑을 누리고 개발할 때 보다 더 많이 누릴 수 있다. 이것이 삶의 진정한 목적이며 보람이다.

일주일의 168시간 중에서 배우자와 15시간의 질적 시간을 함께 보낼 가치가 있는지는 스스로 결정해야 한다. 행복하고 만족스런 관계를 원한다면 다른 선택이 있을 수 없다. 그러나 이것을 우선하지 않는다면 알찬 시간을 가질 수 없다.

질적 시간의 최적 활용

부부의 질적 시간을 잘 활용하고 싶다면 재미있고 정서적이며 육체적으로 친밀한 시간 그리고 한 팀이 되어서 일하는 것 사이에 균형을 맞춰 시간을 잘 분배해야 한다. 그리고 자녀나 친구들이 함께한다면 당신과 배우자 사이의 '교감'을 키우는 데 도움이 되어야 한다.

질적 시간에 충만한 상호작용이 일어나려면 부부 모두가 그 시간을 함께 경험해야 한다. 이는 상호작용의 질이나 활동에 만족할 경우에 가능하다.

부부간에 교제를 갖기 위해서는 배우자와 함께 즐길 수 있는 경험이나 활동 또는 관심사가 있어야 한다. 예컨대, 쇼핑하거나 축구경기를 보는 것을 즐겁게 여기지 않는다면 당연히 그것은 질적인 시간이 될 수 없다. 그렇다고 내가 부부가 모든 경험이나 활동을 함께 또는 완전히 즐길 수 있어야 한다고 주장하는 것은 아니다. 각자가 서로 독립적인 관심사를 갖는 것 또한 중요하기 때문이다.

질적 시간의 열쇠

사랑의 태도와 배우자의 관심사를 자신의 관심사보다 우선시하는 것이 질적 시간을 경험하는 데 있어 가장 중요하다. 사랑이 있다면 배우자와 그저 함께 있기만 해도 즐겁고 만족스러울 것이다.

어떤 활동이 즐겁지 않거나 즐기는 데 어려움을 겪고 있다면, 그것을 부족한 교감을 메우기 위한 수단으로만 사용하기 때문인지도 모른다. 여러 활동이나 소일거리들은 부부가 함께 시간을 보내도록 해 줄 수는 있지만 그것 자체가 부부의 욕구를 만족시켜 주는 것은 아니다. 오직 배우자만이 당신을 만족시킬 수 있다.

질적 시간이 일주일에 몇 시간이면 충분한가는 어떠한 욕구도 일주일 만에 채워지지 않는다는 사실을 인지하는 것에서부터 시작해야 한다. 사람들이 흔히 저지르는 가장 큰 실수는 질적 시간을 갖기 위해 주말까지 기다린다는 것이다. 질적 시간은 매일매일 가질 필요가 있다.

만일 당신의 마음이 마땅히 있어야 할 곳에 있다면 흥분과 기대감을 갖고 배우자와의 질적 시간을 갖기 위해 시간을 낼 것이다. 만일 그렇게 하지 않는다면 결혼을 우선순위에 두고 있다는 건 거짓말이다.

질적 시간이 미치는 영향

나는 사람들을 상담하면서 부부가 질적 시간을 함께 갖는 것이 의사소통을 포함한 다른 어떤 것보다 치료에 더 중요하다는 사실을 깨닫게 되었다. 질적 시간은 배우자의 욕구를 충족시켜 주고 사랑을 증진시키며 다툼을 사라지게 만든다.

만약 배우자와의 질적 시간에 우선순위를 두기 위해 변화시킬 것이 있다면 빨리 서둘러야 한다. 당신이나 배우자가 이를 깨닫든 깨닫지 못하든, 이는 모든 부부의 타고난 욕구이다. 이러한 욕구를 완전하게 충족시키지 못하면 완전한 결혼을 누릴 수 없다.

교감을 느끼게 하는 의사소통

의사소통은 완전한 결혼의 문을 여는 열쇠이다. 의사소통은 배우자에게 당신의 생각, 느낌, 바람 그리고 태도를 전하는 방식과 과정을 일컫는다.

의사소통이 건강하고 행복한 결혼생활에 매우 중요하다는 것을 보여 주는 연구결과는 무수히 많다. 문제는 부부들이 의미 있는 대화를 나누지 않는다는 것이다. 프라미스 키퍼스 *Promise Keepers*가 발행하는 잡지 〈뉴맨 *New Man*〉의 기사에 따르면, 라이프스타일 관리센터는 미국인들이 배우자와 의미 있는 대화를 하루에 고작 4분 정도밖에 나누지 않는다는 연구결과를 내놓았다.

배우자에게 개인적으로 말을 걸 때 의미 있는 대화가 이루어진다.

그 결과 이해의 폭이 커지고 교감과 성장이 고무된다. 당신은 하루에 몇 분이나 의미 있는 대화를 나누고 있는가?

좋은 동기 + 나쁜 방법 = 부부의 불행!

당신의 요점을 배우자에게 전달하고 상대의 욕구를 충족시키려는 의도를 갖고 있더라도 그것을 전달하는 접근법에 따라서 관계를 오히려 해칠 수도 있다. 동기가 좋더라도 방법이 비생산적이거나 파괴적일 수 있는 것이다.

존 고트만 박사는 자신의 책《왜 결혼은 성공하거나 실패하는가》에서 부부 사이의 의사소통을 방해하는 비생산적인 상호작용 방법 네 가지를 언급하고 있다. 나는 이 네 가지 방법을 요한계시록에 나오는 불길한 징조를 예고하는 '네 명의 말 탄 사람'으로 분류한 것이 흥미로웠는데, 그 네 가지 징후는 다음과 같다.

1. **비판** : 자기 배우자의 인격이나 성격에 대한 공격한다.
2. **멸시** : 모욕, 욕설, 적대적 유머, 모욕적 언사 및 상대를 무시하는 제스처를 포함한다.
3. **방어적 태도** : 문제에 대한 어떠한 책임도 지지 않거나, 핑계를 대거나 부정적 독심술, 상호 불평, 넋두리, 다른 의견내기, 얕잡아 보는 행동 따위를 포함한다.
4. **돌담 쌓기** : 습관적으로 한쪽이나 둘 다 문제 자체를 거론하기를 회피하는 것을 말하며, 동시에 정서적으로 마음을 닫는다.

144

주변 상황과 관계없이 이처럼 반발적이고 전술적인 상호작용 방법을 하나라도 취하고 있다면 부부간에 교감을 느끼지 못할 것이다.

성경에서 말하는 건전한 의사소통

성경은 의사소통을 매우 강조하고 있다. 성경은 의사소통에 대해 여러 군데에서 언급하고 있다. 한마디로 성경은 "입으로 들어가는 것이 사람을 더럽히는 것이 아니라, 입에서 나오는 것, 그것이 사람을 더럽힌다"(마 15:11)고 말한다.

우리는 말을 삼가고(잠 17:27, 29:20; 약 1:19), 부드러운 말을 하고(잠 15:1), 은혜가 넘치게 말을 하고(골 4:6), 불평이나 시비하지 않는 말을 하며(빌 2:14), 나쁜 말은 입 밖에 내지 말고 덕을 세우는 말을 하여 배우자에게 은혜를 끼치게 해야 하며(엡 4:29), 입을 조심하여(잠 10:19), 입과 혀를 지켜야 한다(잠 21:23). 이렇게 함으로써 자신의 생명(잠 13:3)과 결혼생활을 유지할 수 있다.

래리 크랩 박사는 의사소통에 문제가 생기는 것은 부부 사이의 잘못된 목표와 부정적 감정 때문이라고 주장한다. 그는 또한 "사람들이 자기중심적 목표를 추구할 때는 언제나 의사소통의 문제가 필연적으로 생긴다는 것이 성경의 분명한 가르침"이라고 말하고 있다.

그러므로 배우자를 위해 최선을 다하고 있는지를 확인하려면 의사소통에 문제가 없는지를 먼저 살펴봐야 한다. 생각해 보라. 당신의 배우자가 최선의 대우를 받고 있다고 느낀다면 싸울 일이 뭐가 있겠는가? 좋은 의도에서 한 결정이나 행동이 배우자의 행복으로 귀결되지 않을 수도 있다.

당신이 배우자와 의사소통하는 방식은 축복일 수도 있고 저주일 수도 있다. 당신이 취하는 태도에 따라서 사랑이나 미움, 용서나 용서하지 않음, 인정이나 경멸, 진실이나 거짓, 칭찬이나 비판 등과 같이 다양하게 대립되는 감정이나 태도가 전달될 수 있다.

말은 큰 힘을 지니고 있다. 말로써 배우자를 살릴 수도 있고 죽일 수도 있다. 그러므로 배우자를 세워주고 격려하며, 치유하거나 용기를 북돋는 말을 하는 것이 중요하다.

원활한 의사소통의 비결

당신의 의사소통이 얼마나 효과적이고 의미 있는지를 판단하고 싶다면 배우자가 당신의 말을 어떻게 받아들이는지 알아보아야 한다. 배우자가 당신의 말을 정확히 이해하고 당신의 의사를 긍정적으로 받아들인다면, 배우자는 즐겁게 수용적인 태도로 반응할 것이다.

의미 있고 교감을 느끼게 해 주는 의사소통을 하려면 배우자의 말을 경청하고 수용적인 자세로 응대해야 한다.

진정한 사랑과 관심을 나누려면 다음과 같은 효과적인 의사소통 요소들도 고려해야 한다.

- 눈 맞춤
- 신체 언어
- 목소리의 높이와 크기
- 얼굴 표정
- 경청

- 태도
- 반응

원활한 의사소통에는 중요한 다른 요인들도 있다. 가령, 어떤 문제를 논할 때 관련 없는 것들을 끌어들이지 않고 현재 시제로 말하는 것이 매우 중요하다.

대화에 해소되지 않은 과거의 분노가 끼어드는 일이 종종 일어난다. 이렇게 되면 말의 의미가 왜곡되고 좋은 의도는 퇴색된다. 그리고 대화는 다툼으로 변질되고 만다.

주제에 집중하고 '배우자에게' 말하는 것이 아니라 '배우자와' 말하는 법을 연습해야 한다. 이렇게 하면 무신경함과 '경찰 효과'의 우려를 씻을 수 있다.

만일 배우자가 방어적이거나 당신의 태도나 행동에 눈치를 보고 있다면 당신은 '배우자에게' 말하고 있을 가능성이 매우 크다. 배우자가 그렇게 느끼면 "당신은 나를 무시하고 있어요" 혹은 "당신은 내가 어린아이인 것처럼 말하고 있어요"라고 말할지도 모른다. 가끔은 어린아이처럼 꾸지람을 듣거나 혼난다고 느끼기도 한다. 이렇게 되면 부모와 연관된 과거의 기억이 되살아나거나 치유되지 않은 아픔이 덧나 과잉반응을 할 수 있다.

부정적 반응은 어린 시절의 재연일 때가 많다

당신이 배우자가 하는 말을 듣고 있더라도 그와 유사한, 인식에 영향을 끼쳤던 어린 시절의 문제가 해결되기 전까지는 효과적인 의사소통이 이루어지지 않는다.

배우자가 당신으로부터 받는 모든 메시지는 자신이 어떤 대우를 받고 있는가에 대한 인식으로 귀결된다. 좋은 뜻으로 말했다 할지라도 그 전달방법에 따라 배우자는 부정적인 느낌을 받을 수 있다. 만약 배우자가 방어적으로 반응하면 당신 역시 오해를 받는다고 느껴 반격을 가하게 되고 결국 갈등은 오히려 증폭될 수 있다.

역기능적 의사소통의 악순환이 되풀이되는 이면에는 해결되지 않은 어린 시절의 문제가 도사리고 있는 경우가 많다. 이러한 문제는 왜곡되고 현실과 동떨어진 사고를 하게 만들어 부정적 감정을 불러일으킨다. 그렇기 때문에 해결되지 않은 문제와 부정적 감정은 좋은 의도를 가지고 있는 배우자에게 부당하게 투사되는 경우가 많다. 따라서 문제의 진실이 무엇인지, 원인이 무엇인지를 검토하지 못하고 넘어가게 된다.

어린 시절의 해결되지 않은 감정이 부부관계에 커다란 영향을 미치지만, 완전한 사랑은 마치 비행기가 중력을 극복하듯이 이를 극복하고 초월할 수 있다.

자기감시를 실천하라

긴장하게 만드는 문제나 주변 환경, 어려움이 어떤 것이든 간에 배우자에 대하여 인내하는 가운데 언제나 평상시의 목소리를 유지하기 위해 노력해야 한다.

토론과 논쟁의 차이는 곧 목소리의 차이로 나타남을 유의해야 한다. 특히 정당한 분노가 느껴지면 목소리를 높여도 된다고 느낄 때가 종종 있을 것이다.

100퍼센트 사랑에 있어서는 배우자가 어떠한 말과 행동을 하더라도 폭발적인 분노나 부정적 감정은 정당화될 수 없다.

남자와 여자는 같은 행성에 있으면서 다른 언어로 말한다

베스트셀러가 된 《화성에서 온 남자, 금성에서 온 여자》는 남자와 여자 사이에 존재하는 의사소통의 양식과 남녀간의 차이점에 대하여 많은 것을 알려 주었다.

이 책의 저자인 존 그레이 박사는 여자들의 가장 흔한 불평은 남자들이 귀 기울이지 않는 것이라고 말한다.

반대로 남자들의 가장 많은 불평은 여자는 언제나 남자를 변화시키려고 한다는 것이다.

그레이 박사는 남녀가 저지르는 관계상의 가장 흔한 실수를 두 가지로 요약하고 있다.

하나, 여자가 마음이 상해 있을 때 남자는 수리공이 되어 그 여자의 감정을 무시하는 해결방안을 제시하여 여자의 감정을 바꾸려고 한다.

둘, 남자가 실수를 했을 때 여자는 가정개선위원이 되어 부탁하지 않은 충고나 비판을 하여 남자의 행동을 바꾸려고 한다.

개인간 의사소통 전문가인 조 탄넨바움은 《남자와 여자의 실상, 이 성을 이해하기*Male & Female Realities, Understanding The Opposite Sex*》
에서 남녀간의 차이에 대한 매우 사려 깊은 통찰을 보여 주고 있다.
그는 여러 가지 남녀간의 차이의 통해 의사소통 문제가 일어나는 원
인을 설명하고 있다. 나는 부부들을 상담하면서 다음의 경우들을 자
주 경험한다.

- 남자는 여자의 대화를 해결책을 요구하는 것으로 인식하기 때문
  에 감정을 이해하려고 하기보다는 충고를 하려고 한다.
- 여자는 자신의 생각이나 감정을 매우 자세히 의논하고 정서적인
  지원을 원하는 반면에 남자는 문제를 개선할 수 있는 핵심에 보
  다 더 관심이 있다.
- 여자는 감정의 표현을 긍정적 표시로 인식하지만 남자는 이를
  경고로 간주하는 경향이 있다.
- 남자의 아내와의 상호작용은 신체적(행동)이고 지적(생각)인 양
  식을 통해 이루어지는 경향이 있다. 여자는 신체적·지적·정서
  적·영적 등 네 가지 양식으로 대화하기 때문에 의사소통에 어
  려움을 불러온다. 더구나 여자는 이 양식 사이에서 보다 쉽게 왔
  다 갔다 할 수 있다.

하나님은 남자와 여자를 처음부터 다르게 설계하시고 다르게 창조
했지만, 개별적으로는 남자와 여자를 불완전하게 지으셨다. 하나님은
당신과 배우자에게 보완적 차이를 마련하셔서 부부의 서로 다른 욕구
를 채우게 하셨고, 부부의 서로 다른 역할을 성공적으로 수행하도록
만드셨다. 한 예로 여자는 오른쪽 뇌가 보다 발달해 훨씬 직관적이며

언어능력과 정서적 민감성이 뛰어나다. 이러한 특질은 자녀를 양육하는 데 이상적이다. 사람들이 자주 저지르는 실수는 남녀간의 차이를 충분히 고려하지 않고 서로 판단한다는 것이다.

여자가 남자보다 말을 많이 한다는 것은 이미 과학적으로 증명되었다. 그러나 베드로전서 3장 1절부터 4절에서, 믿지 않는 남편을 둔 아내는 말없는 행실을 통하여 구원을 얻게 될 것이라고 말하고 있는 것은 흥미롭지 않은가? 하나님은 우리에게 결혼에서 우리를 위한 하나님의 신성하고 완전한 계획을 이루게 하는 역할들을 완수할 수 있는 능력을 부여해 주셨다. 이 역할은 나중에 보다 자세하게 논의할 것이다. 예수님에 대한 믿음은 영적 열매들을 열리게 하며(갈 5:22-23), 이 영적 열매들은 당신이 모든 상황에서 예수님처럼 의사소통을 할 수 있게 할 것이다.

훌륭한 의사소통은 배우자를 섬기고 서로의 욕구를 만족시킬 수 있는 방법이기 때문에 완전한 결혼생활의 열쇠가 된다. 하지만 당신은 예수님이 보여 주신 태도를 갖고 먼저 당신의 혀에 대하여 책임을 지며 마음과 생각을 지켜야 한다(빌 4:7; 벧전 1:13). 이렇게 할 때 당신의 말은 당신의 마음 상태를 따르게 되고, 결과적으로 당신의 말은 현명하고 사랑스러우며 온유하게 될 것이다.

교감을 나누는 관계

훌륭한 의사소통은 좋은 관계를 맺게 한다. 배우자와 교감을 느끼면 관계는 살아날 것이다. 당신이 배우자와 함께 성장하고자 한다면 보다 큰 신뢰와 친밀함으로 이어질 것이다. 교감이 크면 클수록 사랑은 깊어진다.

남녀간의 차이는 종종 의사소통에 있어 교감을 느끼지 못하게 하는 원인이 되기도 한다. 마크 셔먼 박사는 다음과 같은 연구결과를 제시했다.

- 여자는 관계와 연관된 문제, 즉 가족, 건강, 출산, 몸무게, 음식 및 의복 등에 대한 주제에 더 흥미를 갖는다. 반면에 남자는 운동, 시사문제, 증권 같은 주제에 더 흥미를 느낀다.
- 논의 주제가 관심 밖으로 벗어나면 남녀 모두 지루하고 시간 낭비라고 생각하는 경향이 있다.
- 남자끼리 대화한다면 별다른 신경을 쓰지 않고 말해도 된다. 그러나 여자는 동정과 공감과 공유를 하고 싶어 한다. 여자들은 여성적인 대화로 인한 유익이 단지 좋아하는 것 이상이라고 말한다. 그래서 여자끼리 수다 떠는 것은 그들이 진정으로 필요로 하는 것이다.
- 일반적으로 남자는 여자에게 무덤덤하고 빠르게 표면적 수준에서 상호작용 하기를 기대하지만, 여자는 남자에게 보다 개인적이며 감정적인 문제에 관심을 가져 주기를 원한다.

남녀간 차이는 하나님의 선물이다

하나님은 인간을 각각 다르게 만드셨고, 결혼생활에 유용한 기능을 발휘하도록 개인차를 만드셨다는 사실을 생각해 보자.

마치 관현악단이 교향곡을 연주하는 것처럼 남녀간의 보완적인 차이는 부부가 조화를 이룰 수 있도록 해 준다. 부부는 각각 정확하게 자기 역할을 해야 하는데, 예수 그리스도의 모범과 하나님의 말씀에 특별히 제시되어 있는 결혼에 대한 지침을 따라야 한다.

교감 단계에 따른 문제해결 성향

관계 맺기에 있어 당신에게 가장 편안한 수준은 당신의 문제해결 방식과 관련된다.

존 고트만 박사는 안정된 결혼생활에 도움이 되는 서로 다른 세 가지 문제해결 방식을 다음과 같이 말하고 있다.

1. **인정** : 문제가 발생했을 때 부부가 상호 만족하도록 문제를 조용히 해결한다.
2. **갈등회피** : 당면한 차이에 부부가 거의 맞닥뜨리지 않는다.
3. **폭발** : 의견의 일치하지 않으면 부부가 격렬한 싸움을 벌인다.

'경찰 효과'는 갈등의 회피를 유도하지만, 두려움과 자기중심주의는 폭발적인 방식의 문제해결과 다툼을 유도한다.

생각과 감정을 있는 그대로 인정하는 부부는 보다 건강하다. 따라서 이들이 다른 두 가지 방식을 취하는 부부보다 행복한 관계를 누릴 가능성이 더 높다. 그리고 주고받는 가운데 서로의 욕구를 만족시키고 있다.

교감의 단계

보다 깊은 정서적 수준에서 교감을 느낄 때 보다 큰 친밀함을 느낄 수 있다. 부부 사이의 친밀함을 반영해 주는 다섯 가지 수준을 구분하면 다음과 같다.

1단계는 낮은 수준의 대화에 의해 특징지어진다. 피상적인 대화, 수다, 농담, 다른 사람들에 대한 이야기, '어떻게'에 대한 이야기, '무엇이 일어났었는지'에 대한 이야기, 정보 교환, 잡담, 주제별 이야기 및 '과거' 이야기.

2단계는 따뜻함과 지지, 반응적인 부드러운 표현, 관계와는 관련이 없는 의견이나 관점의 논의, 애정 표현, 삶에 영향을 미치는 외부 문제에 대한 의논, 보살핌이나 친화감, 관심이나 호감, 긍정적인 주의를 나타내는 표현.

3단계는 공감적 이해의 표현, 다른 사람에 대한 사랑이나 귀히 여김, 개인적 견해와 민감하고 특이한 습관을 나누는 행위, 성장 지향적 이야기, 감정적 수준에서 관계를 맺으려 하며 관계 내의 욕구나 기대를 말로 표현함.

4단계는 자신에 대한 비밀 정보의 공유, 진심어린 사랑의 표현, 깊고 역동적이며 교감을 느끼게 하는 의사소통, 자신을 감정적으로 투명하게 드러내는 행위, 모든 관계적 욕구를 조건 없이 채우고자 하는 진지한 시도.

5단계는 자유롭게 오가는 말, 관계의 화합, 상호 신뢰, 용납하고 인정하는 가운데 서로 채워 주고 만족시켜 주는 상호작용, 즉흥성과 자발성, 무조건적인 사랑과 영적인 교감.

당신은 배우자 마음의 문을 여는 열쇠를 갖고 있다

높은 수준의 교감을 나누는 부부들은 보다 결속력이 강하고 하나되어 있다. 서로를 인정하고 있으므로 다툴 가능성이 훨씬 적다. 부부의 성향이 의사소통 방식에 반영되는 것이다.

낮은 수준의 교감을 나누는 부부는 자주 싫증을 느끼고, 서로를 탓하기 쉽다. 그리고 교감의 부재를 메우기 위해 논쟁을 걸어 싸움을 하게 된다.

진정한 교감은 자신이 이해받고 있으며, 가치를 인정받고 사랑받고 있다고 느끼는 것에서부터 개발된다. 쉽게 감정이 상하는 것은 이러한 덕목들을 전혀 보여 주지 않는다. 실제로 성경은 사랑은 쉽게 성내지 않는다(고전 13:5)고 말하고 있다. 그러나 낮은 수준의 교감을 나누는 관계에서는 이런 일들이 일어난다. 배우자와 사랑하는 관계를 맺지 않으면 행복한 결혼은 불가능하다. 불화를 미연에 막고 서로의 욕구를 충족시키는 방법을 배우고 서로가 다르다는 것을 인정해야 한다.

당신이 배우자의 모든 것을 알고 있다면 배우자를 조건 없이 사랑하고 있다고 가정할 수 있다. 배우자가 당신의 반응을 예측할 수 없어 두려움이나 감시받고 있다는 기분 속에 살고 있다면 단지 인정을 받거나 거절이나 공격 가능성을 막기 위한 행동만을 할지도 모른다.

성경은 의사소통과 교감을 나누는 데 어려움을 겪고 있는 부부들에게 특별한 충고를 하고 있다.

마지막으로 말합니다. 여러분은 모두 한마음을 품으며, 서로 동정하며, 서로 사랑하며, 자비를 베풀며, 겸손하십시오. 악을 악으로 갚거나, 모욕을 모욕으로 갚지 말고, 복을 비십시오. 여러분으로 하여금 복을 이어받게 하시려고 하나님께서 여러분을 불러 주셨습니다(벧전 3:8-9).

사랑의 깊이는 의사소통의 질과 깊이, 의사소통의 장애를 극복하고자 하는 의지, 상호간의 투명성, 전적인 배려, 서로 친절히 대해 주고 받아 주는 것 등에 크게 의존한다. 이를 위해서 오래된 문제에 새롭게 접근하고 참을성을 갖고 대처해야 한다.

되면 다행이고 안 되면 할 수 없다는 식의 변화를 추구해서는 안 된다. 또한 사랑을 실천하고 나서 이용당했다는 느낌을 받았거나 원하는 교감을 얻지 못했다면 배우자에게 피드백을 요청하라.

무엇보다도 인내와 온유함을 발휘하여 배우자가 치유받고 당신에 대한 신뢰를 쌓을 수 있는 시간을 주어라.

남편의 마음을 붙잡는 방법

결혼생활을 최고의 행복으로 이끌고 싶다면 그 중심에 예수님을 모셔야 한다. 예수님은 결혼을 포함한 모든 것의 창조주이다. 예수님이 창조하신 모든 것은 당신의 유익과 최고의 행복을 위해 계획되었다. 하나님의 말씀은 결혼에 대한 그의 설계에 대해 많은 것을 말해 주고 있다. 결혼을 위한 하나님의 청사진은 성경에 분명하게 제시되어 있다.

하나님은 결혼의 창시자이자 설계자이며 건축가이다. 또한 파수꾼이시다. 하나님의 청사진을 따르면 궁극적으로 하나님의 방식으로 설계된 완전한 결혼을 이루고 최고의 행복을 누리게 될 것이다. 반대로 그의 청사진을 따르지 않는다면 어려움을 겪게 될 것이다.

하나님의 청사진을 주택 건축을 위한 청사진에 비유해 보자. 건축

가가 청사진도 없이 건축 기준이나 법을 무시하고 자기 마음대로 건물을 세운다면 어떠한 일이 일어나겠는가? 아마 그 건물은 중대한 결함이 있을 것이고, 그 안의 사람들은 안전하지 못할 것이다.

이와 마찬가지로 하나님의 완전한 원칙을 따르지 않는 경우에도 불행하고 부정적인 결과를 경험하게 될 것이다.

당신은 결혼을 함으로써 당신이 감당해야 할 역할에 관한 하나님의 지시를 이행하기 위해 사랑 안에 거하기로 약속한 것이다.

왜 세탁용 세제를 자동차에 넣는가?

많은 이들이 배우자의 욕구를 비판한다. 그리고 그 욕구를 채워 주지 않고 변화시키려고 한다. 사람들은 이런 식으로 하나님의 말씀을 훼손한다.

가령, 많은 아내들이 과도하거나 비합리적이라는 이유로 남편의 성적 욕구를 무시하려고 한다.

혹 남편의 욕구를 당신이 채워 줄 가치가 없다, 즉 남편은 욕구를 충족받을 자격이 없다고 생각한 적이 있는가?

남편이 각종 책을 읽거나 성적 욕구를 아내의 수준으로 낮추겠다는 생각으로 수년간 심리치료를 받아 왔다고 하더라도 그 욕구를 조절하기는 쉽지 않을 것이다. 이것이 바로 남자들이 처해 있는 현실이다. 남편의 일차적 욕구를 조절하는 불가능한 일에 시간과 노력을 쏟는 것은 어리석은 일이다. 그러나 이 어처구니없는 일에 매달리는 여자들이 너무나도 많다.

애초에 그렇게 설계된 남편의 욕구를 변화시키려는 것은 마치 자동차에 세탁용 세제를 넣고 운전하는 것과 같이 불합리하고 바보 같은 짓이다. 아내들의 일차적 욕구를 만족시키는 일에도 이와 똑같은 접근이 이루어져야 하는 것은 물론이다.

하나님이 아내들에게 지식을 주신 증거

남편의 일차적 욕구를 만족시킴으로써 완전한 결혼을 이루기 위한 근거로 하나님의 말씀을 사용하기 전에 하나님의 말씀이 당신의 마음에 이미 기록되어 있다는 것을 보여 주고 싶다.

나는 아내들이 남편의 마음을 붙잡는 타고난 능력을 발휘할 수 있도록 도움을 주기 위해 한 가지 연습문제를 풀게 한다.

다음의 연습문제를 한번 풀어 보기 바란다. 그러면 11장의 내용을 완전히 이해하고, 하나님의 말씀을 적용하는 데 보다 마음을 열게 될 것이다.

당신은 남편의 마음을 잡을 수 있겠는가?

연습

이 연습은 내 상담실에서 이루어진다. 내가 당신과 남편을 방금 만나서 두 사람의 불만을 들었다고 가정하자. 그리고 나서 나는 당신과 개인적인 대화를 나누기 위해 남편에게 대기실에서 기다려 달라고 정중히 말한다. 그렇게 우리 둘이 남았을 때 나는 당신에게 자녀나 아니면 가장 사랑하는 사람을 잠시 생각해 보라고 말한다. 그리고 나서 불길한 태도를 보여 주면서 다음과 같은 위협을 한다.

"당신이 좋아하든 싫어하든 나는 당신의 생명을 마음대로 할 수 있는 힘을 지닌 악마입니다. 오늘밤 자정이 되기 전에 당신은 남편의 마음을 사로잡아야 합니다. 그렇게 하지 못하면 당신은 가장 사랑하는 사람을 결코 다시 보지 못할 것입니다. 나는 당신이 남편의 마음을 붙잡았는지 아닌지를 판단할 수 있습니다. 당신이 내가 말한 것을 남편에게 알려 준다면 사랑하는 사람들과 영원히 이별하게 될 것입니다."

당신의 반응

남편의 마음을 하루 안에 사로잡지 못하면 사랑하는 자녀나 부모 그리고 친한 친구와 영원히 헤어져야 하는 위협에 직면해 있다고 가정해 보라.

반드시 정직해야 한다. 이러한 일이 실제로 일어난다면 남편의 마음을 붙잡는 과업을 성공적으로 수행할 수 있는가?

당신의 대답은 어떠한가?

당신의 대답이 "예"라면 내가 지난 수년간 수백 명의 여자들이 했던 대답과 똑같은 것이다. 이러한 결과는 아내들이 남편의 마음을 붙잡는 방법을 본래부터 알고 있음을 증명해 준다

극히 예외가 있겠지만, 아내가 남편의 마음을 사로잡는 방법을 본래부터 알고 있다는 사실은 상당한 지지를 받고 있다.

다음 질문은 "남편의 마음을 붙잡는 방법을 알고 있으면서 왜 그렇게 하지 않습니까?" 이다. 그것은 두려움 때문인가, 이기심 때문인가?

이 연습문제를 수백 명과 풀어 본 결과 놀라운 사실이 밝혀졌다. 똑같은 문제를 제시하면 남편들은 아내의 마음을 하루 안에 붙잡을 수 있다고 확신하지 못하고 있었다.

궁극적 질문에 대한 답

당신이 위와 같은 연습문제를 풀어야 한다면 어떤 말과 행동을 하겠는가? 아마 당신의 답변은 남편의 마음을 사로잡기 위해 칭찬과 찬사를 아끼지 말라는 것과 성적 만족을 제공하라는 범주에 들어 있을 것이다.

실제로 조사 대상이 되었던 남편들은 모두 성적 만족과 칭찬이 있으면 자신들의 마음을 24시간 이내에 충분히 사로잡을 수 있다고 말했다.

이는 타고난 것이므로 책을 읽고 공부해야 하는 것은 아니다.

포획 효과

남자에 대한 지식과 경험에서 성적 의무의 완수가 내가 명명하는 '포획 효과 *Capture Effect*'에 필수적인 요소임을 쉽게 짐작할 수 있을 것이다.

포획 효과는 부부관계에서 정서적으로 가장 민감하며 수용적이기 위해서 남편이 느껴야만 하는 효과를 말한다.

남편에게 성적인 만족감을 주려면 앞에서 제시했던 가상 시나리오에 자신을 투영해 남편의 만족도를 스스로 판단해 보라고 말하고 싶다. 그리고 남편의 마음을 완전히 사로잡으려면 어떤 변화가 필요한지도 판단해 보라.

말로 칭찬하는 것은 남편의 마음을 붙잡는 비책이다. 이것이 없다면 당신이 아무리 잘해도 남편과 마음을 나누기 어렵다.

칭찬은 반드시 표현되어야 한다. 칭찬은 때로는 말로, 때로는 행동으로, 무엇보다도 당신의 반응으로 해야 한다.

그런 기분이 들지 않더라도 남편을 칭찬할 수 있고 또 칭찬을 해야만 한다. 남편이 칭찬받을 만한 자격을 얻어야 한다고 생각하고 있다면 그것은 칭찬하고 있는 것이 아니다.

'나는 기분 내키지 않는 일은 절대로 하지 않겠다'고 생각하고 있다면 조건 없는 사랑과 칭찬을 나타내는 포획 효과를 지배하는 중요한 원칙을 적용하지 못하고 있는 것이다.

나는 가끔 아내들에게 남편의 마음을 사로잡기 위한 하루가 있다면 도움을 받기 위해 '사랑'을 다룬 책을 읽어 볼 의향이 있느냐고 물어본다. 그들은 언제나 웃으며 "아니오"라고 대답한다. 그렇다. 남편의 마음을 붙잡기 위해 그런 책들을 읽을 필요가 없다. 좋은 관계를 만들어 주는 책은 읽지 않아도 된다. 그 대신 하나님이 당신 마음에 기록해 알려 주신 것을 행하도록 하라.

남편의 마음을 사로잡으려면 완전한 사랑을 실천해야 한다. 남편의 욕구를 진정으로 또한 절박한 마음으로 만족시켜 주어야 한다.

무엇이 칭찬인가?

다양한 정의가 가능하지만 나는 칭찬을 조건 없는 존경, 사랑, 감사, 수용, 경의 및 긍정적 배려를 표현하는 행동이라고 정의하고 싶다.

'칭찬'의 가장 일관된 동의어는 '존경'이다. '존경'의 동의어들로는 존중, 높이 평가함, 호의, 가치 있게 평가함, 찬양 및 경의 같은 것들이 있다. 남편에게 칭찬은 사랑이다!

남편을 칭찬하는 아내는 남편을 세워주고, 존경하며, 높게 평가하고, 남편의 능력을 전적으로 신뢰한다. 또한 항상 남편이 기뻐하는 말이나 행동을 하며, 남편이 기뻐하지 않는 행동은 하지 않는다.

말이나 행동을 통한 칭찬은 또한 남편이 자신의 재능이나 능력을 인식할 수 있도록 돕는 것을 포함한다.

외적인 매력이 남편으로 하여금 부부로서의 관계를 추구하도록 자극하겠지만, 칭찬은 남편의 마음을 사로잡고 그의 행동에 영향을 미칠 것이다.

칭찬이 남편의 성취를 격려하고, 스스로를 내어주도록 하며, 정서적으로 친밀하고 민감하며 다정하게 반응하도록 만든다. 무엇보다 남편은 칭찬과 사랑을 동일시하게 되고, 그 사랑이 아내의 내적 아름다움이 반영된 결과라는 인식을 하게 된다. 그리고 아내의 칭찬을 사랑의 행동으로 보상해 줄 것이다.

왜 아내들이 먼저 칭찬해야 하는가

왜 아내들이 먼저 칭찬해야 하는가는 하나님의 말씀, 특히 남편에게 순종하라는 말씀에서 찾을 수 있다. 하나님은 남편에게 순종하라고 아내들에게 명하셨다(엡 5:22).

우선 하나님 말씀의 깊은 의미를 따지기에 앞서 이 문제를 보다 인간적인 관점에서 논의해 보자. 성적인 만족을 주고 칭찬하는 것이 당신이 원하는 결과를 낳지 못했을 때 남편이 이 두 가지 욕구를 박탈당한다면 상황이 얼마나 더 심각해질지 한번 상상해 보라.

남자들에게는 듣고 싶어 하는 칭찬의 말이 있다. 예컨대 대부분의 남자들은 집 혹은 직장에서 하는 일에 매우 자부심을 느끼고 있다. 아내들이 그런 고된 일이나 희생 그리고 능력에 고마워하지 않는다고 서운해 하는 남편들이 의외로 많다.

남편의 노력과 능력을 인정해 주고 칭찬한 적이 있는가?

칭찬은 남자들이 원하는 일차적 욕구이기 때문에 마음에서 우러나는 아내의 칭찬을 자주 들어야 한다. 이는 아내의 가장 중요한 욕구를 남편이 충족시켜 줘야 하는 것과 마찬가지이다.

당신의 사랑하고 있다는 표현을 남편이 얼마나 좋아하는가?

남편은 칭찬의 말과 행동을 자주 받고 싶어 한다. 비록 내색은 하지 않지만 남편은 당신이 생각하는 것보다 더 많은 칭찬을 원하고 있다. 남편을 칭찬할 때 그의 눈이 어떻게 반짝이는가를 살펴보라.

남편은 칭찬에 대한 욕구 충족 정도를 측정하는 자를 갖고 있다는 사실을 명심하라. 그러한 욕구가 얼마나 충족되고 있는지는 남편의 시각과 인식에 달려 있다. 그러므로 남편에게 물어보고 그의 반응을 연구할 필요가 있다.

칭찬의 위력을 확인하는 치료연습

나는 칭찬이 남편에게 미치는 영향이 얼마나 큰지를 증명하기 위해 부부 앞에서 역할극을 하기도 한다. 나는 이런 역할극을 몇 백 차례 해 왔으며 모든 남편들로부터 거의 동일한 반응을 얻었다.

연습

"선생님, 중요한 문제 하나를 지적하고자 합니다. 이것은 실제 상황이 아니니 마음을 상하지 않기 바랍니다. 자, 이제 준비되었으면 제가 당신을 모멸적으로 쳐다보면서 이렇게 말한다고 가정합시다. '야, 이 친구야, 뭔가 알기나 해? 좋아, 원치 않더라도 내가 말해 줄게. 너는 비겁한 겁쟁이야. 내가 네 치료사만 아니었다면 당장 끌고 나가 네 엉덩이를 차 주었을 거다!'"

나는 이렇게 말하며 남편에게 가까이 다가가면서 얼굴에 삿대질을 한다. 나는 극을 마치고 나서 이런 일이 실제로 일어난다면 어떻게 반응하겠냐고 물어본다. 그들은 실제라면 나의 제의를 받아들여 밖에 나가서 싸우겠다고 대답한다.

내가 이렇게 하는 목적은 칭찬의 반대 상황은 교감을 깨뜨린다는 사실을 상담받으러 온 부부 앞에서 증명해 보이기 위해서이다. 실제로 존경이 결여된 행동은 남자로 하여금 극심한 분노를 느끼게 하며 전투적 행동을 일으킨다.

분명 남편의 마음을 상하게 할 의도나 동기가 없을 때가 있을 것이다. 피해자 의식을 갖지 말고 존경의 태도를 나타내라. 남편을 진정으로 존중한다면 그가 왜 마음이 상해 있는지를 걱정하고 위로해야 한다. 그리고 남편이 일상의 정서적인 안정을 찾을 수 있도록 하려면 무엇을 어떻게 해야 하는지 생각해 봐야 한다. 이 모의시험은 말이나 행동을 고칠 수 있는 기회를 제공하는 학습체험으로 유용하게 이용할 수 있다.

나는 계속해서 아내들에게 "당신의 남편과 내가 뒤뜰에서 싸우기 시작한다고 가정합시다. 몇 분 후, 우리 중 하나가 사과하며 더 이상의 싸움을 원치 않는다고 말할 것이라고 쉽게 예상할 수 있습니다"라고 말한다. 더구나 내가 "선생님, 제가 말을 심하게 했습니다. 죄송합니다. 그리고 싸움을 걸어 미안합니다. 당신에게 화를 낸 건 제 잘못입니다. 정말 죄송합니다"라고 말한다면 사과를 받아들이지 않을 사람은 없을 것이다. 그리고 악수를 하고 사무실로 돌아가서 상담을 마무리했을 것이다.

이 사례에서, 나와 내담자 뒤뜰로 나가 싸우기 시작하였을 때 우리의 상호 신뢰감은 0부터 100까지의 척도로 측정하였을 때 제로였다. 화해를 하고 악수를 하면 우리의 신뢰감은 훨씬 높아졌을 것이다.

덧붙여 말하자면, 남자들은 무엇에 대해서든 일단 악수를 해야 한다. 남자에게 화해는 사건이다. 이 사건은 칭찬의 표현과 함께 일어난다. 싸움에 선행되는 갈등을 길게 논의할 필요는 없다. 이 사례에서 잘못을 인정하고 사과를 하였으며, 칭찬을 표현했다. 그리고 그 결과는 예측 가능한 것이었다.

남자들은 대결을 어떻게 보는가

나는 종종 앞의 사례에서 악수를 하고 난 다음에 이 사건을 되짚어 보고 또 한번 악수해야 한다면 기분이 어떻겠느냐고 물어본다. 사람들은 곤혹스러워 하며 귀찮게 하지 말라는 반응을 보인다.

만일 이 문제를 한 번 더 거론하고 다시 악수할 필요가 있다고 한다면 어떻겠느냐고 물으면, 그들은 화를 내고 처음 악수할 때 생겼던 친화감이 많이 없어질 거라고 대답한다.

이 결과는 곧이곧대로 받아들여지지 않는 수세에 놓이게 되면 남편의 이해와 신뢰감이 감소한다는 것을 보여 주고 있다. 그러나 이는 종종 부부가 서로의 차이를 해결하고자 시도할 때 상호작용으로 특징되는 모습이기도 하다.

　아내가 어떠한 사건이 재발하지 않도록 확실하게 하려고 그 사건을 거듭해서 확인하려 할 때 정서적 유대가 손상되고 만다. 남편은 이 때문에 거리감을 느끼고, 아무것도 이루지 못했다는 자괴감에 빠지게 된다. 그리고 자신이 악한으로 낙인 찍혔다고 여기게 된다.

　남편의 마음에서 문제는 이미 해결되었다. 그런데 그 문제를 다시 확인하니 화가 나고 마음의 문을 닫게 된다. 의사소통에 대한 지속적인 압박 때문에 평가절하되는 기분이 들고 호전적으로 변한다. 그리고 자신의 분노를 표현하는 대신 거리를 더 두게 된다. 건강한 의식을 가진 남성도 이러한 상황에 직면하면 부정적인 행동을 나타낼 수 있다.

　남편의 정직성에 대해 의심하거나 억지로 책임감을 갖게 하려고 몰아세워서는 안 된다. 남편이 의도적으로 싸움을 걸어 오지도 않았는데 잘못을 시인하도록 몰아붙이거나 압박하는 것은 비생산적이며 오히려 역효과를 가져온다. 이렇게 하면 당신이 옳았음을 증명할 수는 있을지 모르지만 남편의 마음을 사로잡지는 못한다.

　만일 남편을 당신 마음 가까이 두고 싶다면 비판을 삼가해야 한다. 당신이 남편에게 가시관이 아닌 왕관이 될 수 있게 해 달라고 예수님께 도움을 구하라. 진심으로 구하라. 그러면 얻을 것이다!

　당신이 이용해 왔던 불만족스러운 다른 방법들에 비해 효과적인 행동을 나타내 보이는 것은 남편과의 모든 상호작용에 있어 당신이 선택해야 할 자유로운 결정이다. 당신의 접근방법이 옳은지 판단하고 싶다면 남편의 '반응이 증거' 라는 사실을 기억하기 바란다.

무조건 칭찬하라

　사랑이 아무 조건이 없는 것과 마찬가지로 칭찬과 찬사도 그러하다. 남편이 칭찬을 받을 만한 일을 해야 하거나 그만한 자격이 있어야 한다고 생각한다면 당신은 이미 목표를 빗나간 것이다. 반면에 칭찬을 일관되게 하면 할수록 남편은 보다 일관되게 당신이 원하는 방식으로 반응할 것이다. 그리고 뿌린 대로 거둘 것이다.

　아내들이 일반적으로 행하는 가장 큰 실수는 조건부 칭찬을 하는 것이다. 대부분의 아내들은 "남편이 칭찬을 받을 만하면 하겠지만, 그가 행동 방식에 대해 칭찬할 생각은 없습니다"라고 말한다. 그렇다면 남편을 조건 없이 사랑하는 것이 아니다. 또한 인내(고전 13:4 참조)와 희생을 거부하는 것이다. 남편의 부정적 행동에 대해서도 사랑과 정절과 존경심으로 반응할 때 그리스도의 성품을 당신의 삶에 적용할 수 있다.

　남편의 일차적 욕구에 조건을 다는 행위는 남편을 왕에서 종의 신분으로 낮추는 것이다. 좋은 품삯을 벌어야 한다. 사랑에 조건을 다는 것은 하나님 말씀과 그 희생정신을 부정하는 것이다. 이것은 또한 '하나님의 은혜를 헛되게 하는' 것과 같다.

　남편을 조건 없이 사랑하고 칭찬하라!

　남편의 부정적 행동에 반응하는 최선의 방법은 적대적인 태도를 거두고 순종적인 자세를 보이는 것이다.

　또한 당신의 의도가 도움이나 지원을 하기 위한 것일지라도 요청하지 않은 충고는 하지 않는 것이 좋다. 성경은 순종하지 않는 남편이라 할지라도 아내의 정결하고 순종하는 행실을 통하여 구원을 얻게 될 것이라 말한다(벧전 3:1). 이것이 불합리하다고 느끼고 있는 수많은 아내들은 이렇게 하는 것이 매우 어렵다.

남편이 먼저 성경 말씀대로 행동하기 전까지는 조용히 있지 않겠다고 하는 아내들도 있다.

남편이 성경의 요구대로 하고 있었다면 그를 이기기 위해 조용히 있어야 할 필요가 없을 것이다. 성경을 믿는다면 손해를 보았다고 느끼기보다 희망적인 기대를 갖고 말씀을 적용할 것이다.

왜 남편들은 듣지 않는가

아내들의 가장 큰 불평은 남편이 말을 들으려 하지 않는다는 것이다. 의사소통이 불화의 원인이고, 아내들의 가장 큰 불평이 남편들이 듣지 않는 것이라는 결론을 내린 논문을 읽은 적이 있다.

나 역시도 남편들이 잘 듣지 않는다는 것에 동의한다. 이제 그 이유를 설명하고자 한다.

얼마 전에 아내는 나에게 왜 남자들은 아내의 말을 안 들으려고 하는지 물었다. 나는 질문에 답하기 위해 비유를 하나 들었다. 나는 차에 타서는 다른 아무것도 하지 않은 채 자동차에게 "내가 가려는 곳으로 데려다 줘!"라고 말하는 여자를 어떻게 생각하느냐고 물었다. "정말 바보 같은 짓을 하는 거지요"라고 아내는 대답했다. 나는 이어서 아내에게 "그러면 그런 일을 매일 하는 사람은 어떻게 생각해요?"라고 물었다. 아내는 말했다. "아마 정신과 의사의 도움이 필요하지 않을까요"

나는 이렇게 말했다. "자동차는 남자들이 어떤 사람인지를 말해 줘요. 자동차가 지시에 따라 저절로 움직이도록 설계되지 않은 것처럼 하나님 역시 남자를 아내의 가르침에 따라 응답하도록 창조한 것이 아니지요."

남편이 아내의 말을 듣지 않거나 귀를 막고 있다면, 이는 아내가 비판적이거나(성경이 명하는 아내들이 남편에게 경외하는 행동을 하도록 하는 것과는 반대이다), 남편을 타이르거나, 요청하지 않은 충고를 하거나, 가르치려 하거나, 지적하거나, 남편에게 화를 내기 때문이다.

하나님이 여성에게 자녀를 양육하는 욕구와 능력을 주신 것과 마찬가지로 남성에게는 아내를 보살피고 보호하는 욕구와 능력을 주셨다. 본질적으로 남자들은 요청하지 않은 충고나 가르침 혹은 '유익한 제의' 등을 하나님이 남자에게 주신 역할이나 그 역할을 수행할 수 있는 능력에 가하는 위장된 비판으로 받아들인다.

나는 이 '유익한 제의'가 얼마나 부정적인가를 확인하기 위해 다음과 같은 시험을 해 본 적이 있다. 아내들에게 남편이 운전하고 있을 때 지시를 하도록 은밀히 요구한 것이다("다음 신호등에서 우회전을 해야 해요"라고 지시하라). 대부분 남편들은 모욕감을 느끼고 이런 반응을 나타냈다. "나도 어디로 가야 하는지 알고 있어. 내가 바보인 줄 알아?" 아내가 부탁하지 않은 도움을 주려고 할 때 긍정적으로 반응하는 남편은 많지 않다.

내 말을 오해하지 말기 바란다. 남편은 자기가 원할 때만 충고나 제의를 듣고 싶어한다. 충고나 제의는 남편의 행동을 받아주지 않는다는 의미이고, 가정에 대한 그의 부양 수준이 만족스럽지 못하다는 암시이다. 이 원리는 보편적이다. 다음과 같은 간단한 시험으로 이를 반증할 수 있다. 남편이 요청하지도 않은 제안을 하고 일을 보다 잘 할 수 있는 방법을 조언해 보라. 그런 다음 남편의 반응을 한번 살펴보아라.

남편에게 도움이 될 만한 제안을 하지 말라는 것이 불공평하고 터무니없거나 심지어는 허튼 소리라고 느껴질지도 모르겠다. 그렇지만 바로 이것이 하나님이 부부의 행복한 관계를 위해 만드신 것이다. 당신은 남편의 긍정적인 반응을 기대하면서 하나님의 분명한 명령을 무시하고 있는지도 모른다. 당신이 새끼손가락 남편과 결혼한 엄지손가락 아내라면 모를까, 당신은 남편으로부터 계속되는 거리감과 저항을 겪게 될 것이다.

베드로전서 3장의 말씀을 일관되게 실천하여 남편이 구원을 얻게 되면, 남편이 당신의 충고나 제안을 대부분을 귀담아 듣는다는 놀라운 사실을 발견하게 될 것이다. 만일 남편이 당신의 제안에 반응을 보이지 않는다면 그 제안에 동의하지 않기 때문일 것이다.

나는 이미 긍정적 대답인 "예" 이외의 어떠한 대답도 "아니오"로 간주하라고 충고했었다. 마찬가지로 남편도 아내의 마음을 상하게 하거나, 자기 자신을 설명하거나, 아내와 힘겨루기하는 것을 원치 않기 때문에 아내에게 "아니오"라고 말하기가 매우 어렵다는 사실을 염두에 두고 있어야 한다. 베드로전서 3장의 가르침대로 행하면 남편이 존경심과 의무감과 그리스도의 마음으로 앞서 가는 사람으로 변화하는 것을 보게 될 것이다.

남편을 왕으로서 존경하라

"남편을 왕처럼 대하라!"는 말을 들어 보았을 것이다. 그렇다. 바로 이것이 변화를 일으킬 수 있다. 남편이 자신이 왕처럼 대접을 받고 있다고 느끼고 있다면 당신은 정곡을 찌르는 사랑을 하고 있는 것이다.

당신이 남편을 왕처럼 대하고 있지만 남편의 태도나 행동이 시큰둥하다면 피드백을 요구해야 한다. 당신은 남편을 왕처럼 대하고 있지만 남편은 그렇게 생각하지 않을 수 있다. 남편의 피드백은 당신의 동기가 진정으로 순수한지 아니면 전술적인지를 판별해 줄 것이다.

아내들은 가끔 낭만적인 저녁식사와 같은 특별한 일로 칭찬을 표시한다. 이런 행동은 전혀 잘못된 것은 아니지만 직접적인 칭찬이나 성적 만족과 같은 남편의 가장 중요한 욕구를 만족시키지는 못한다. 남편의 욕구는 남편의 관점에서 만족시켜야 한다.

남편은 자신의 가장 중요한 욕구가 만족될 때 '소생'의 신호를 분명하게 보일 것이다. 당신이 일관되고 참을성을 보여 주면 당신을 대하는 남편의 방식이 변화될 것이다.

대부분의 여자들은 연애 시절에 남편으로부터 최고의 대우를 받았다고 말한다. 남자는 구애를 할 때 여자를 행복하게 해 줄 수 있다는 증거를 보여 주려 한다. 또한 어느 정도는 여자의 마음을 사로잡기 위해 그렇게 행동했다는 점도 고려할 필요가 있다.

연애시절을 떠올려 보라. 그때 남편이 당신을 행복하게 해 주었던 이유는 당신이 그를 왕처럼 대했으며, 그를 기쁘고 행복하게 하기 위해 최선을 다했기 때문이었다. 무조건적인 칭찬이 어떠한 결과를 가져다줄지 상상해 보라.

남편과 교감을 나누기 위한 최선의 방법은 남편이 가장 흥미를 가지는 분야에 관심을 기울이는 것이다. 남편의 가장 큰 관심사에 무관심하거나 짜증을 내고 무시한다면 남편은 자신이 그렇게 취급받고 있다고 느끼게 된다. 남편이 정말로 즐거워하는 일에 관심을 보이는 것은 대단히 중요하다.

남편을 진정으로 존경한다면 남편에게 의미 있는 모든 영역에 어느 정도는 관여하게 될 것이다.

이러한 욕구를 얼마나 만족시키고 있는지를 확인하고 싶다면 남편의 관심사와 취미활동에 참여하는 것에 대해 직접 물어보면 된다.

혹시 남편이 취미활동에 당신이 함께하는 것을 원치 않는다고 해도 놀라지 말아라. 여기에서 말하는 원리를 따르면 갈등을 피하기 위해 이러한 활동들을 이용하는 것과는 반대로, 남편은 당신과 교감을 나누기 위해 당신이 활동에 함께해 줄 것을 적극적으로 초대할 것이다.

칭찬에 대한 남편의 욕구를 만족시키는 주요 요소

칭찬을 통해 남자의 마음을 사로잡기 위해서는 다음과 같은 요소들이 필수적이다.

- 조건 없이 칭찬해야 한다.
- 말로 칭찬하고 행동으로 표현해야 한다.
- 예수님과 그분의 말씀의 성격에 부합해야 한다.
- 일관되게 칭찬해야 한다.
- 존경, 존중, 수용 및 감사에 대한 말이 수반되어야 한다.
- 아내는 요구받아 하기보다는 먼저 자발적으로 시작해야 한다.
- 관계 증진이 최우선 되어야 한다.
- '왕에게 어울리는 말'로 들려야 하고 인식되어야 한다.
- 온유한 심령으로 사랑을 담아 '마음'으로부터 해야 한다.

- 필요할 경우, 조용히 해야 한다.
- 남편이 칭찬을 받고 있다고 인식하고 인정해야 한다.
- 아내의 행동이 미치는 영향을 정서적으로 극대화하기 위해서는 아내는 성실하게 변화하고자 해야 한다.
- 결혼서약 정신의 좋은 본보기가 되어야 한다.
- 최소한의 정서적 에너지를 요구해야 한다.

아내가 남편을 왕으로 대접하는지 어떻게 아는가

그렇다면 우리는 어떻게 왕을 대접하는가? 여자들은 본능적으로 이 질문의 대답을 알고 있다는 것은 이미 앞에서 증명한 바 있다. 아내가 남편의 마음을 하루 안에 사로잡지 못하면 사랑하는 사람이 죽게 된 다는 사례를 떠올려 보기 바란다.

남편을 왕으로 대접하는지 아닌지를 알아보기 위해 다음의 질문에 답해 보라.

1. 남편에게 "아니오"라고 말하는가?
2. 남편에게 "내가 하기 싫은 것을 강요하지 마세요"라고 말하는가?
3. 남편의 인격에 대해 의문을 제기하는가?
4. 남편의 능력이나 업적을 말로 표현하는가?
5. 남편이 존경스럽지 않다고 느낄 만한 말을 남편에게 하는가?
6. 남편을 비판하거나 타이른 적이 있는가?
7. 남편에게 욕을 하거나 목소리를 높인 적이 있는가?
8. 남편에게 추하고 더러운 모습을 보인 적이 있는가?

9. 당신의 태도가 남편을 기쁘게 하지 못하면 어떻게 하나 걱정하는가?

10. 남편이 당신에게 요구하지 않았는데도 그의 한계와 문제점을 알려 주는가?

11. 남편의 생각과 행동 방식에 신뢰와 열심을 보이지 않은 적이 있는가?

12. 남편에게 칭찬하는 말을 하지 않는가?

13. 시간이 허락할 때에만 남편의 요구를 만족시키는가?

14. 다른 어떤 것이나 사람을 남편보다 우선시하는가?

두말할 필요 없이 이 질문들에 대한 올바른 대답은 "아니오"이다.

다음과 같은 질문에 스스로 대답해 보라.

왜 나는 남편을 사랑하고 그에게서 최선을 이끌어내길 원하면서 왕에게 어울리는 대우를 하지 않는가? 왕처럼 대우하면 남편은 최선을 다하게 마련이다!

남편을 왕처럼 대우하면 그는 자신이 칭찬과 존경을 받고 있음을 느끼게 된다. 남자에게 있어 존경은 사랑이다.

에베소서는 사랑과 존경을 동일시하고 있는데, 남편은 그리스도께서 교회를 사랑하신 것같이 아내를 사랑하고 아내들은 남편을 경외하고 존중하라고 말한다(엡 5:22-33). 당신이 남편을 존경할 때 남편은 당신을 사랑할 때 당신이 느끼는 것과 같은 감정을 느낀다.

이제 결론을 내려야겠다. 왕을 대하듯 남편을 칭찬하고 그의 성적 욕구를 채워 주어라. 그리고 그가 당신이 꿈꾸는 사랑할 줄 아는 남편으로 변화되는 것을 지켜보아라.

유능한 아내가 이긴다!

하나님은 부부들에게 그리스도를 두려워 하는 마음으로 서로 순종
하라고 가르치신다(엡 5:21). 그렇지만 하나님은 권위에 있어서는 남편
을 지도적 역할에 임명하셨다(창 3:16; 엡 5:23; 골 3:18). 남편은 종속적
인 역할을 하면서 왕의 대우를 받을 수는 없다. 왜냐하면 하나님이 남
편을 그렇게 설계하셨기 때문이다. 남편이 (리더십을 발휘하는 대신에)
자신의 리더십을 양보하고 포기하면, 이는 잘못하는 것이며 하나님의
뜻을 따르지 않는 것이다.

아내는 남편이 삶의 모든 영역에서 하나님의 말씀에 완전히 순종하
기를 바랄 것이다. 남편이 애정 표현 등의 결혼생활의 한 부분에서 실
패했다고 해서 다른 부분에서의 자격이 박탈되는 것은 아니다. 아내가

남편의 결정을 뒤엎는다면 이는 그의 지도력을 무력화시키는 것이다.

하나님은 수행할 능력이 없는 지도권을 주시지 않았다. 남편의 지도력에 순종하지 않는 것은 믿음이 부족하기 때문이다. 하나님께서 남편의 실수를 아내와 남편에게 유익한 교훈을 가르치는 데 이용하신다고 믿어라.

아내에게 필요한 교훈은 어쩌면 하나님을 믿거나 겸손해지는 것일지 모른다. 남편에게 필요한 교훈은 분별력이나 아내의 지성과 직관, 능력과 경험을 충분히 활용할 수 있는 능력일 것이다. 그러나 하나님이 남편에게 주신 권위가 아내가 줄 수 있는 그 어떤 자원보다 유용하다는 점에 유념하라. 따라서 아내가 남편의 권위에 도전한다면 위협을 느끼고 권위를 붙잡기 위해 더 애쓸 것이다. 결과적으로 남편은 아내가 주려고 하는 것—그것의 유용함과는 관계없이—에 저항할 것이다!

아내가 남편에게 옷을 입히려고 하는데 그가 부정적으로 반응한다면 어떻겠는가? 어쩌면 다시는 그렇게 터무니없고 모욕적인 일은 결코 하지 않겠다고 다짐할지도 모른다. 그러나 사실 아내는 남편 역할을 하고 남편은 아내 역할을 할 때 아내가 바로 그렇게 하고 있는 것이다.

많은 아내들이 자신의 동기와 행동의 최종 결과를 합리화하고 있다. 어떤 부인이 말한 것처럼, "남편은 내가 요청하지 않으면 아무것도 하지 않을 것이다." 아내가 '수단은 목적을 정당화한다'는 철학을 수용하고 있다면 내 말이 타당할 것이다(비록 남편이 남편의 역할대로 살고 있지 않다고 하더라도). 하지만 아내는 부부관계에서 아내의 역할을 따르도록 명령을 받았음을 알아야만 한다.

결혼에 대한 하나님의 아름다운 계획

하나님의 결혼에 대한 아름다운 계획은 남편과 아내가 서로 다른 책임을 수행하고 그 과정에서 타고난 서로의 욕구를 만족시킴으로써 함께 다스리고 서로 보완하는 것이다. 성경은 남자가 여자를 위하여 지으심을 받은 것이 아니라, 여자가 남자를 위하여 지으심을 받았다고 말하고 있다(고전 11:8-9). 그러므로 아내는 남편의 욕구를 만족시킬 때 최고의 행복을 경험하게 될 것이다. 당신은 남편과 한 몸을 이루어야 한다. 당신이 결혼생활에서 하나님께서 주신 역할을 받아들이고 따를 때 이와 같은 일이 현실이 될 수 있다.

반대로 남편은 아내와 자녀들을 부양함으로써 최고의 성취감을 경험한다. 하나님은 에덴동산에서 남편에게 부양자의 역할을 주셨다. 이것이 바로 남편들이 노동에서 그렇게 많은 성취감을 얻고 또한 직장을 잃었을 때 자아가 심하게 타격을 받는 이유이다. 하나님이, 아담과 하와가 불순종에 대한 처벌에 순종함으로써 최고의 성취감을 경험하도록 하셨다는 사실이 얼마나 놀라운가!

하나님이 보시기에 당신은 현명한가?

남편의 욕구를 잠언 31장 12절에 묘사되어 있는 방식으로 만족시켜 준다면 현명하게 결혼생활을 이끌고 있는 것이다. 잠언 31장 12절은 이상적인 아내는 살아 있는 동안 선행으로 남편을 위로하고 격려하며 해를 입히는 일이 없다고 말한다.

만일 아내가 '선행'으로 남편을 돕지 않는다면 남편에게 '악행'이 아니면 '악'을 행하는 것이 틀림없다. '선행'을 한다는 것은 하나님의 말씀대로 살고 행한다는 의미이다. 순종의 반대에 거역이 있다.

구약성경 사무엘상 15장 23절에서 말하고 있는 거역에 대하여 묵상하라.

거역하는 것은 점을 봐주는 죄와 같고,
고집을 부리는 것은
우상을 섬기는 죄와 같습니다.
임금님이 주의 말씀을 버리셨기 때문에,
주께서도 임금님을 버려
왕이 되지 못하게 하셨습니다.

아내가 남편을 '선행'으로 대하고 있는지 알아볼 수 있는 척도는, 아내의 행동이 남편의 관점에서 볼 때 위로와 만족감을 주는지를 검토하고 남편에게 피드백을 구하는 것이다.

더구나 하나님의 눈에 현명하게 보이기 위해서 아내는 남편의 돕는 사람이 되어야 하며(창 2:18), 남편의 집에 열매를 많이 맺는 포도나무와 같고(시 128:3), 부지런히 손을 놀려 일하기를 즐거워해야 한다(잠 31:13).

아내는 남편과 자녀를 사랑하며, 신중하며, 순결하며, 선하며, 남편에게 순종하는 사람이 되어야 한다. 이는 하나님의 말씀이 비방을 받지 않게 하려는 것이다(딛 2:4-5). 하나님은 남편을 이와 같이 수용을 받으며 반응하도록 창조하셨다.

완전한 결혼은 이런 측면에서 남편을 어느 정도까지 만족시킬 수 있느냐에 달려 있다. 그렇다! 당신이 먼저 변화해야만 한다.

적응한다는 의미는 당신의 삶이나 행동을 남편에 맞춰 융통성을 발휘하는 것이다.

하나님은 아내를 남편을 돕는 사람, 곧 그에게 알맞은 짝으로 만드셨다(창 2:18). 남편을 사랑하려면 이와 같은 욕구를 만족시킬 필요가 있다. 결혼서약을 할 때 당신은 이에 엄숙하게 동의했다.

다시 말하면, 당신은 하나님이 정하신 대로 자신을 남편에게 맡기겠다고 서약한 것이다.

남편에게 순응하기

자신을 남편에게 맞추면 다툼이 사라질 것이다. 이는 또한 남편을 자녀보다 우선에 두고 자녀들의 욕구를 만족시키는 것과 똑같은 방법으로 남편의 욕구를 채워 준다는 것을 의미한다.

사실 자녀들의 요구는 너무 많기 때문에 나는 아내들에게 이 요구에 어떻게 대응해야 하는지 그리고 필요한 질적인 시간을 위해 어떻게 에너지를 조절하면 좋겠는지 남편에게 의견을 구하라고 말한다. 그런 다음 남편의 제안을 그대로 받아들여야 한다. 거스르면서 동시에 따를 수는 없다. 당신이 아이들을 돌보느라 진이 빠졌다해도 남편의 욕구가 사라지는 것은 아니다.

남편에 대한 사랑을 실천하는 것은 사랑 때문인가 아니면 편의상 그렇게 하는 것인가?

아내들은 "단지 어린아이일 뿐입니다. 아이들은 나를 필요로 하며 혼자서는 아무것도 못한답니다"라는 말을 자주 한다. 한 가지 책임을 수행하기 위해 다른 책임을 소홀히 하는 것은 하나에서 하나를 빼거나 한 발 앞으로 나아갔다가 다시 한 발 물러나는 것과 다르지 않다. 아내만이 만족시켜 줄 수 있는 남편의 욕구가 있다. 이것이 하나님이 여자를 창조하신 이유이며 또한 남편에게 순응하라고 명하신 이유이다.

아내는 남편과 하나 되어 일하고, 남편을 으뜸으로 여겨야 한다. 욕구가 충족된 남편은 자기에게 몰두하지 않고 당신에게 협조할 것이다.

자녀가 밤에 울거나, 아침에 배고파하거나, 마음이 상했을 때 아이들을 무시하거나 소홀히 대한 적은 없는지 생각해 보라. 만약 그런 경험이 있다면 자녀들은 불만스럽게 행동할 것이다.

당신은 "그래, 하지만 아이들은 아직 어리지만 남편은 어른이야!"라고 말하고 있는가? 성경 어디에도 남편의 욕구가 자녀의 욕구보다 중요하지 않다는 언급은 없다. 참 난감하다고 말하기 전에 남편을 으뜸으로 대우하고 하나님이 당신과 자녀들의 삶에 어떻게 개입하는지를 지켜보라. 아마 스스로 자신을 낮추는 남편을 보고 놀라게 될 것이다.

나는 자녀 양육 문제에서 한 발 물러서 있는 남편들은 자주 본다. 아내가 남편에게 양육 문제에 대한 최종적인 조언을 부탁하면, 남편은 자신이 존경받고 있음을 느끼게 된다. 분명 하나님은 여자에게 자녀를 돌보는 타고난 기술을 주셨다. 하지만 아내가 이 영역을 전부 지배하고 있다는 느낌을 남편이 갖지 않도록 해야 한다.

마음에서 우러나 남편에게 자신을 맞추면 당신이 완강하게 붙잡아 온 지배의 영역에 대하여 남편이 기꺼이 양보하게 된다.

이쯤 되면 다음과 같은 질문을 해 볼 수 있다. "나의 욕구는 어쩌란 말인가? 남편도 나에게 해 줘야 할 것이 있지 않은가?"

남편의 욕구와 자신의 책임보다 자신의 욕구와 남편의 책임에 대해 더 생각하고 있다면 마음에서 우러난 무조건적이며 희생적인 사랑의 핵심을 놓치게 된다.

남편에게 순응하는 데서 오는 보상

퇴근해서 돌아온 남편이 회사에서 일을 하느라 진이 빠져서 당신의 가장 중요한 욕구를 만족시켜 주지 못하겠다고 핑계를 댄다면 기분이 어떻겠는가. 당신이 너무나 지쳐서 남편의 욕구 특히, 성적 욕구를 채워 줄 수 없다고 말할 때 그도 같은 기분을 느낀다.

남편의 행복을 위해 남편에게 얼마나 순응하려고 노력하는가?

적응은 골프, 축구, 독서, 술자리 같은 당신이 흥미를 느끼지 못하는 활동을 하거나 참여하는 것을 요구한다. 또한 남편에게 순응한다는 것은 육체적인 친밀함은 물론 남편이 원하는 것에 즉시 반응하도록 사고방식을 개발하는 것이다.

사랑을 실천하려면 기꺼이 희생하고 남편의 최고선을 고려해야 한다. 그렇다. 인간의 관점으로 보면 희생은 비합리적일 뿐이다. 그러나 성경은 주님을 위하여 당신의 목숨을 잃고자 하면 구할 것이라고 말한다(막 8:35; 요 12:25 참조). 남편을 기쁘게 하는 일이 곧 주님을 기쁘게 하는 일이다.

그리스도는 자신이 범하지 않은 죄를 위하여 십자가에서 고통스럽게 죽는 '비합리적인 일'을 기꺼이 하셨다. 그리고 모든 사람을 위해 많은 놀라운 일들을 행하셨다. 그렇다면 희생이 따르기 마련인 배우자로서의 의무를 귀하게 여겨야 하지 않을까?

남편은 당신의 기분과 감수성을 예민하게 감지하고 있다. 그러므로 남편의 욕구를 충족시키는 일이 별로 즐겁지 않다는 신호를 보내지 말아야 한다.

남편의 욕구를 충족시키는 과정에서 사랑하는 아내로서가 아니라 피해자인 양 행동한다면 이는 사랑의 정신을 훼손하는 것이다. 당신이 정서적·육체적으로 지쳐 있다는 사실을 남편이 알고 자신의 욕구를 희생하기로 한다면, 왜 당신은 남편의 욕구를 만족시켜 주겠다고 할 수 없는가? 욕구를 채우지 못한 남편은 오랫동안 감정적인 불편함이나 고통을 겪어야 한다. 그러나 당신이 짧은 시간 동안 조금만 노력을 기울여도 남편의 욕구를 만족시켜 줄 수 있다.

남편이 출근할 때 "시간 없어. 가야 해!"라며 당신에게 키스하는 시간조차 주지 않는다고 생각해 보라. 정말 잠깐이면 되는 당신의 요구가 거부당했을 때의 정서적 고통은 당신의 욕구를 만족시킴으로써 남편이 겪을 불편이나 의무보다 훨씬 크고 오래 가지 않겠는가?

당신의 실망을 남편이 알았다면 그가 왜 이기적인 행동을 했는지 해명해 주기를 기대하지 않겠는가? 이런 일이 자주 일어나지 않는다면 그냥 이해하고 넘어갈 수도 있을 것이다. 그러나 시간이 흐르면 남편이 당신의 욕구를 만족시켜 주기 싫어 이런저런 핑계를 대고 있다는 결론을 내릴 것이다. 남편도 한순간이거나 영원한 자신의 욕구가 지속적으로 만족되지 않을 때 같은 기분을 느낀다.

남편이 만족하지 못할 때 어떤 기분을 느낄지 생각해 본 적이 있는가?

아내는 남편이 정서적으로 둔감하다고 불평한다. 남편은 언쟁이나 다툼을 피하기 위해 자신의 감정을 차단하거나 억제하도록 학습되어 왔기 때문에 그럴 수밖에 없다. 남편의 욕구를 만족시키기 위해 노력해 보라. 그러면 그는 마음을 열고 당신이 행복하도록 하기 위해 최선을 다할 것이다.

하나님은 남편에게 가족을 부양할 수 있도록 타고난 욕구와 능력을 주셨다. 남편은 정서적 수준에서 당신과 친밀해지기를 원한다. 따라서 남편이 수월하게 마음을 열 수 있도록 만들어 줄 필요가 있다.

남편의 욕구를 만족시킬 수 없는 통제 불가능한 위기나 피치 못할 어려운 상황이 있을 수 있다. 그래도 보통의 사람이라면 남편의 욕구를 채워 주지 못한 것이 마음에 걸릴 것이다. 그리고 이러한 이해할 만한 상황, 특히 당신의 '소모적 스케줄' 때문에 발생하는 일들이 빈번하지 않도록 노력해야 한다.

스케줄을 변경할 순 있어도 남편의 욕구는 바꿀 수는 없다. 남편의 최우선적인 욕구는 당신의 욕구와 다르다. 그러므로 당신의 시간과 에너지 그리고 마음을 남편의 욕구를 채우는 데 모아야 한다. 남편은 욕구를 채우는 것이 역부족일지라도 남편에게 충실하다면 그는 당신의 스케줄에 대해 책임을 느끼고 무시당했다고 생각하지 않을 것이다.

좋은 아내는 일생 동안—충분한 시간과 에너지가 있을 때가 아니라—남편에게 선을 행한다. 잠언 31장의 아내는 가족의 모든 욕구를 만족시키기 위해 자기 시간을 아주 열심히 계획적으로 관리한다. 하나님은 이러한 여인을 찾아보기 힘들지만 보석보다 훨씬 가치가 있는 유능한 여인이라고 말씀하신다. 이러한 여인은 분명히 드물다. 그러나 남편은 하나님께서 원하시는 모든 것이 준비된 아내를 칭찬하며 모든 여인 중 으뜸으로 여긴다.

완전한 결혼을 원한다면 어렵고 때론 비합리적으로 보이는 일을 감당해야만 한다. 그 기준은 훨씬 높을 것이다. 노력의 열매를 거두기 위해 오랫동안 씨앗을 뿌려야 한다. 그리고 시험당하고, 목숨을 얻기 위해 목숨을 버려야 한다. 그러나 그로부터 오는 영광을 얻은 후에는 사도 바울이 그러하였듯이 그런 것들을 가벼운 환란, 하찮은 괴로움 이라고 여기게 될 것이다.

유능한 아내

나는 이 책에서 잠언 31장의 아내를 여러 번 언급했다. 잠언 31장 10절에서 31절까지에 나와 있는 지혜롭고 유능한 아내에 대한 하나님 의 이상형을 살펴보자.

누가 유능한 아내를 맞겠느냐?
그 값은 진주보다 더 뛰어나다.
남편은 진심으로 아내를 믿으며
가난을 모르고 산다.
그의 아내는
살아 있는 동안,
오직 선행으로 남편을 도우며,
해를 입히는 일이 없다.
양털과 삼을 구해다가,
부지런히 손을 놀려 일하기를 즐거워한다.
또한 상인의 배와 같이,
먼 곳에서 먹을거리를 구하여 오기도 한다.
날이 밝기도 전에 일어나서
식구들에게는 음식을 만들어 주고,

여종들에게는 일을 정하여 맡긴다.
밭을 살 때에는 잘 살펴본 다음에 사들이고,
또 자기가 직접 번 돈으로
포도원도 사서 가꾼다.
허리를 단단히 동여매고,
억센 팔로 일을 한다.
사업이 잘 되어 가는 것을 알고,
밤에도 등불을 끄지 않는다.
한 손으로는 물레질을 하고,
다른 손으로는 실을 탄다.
한 손은 펴서 가난한 사람을 돕고,
다른 손은 펴서 궁핍한 사람을 돕는다.
온 식구를 홍색 옷으로 따스하게 입히니,
눈이 와도
식구들 때문에 걱정하는 일이 없다.
손수 자기의 이부자리를 만들고,
고운 모시옷과 자주색 옷을 지어 입는다.
남편은 마을 원로들과 함께
마을회관을 드나들며,
사람들의 존경을 받는다.
그의 아내는
모시로 옷을 지어 팔고,
띠를 만들어 상인에게 넘긴다.
자신감과 위엄이 몸에 배어 있고,

미래에 대한 두려움이 없다.

입만 열면 지혜가 저절로 나오고,

혀만 움직이면

상냥한 교훈이 쏟아져 나온다.

집안 일을 두루 살펴보고,

일하지 않고 얻은 양식은 먹는 법이 없다.

자식들도 모두 일어나서,

어머니 업적을 찬양하고

남편도 아내를 칭찬하여 이르기를

"덕을 끼치는 여자들은 많이 있으나,

당신이 모든 여자 가운데 으뜸이오" 한다.

고운 것도 거짓되고,

아름다운 것도 헛되지만,

주님을 경외하는 여자는 칭찬을 받는다.

아내가 손수 거둔 결실은

아내에게 돌려라.

아내가 이룬 공로가

성문 어귀 광장에서 인정받게 하여라.

유능한 아내의 품성

유능한 아내는 정서적·육체적·영적으로 강하다. 약하거나 의존
하지 않으며, 감정적으로 반응하지 않으며, 게으르지도 연약하지도
않다. 유능한 아내는 남편의 삶에서 귀중한 보배이다.

하나님은 유능한 아내를 보석보다 더 귀하게 여기신다. 그런 아내가 가정과 결혼생활에 기여하는 바는 값을 매길 수 없다. 그녀는 가정에 색깔과 사랑과 기쁨과 에너지와 생명을 가져다준다.

또한 남편에 대한 충성은 다른 데서 찾기 어려울 정도이며, 이로 인해 남편은 아내를 크게 신뢰하게 된다. 남편은 아내의 성품이나 정서적 반응, 돈과 시간을 어떻게 관리하는지 전혀 걱정하지 않아도 된다. 아내의 성격과 품성은 그녀로 남편의 척추가 되게 한다.

유능한 아내는 매일 남편에게 가능한 모든 선을 아낌없이 행하고, 남편에게 유익이 되도록 자신의 삶과 가정을 정상적으로 운영한다. 헌신하는 아내는 모든 가능한 방법으로 남편의 삶을 편하게 하면서 남편을 사랑하고, 섬기며, 존경하며, 격려하며, 지원한다. 그러나 남편을 기쁘게 하는 것에 대한 어떠한 보상도 바라지 않는다.

유능한 아내는 집 안에서 기꺼이, 기쁨으로, 창조적으로, 부지런히 수고한다. 유능한 아내는 집 밖에서 가족의 질 높은 삶을 위해 물건들을 사려고 시장을 부지런히 다니며, 그를 위해 멀리 가는 것도 마다하지 않는다. 사랑이 있으므로 가족을 위해 몇 킬로미터를 더 갈 마음이 있다.

또한 유능한 아내는 무엇이 가족에게 장기적으로 최선인지를 조심스럽게 선택하는 데 있어서 솔선하는 지도력과 지혜로운 판단력을 지니고 있고, 행동하기 전에는 조심스럽게 상황을 분석한다.

부지런한 여인으로서 그녀는 저녁까지 끈기 있게 지속적으로 일한다. 그리고 언제나 남편과 가족의 필요를 채우는 것이 기쁘기 때문에 항상 명랑하다. 더구나 유능한 아내는 가난한 사람을 힘이 닿는 데까지 돕는다.

본래 유능한 여인은 모든 식구들의 필요를 넉넉히 채우려는 마음이 있고 남편의 욕구를 결코 소홀히 하지 않는다. 최고의 아내가 되기 위해 끊임없이 노력하며, 왕에게 어울리는 가정을 만들려고 한다. 그리고 남편을 지원하고 격려하여 성공으로 이끌며 세상에 영향을 미치게 한다.

한마디로 말해서 그녀의 사랑과 무조건적인 지원은 남편의 잠재력을 끌어내고, 그 결과 하나님의 소명을 이룰 수 있도록 한다.

훌륭한 아내는 남편의 면류관이다(잠 12:4 참조). 면류관은 명예를 가져온다. 남편의 성공은 부부에게 유익을 가져다준다. 아내의 헌신이 이를 가능하게 한다.

유능한 아내는 친절하며 지혜롭다. 언행을 신중히 한다. 남편이 잘못하거나 비합리적이거나 남편과 아버지로서의 의무를 소홀히 할 때 먼저 기도한다. 그녀는 주님께 하듯 남편을 기쁘게 하는 데 전념하며, 심지어 남편이 하나님이 원하시는 것을 하지 않을 때에도 그렇게 한다.

유능한 아내는 가족의 사정을 살펴 가사를 꾸린다. 항상 깨어 경청하며, 가족들의 행동양식과 습관을 주의 깊게 살피고, 집안에서 일어나는 모든 일을 낱낱이 알고 있다. 가정에서 그녀는 언제나 생산적이며 자녀들의 가능성을 개발하고 책임을 이행하게 한다. 또한 그녀는 자녀들에게 주님을 사랑하고, 경외하며, 섬기라고 가르친다. 자녀들은 남편을 위해 헌신하는 어머니를 통해 신실함과 순종을 자연스럽게 배운다. 이렇게 되면 남편은 훌륭한 아내에게 매료되어 아내를 '최고의 여인'으로 존경하게 된다.

유능한 아내는 주님을 사랑하는 여인이다. 하나님이 보시기에 아름다운 이 여인은 외모보다는 내적 성품에 관심을 기울인다. 진정한 아름다움은 주도권과 실천과 원칙과 관련하여 그리고 남편이 그녀의 기대를 만족시키지 못할 때 어떻게 반응하는지 등과 관련하여 나타난다. 유능한 아내는 진정으로 칭찬받아야 하므로 보상이 없을 리가 없다. 그녀의 태도와 행동과 공로는 찬란하게 빛나는 보석과 같이 눈에 띨 것이며 칭찬받을 것이다. 유능한 아내의 작품 그 자체가 그녀의 이름에 기념비가 된다. 그녀의 내적 아름다움은 남편의 반짝이는 눈에 반사된다. 유능한 아내는 진정으로 모든 여인들이 따라야 할 아름다운 역할모델이 된다. 무엇보다도 그녀는 하나님이 보시기에 매우 아름답다!

하나님은 여성을 유능하고 훌륭한 아내가 되도록 창조하셨다. 그렇다. 당신도 주님의 도움으로 잠언 31장의 아내가 될 수 있다. 당신이 유능한 아내가 되는 것은 하나님의 뜻이다. 주님께 마음을 바치고 그의 계명에 순종할 때 당신의 약함은 그의 능력으로 강해질 것이다. 이것이 하나님의 완전하신 뜻이다. 하나님의 완전하신 뜻을 실천하는 것은 완전한 결혼을 이루는 데 매우 중요하다.

아내들이여! 잠언 31장의 여인이 당신 마음속에 있다. 주님을 완전하게 신뢰하고 그 여인을 포용하라!

응답하는 자가 되라

하나님은 남편이 그리스도의 역할을, 아내가 교회의 역할을 하도록 하셨다. 따라서 신랑인 그리스도가 주도하고 신부인 교회가 반응한다. 그러므로 남편이 주도자이고 아내가 응답자가 된다. 아내는 남편의 리더십과 지시와 욕구에 불쾌해 하거나 저항하지 말고 응답해야 한다. 주님께 하듯 진정으로 응답하면 당신은 반응적으로 행동할 것이다.

모순처럼 보일지 모르지만 응답하는 자로서의 아내의 역할을 다하려면 요구받지 않아도 주도해야 할 것이다. 가족과 남편을 위해 뭔가를 하기 전에 남편의 지시를 기다려야 한다면, 이는 부모-자녀의 관계와 다름없다. 어쩔 수 없이 돕는 무기력한 자가 아닌 적극적으로 도움을 주는 자가 되어야 한다.

많은 남편들이 아내가 성관계를 주도하지 않는다고 불평한다. 응답자로서의 역할을 다하려면 성관계와 같은 영역에서 아내가 주도해 주길 원하는 남편의 요구에 응답해야 한다. 진정으로 반응하려면 진정으로 반응적이어야 한다.

잠언 31장의 아내는 주도적이다. 남편과의 관계에서 그녀는 응답자가 되고 그 결과 남편은 아내에게 반응적이 된다. 이는 우리가 주님과 갖는 관계와 같은 유형의 관계이다. 우리가 하나님의 뜻에 반응할 때, 하나님은 우리의 필요와 우리 마음속 깊은 곳의 소원에 응답하신다.

훌륭한 아내는
왕비의 자리에 앉는다

남자들은 무엇을 하든 성공해야 할 필요가 있다. 그러나 때로는 직장이나 가정에서 여러 가지 문제가 일어날 수 있다. 남자에게는 관계상 어려움을 비롯해 문제가 있는 상황에서 자신이 제시하는 관점이나 해결책을 통해 칭찬을 받으려는 욕구가 있다.

아내가 특정 문제에 접근하려 한다면 남편이 그 문제를 해결할 수 있는 방법을 갖고 있다고 전제하고 접근하는 것이 중요하다. 비판하거나, 분석하거나 고치려 하거나, 흥분해서는 안 된다. 그렇게 하면 남편은 자신이 신뢰받지 못하고 있고, 무능하다고 느끼게 된다.

당신이 '신경을 건드리고' 있다고 남편이 느낀다면 당신은 그렇게 행동하고 있는 셈이다. 그리고 남편이 대부분의 결정을 당신에게 양보하는 편이라면 그것은 잠재적인 갈등이나 지루한 논쟁을 회피하고 싶어서일 것이다.

여기서 중요하게 고려해야 할 것은 요청을 받지 않았는데도 당신의 의견이나 분석 등을 말하는 것을 남편이 어떻게 생각하느냐는 것이다.

남편이 신경질을 내거나 냉담하거나 무신경한 태도를 보이면, 당신의 행동을 남편이 어떻게 생각하는지 물어보아라. 남편이 솔직하게 대답을 하지 않는다면 '경찰 효과'를 겪고 있는 것이다.

신적 질서 속에 하나님이 설계하신 역할과 책임

하나님이 세워 주신 질서는 신약에서 몇 차례 언급되고 있다(엡 5:22-24; 골 3:18; 딛 2:4-5; 딤전 2:9-12; 벧전 3:1-6; 고전 11:3). 여기에는 순종이 열등하다는 말씀이 전혀 없다. 예수님은 하나님과 동등한 분이지만 전적으로 순종하셨다. 순종은 일의 분담과 관련된다. 남편과 아내의 역할과 책임을 규정하는 일의 분담은 하나님의 권위 아래 있다.

복종은 다음과 같은 하나님의 신적인 질서를 따른다.

하나님
예수님
남편
아내
자녀

도발적인 단어, 복종

사실 '복종'이라는 말에 불편해 하거나 방어적이지 않은 여성들은 거의 없다. 대부분의 목사들은 복종이란 말을 언급하는 것조차 꺼리는 듯하다. 그러나 성경은 복종에 대하여 수없이 말하고 있다. 가정의 전체적 구조와 기능은 복종에 기대고 있다. 복종은 중요할 뿐만 아니라 행복하고 건강한 결혼을 위해 꼭 필요하다.

복종한다는 말은 통제와 의지를 넘겨준다는 의미이다. 그러나 현대 사회는 가족적 환경에서의 복종을 받아들이지 않으며, 그로 인해 많은 사람들이 곤란을 겪고 있다. 부부간의 불화는 최고조에 달하고 있다. 복종의 기준은 상담 상황에서는 존재하지 않는다. 협상과 공정한 싸움만이 실천의 규범이 될 수 있다. 신의 질서에 복종하지 않는 것에 대해 책임 추궁을 당하기 전에는 주관적인 사고와 상황적 윤리로 인해서 결혼과 가족 구조는 계속해서 파괴될 것이다.

하나님의 말씀은 당신이 아내로서 주께 하듯 남편에게 복종할 것을 가르친다. 이는 하나님의 말씀이며 뜻이다.

최근에 나는 한 부인을 상담했다. 그 부인은 복종을 강요하는 것은 폭력과 다르지 않음을 남편에게 직접 말해 줄 것을 내게 강하게 요청했다.

나는 그 부인에게 세련된 표현으로 그것은 나에게 사실상 하나님을 거역하고 자기 편을 들어 달라고 하는 것과 마찬가지라고 말해 주었다. 당신도 남편에게 이렇게 하고 있지는 않은가?

복종에 관한 하나님의 명령을 무시하거나 방어적인 태도를 보인다면 하나님을 대적하는 편에 서는 것이다. 이러면서 어떻게 완전한 결혼생활을 바랄 수 있는가? 남편의 동기가 지배적이고 이기적이라 해도 하나님의 말씀과 뜻을 부정하거나 폐기시키지는 못한다.

나는 이 책 전체를 통해 복종의 열매를 되풀이하여 말하고 있다. 복종이 행복이라는 커다란 열매를 바로 안겨 줄 것이라 생각하는 심리는 믿음이 아닌 물질로써 살려고 한다는 증거이다. 또한 사랑의 요건들을 삶에 적용하려는 태도도 아니다. 당신에게는 모든 욕구를 충족시킬 권리가 있다는 사실을 기억하라. 그리고 남편이 당신에 대해 권위를 갖는 것과 동시에, 이 권위에는 그리스도께서 교회를 사랑하듯 당신을 사랑할 책임도 수반된다. 남편은 당신에 대한 권위를 행사하는 위치에서 그의 행동의 결과에 직면하게 될 것이다. 그렇지만 남편에게 기꺼이 복종하지 않는 한 남편은 그 책임을 질 수 없다. 복종은 전적으로 당신 자신이 선택할 문제이다.

사랑의 마음으로 복종하기 위해서는 겸손하게 자신을 낮추고 믿음을 가져야 한다. 하나님은 이렇게 할 때 당신이 있는 곳에서 당신을 높이고 은혜를 주시겠다고 약속하셨다(마 23:12; 약 4:6).

보호의 우산, 복종

복종은 아내에게 보호의 우산을 제공한다. 왜냐하면 복종이 가져다 주는 유익 중 하나가 보다 높은 권위 아래 있게 하는 것이기 때문이다. 우리가 하나님의 뜻에 복종하면 하나님의 보호를 받게 된다. 내 경험을 하나 이야기해 보겠다.

내 아들은 집에서 거실에 있는 욕실 청소를 담당하고 있었다. 어느 날, 세미나 시간에 맞추기 위해 나는 침실에 딸린 화장실에서, 아내는 거실 욕실에서 샤워를 하기로 하였다. 아내가 샤워를 마치고 나오자 아들이 청소를 했는데도 여전히 더러웠다.

아내는 내가 요구하는 방법을 따르는 대신 아들과의 갈등을 피하기 위해 손수 바닥을 닦았다.

아내가 생각하기는 자신이 잠깐 청소하는 편이 아들과 논쟁하는 것보다 나았다. 그런데 이 과정에서 커다란 나무 조각이 아내의 손가락에 박히고 말았다. 너무 깊게 박혀서 병원에 가서 어렵게 빼내야만 했다.

결국 아내는 손가락에 반창고를 붙인 채 세미나에 두 시간 늦게 나타났다.

아내의 의도는 '평화를 유지'하려는 것이었다. 그러나 아내는 나의 바람에는 복종하지 않았다. 아들에게 양심적으로 일해야 하는 이유와 불순종에는 그만한 결과가 따른다는 사실을 가르칠 기회를 놓쳤던 것이다. 이 문제를 혼자서 처리하려고 한 순간 아내는 하나님의 보호를 벗어나게 되었다.

어쩌면 당신은 남편이 비합리적이고 지나치게 엄격하다고 생각할지도 모른다. 비록 그러하다 할지라도 자신의 논리를 강하게 내세우거나 자신을 정당화하는 것이 하나님의 말씀이나 불순종의 결과를 바꾸지는 못한다.

당신은 남편의 머리됨에 복종하는 문제를 포함하는 모든 상황에서 복종해야만 한다. 물론 당신은 스스로를 사랑하고 하나님께 남편의 결정에 대해 호소할 수 있는 자유를 갖고 있다.

주님의 뜻을 따르면 주님은 모든 일에서—당신과 남편과 자녀 모두를 위하여—선을 이루실 것이다.

당신은 '말없이' 남편의 마음을 사로잡을 수 있다!

성경의 모든 말씀은 진리이다. 물론 하나님의 약속이나 그 말씀에 순종한 결과에 의문을 가질 수도 있다. 하지만 그러는 가운데 자신의 필요나 욕구나 입장을 지지해 주는 말씀만을 선택적으로 받아들이게 될 수 있다.

나는 아내의 복종에 관한 성경 말씀을 진심으로 받아들이지 않는 남편은 지금껏 만나 보지 못했다. 여자들은 아내의 복종이 논의의 주제가 되면 그리스도가 교회를 사랑하고 교회를 위하여 자신을 내어 준 것처럼 남편들도 아내를 사랑해야 한다는 말씀을 들고 나온다.

상대방이 복종을 해야 한다는 성경 말씀 때문에 부부 사이의 다툼이 많이 일어난다. 많은 아내들이 남편이 그리스도와 같은 방법으로 사랑해 주어야만 남편에게 복종하려고 한다. 배우자와 불화를 푸는 열쇠는 언제나 사랑의 옷을 입는 것이다.

나는 이미 남편에게 칭찬의 욕구가 얼마나 중요한지를 얘기했다. 칭찬의 표현은 말로 해야 한다. 이는 어찌 보면 "아내 여러분, 이와 같이 여러분도 남편에게 순종하십시오. 그렇게 하면, 비록 말씀에 순종하지 않는 남편이라 할지라도, 아내의 말없이 행하는 행실을 통하여 구원을 얻게 될 것입니다"라고 말하는 베드로전서 3장 1절의 말씀과 모순인 것처럼 보인다. 이 말씀은 남편의 행위와 상관없이 아내의 복종하는 마음을 분명히 지지하고 있다. 여기에는 남편이 친절하지 못하거나 비합리적일 때에도 순종해야 한다는 것이 분명히 포함되어 있다.

말없이 남편의 마음을 사로잡는 비결은 온유하고 정숙한 마음을 나타내는 것이다. 여기에는 남편이 저항하더라도 조용한 태도를 유지해야 한다는 것이 포함된다. 남편의 저항에 맞서 남편의 실수나 당신의 더 좋은 생각을 전달하려는 것은 의도는 옳을지 모르지만 잘못하는 것이다.

저항하는 남편을 변화시키려 하면 부정적인 결과가 따른다. 남편은 정서적으로 거리를 두거나 아니면 투쟁적으로 변한다. 이런 행동은 자신이 칭찬이나 존중을 받지 못한다는 인식에서 비롯된다. 남편의 부정적 반응은 또한 당신의 부정적인 행동을 유발할 수 있는데, 이는 문제를 악화시킬 뿐이다.

하나님은 남편들을 아내들의 명령이 아니라 행실에 반응하도록 설계하셨다. 어쩌면 당신은 남편에게 명령하거나 통제하지 않는다고 생각할지도 모른다. 당신의 사고와 일치하는 않는다고 해서 남편에게 화를 내는 것은 명령과 다를 바 없다.

남편이 공정하지 않다고 느껴진다면 혹 당신이 남편에게서 정서적으로 거리를 두고 있지는 않은지 생각해 보라. 만약 그렇다면 그것은 죄책감을 느끼게 하기 위해서인가? 아니면 남편이 당신을 괴롭혔다고 느끼게 하기 위해서인가?

그리스도를 두려워하는 마음으로 서로 순종하십시오

그리스도를 두려워하는 마음으로 서로 순종하라는 에베소서 5장 21절의 말씀을 잘못 해석하는 사람들이 가끔 있다. 이 성경 말씀이 배우자의 순종에 대한 여타의 모든 성경 말씀을 부인하는 식으로 해석되어서는 안 된다.

성경 말씀은 문맥 안에서 해석되어야 하지만 하나님은 혼란의 창조자가 아니다.

에베소서 5장 21절이 "아내이신 여러분, 주님께 순종하는 것같이, 남편에게 순종하십시오"라는 말씀으로 이어지는 것에 유의하기 바란다.

에베소서 5장 21절의 말씀이 남편이 아내의 권위에 순종해야 한다고 가르치면서 왜 바로 다음 절에서는 남편에게 순종하라고 가르치고 있는가?

또한 부부가 서로 순종하라는 모순된 가르침은 대등하고 동등한 권위 사이를 끊임없는 정체와 궁지로 몰아가지 않겠는가?

나는 이 말씀의 깊은 뜻이 부부 상호간의 욕구를 만족시키는 사랑을 실천함으로써 서로 섬기는 것이라고 믿는다. 부부의 사랑은 권리이기 때문이다.

고린도전서 7장 3절, 4절은 부부는 서로 아내와 남편으로서의 의무를 다하고, 자기 몸을 마음대로 주장하지 못한다고 말하고 있다. 서로의 욕구를 만족시키기 위해서는 호혜적인 복종을 필요로 한다.

에베소서 5장 21절 이하는 순종의 순서에 관한 구체적인 가르침이다. 따라서 에베소서 5장 21절은 평등한 수준에서의 호혜적인 수평적 복종이 아니라(높은 권위에서 낮은 권위로) 수직적 복종을 말하는 머리말로서 해석해야 한다.

결혼생활에서 복종은 높은 권위에서 낮은 권위로의 관계, 즉 그리스도와 교회의 관계를 반영해야만 한다.

그러나 부부는 둘이 한 몸이 되기 때문에 이와 같은 성경적 계명에 배우자가 순종하는지 여부에 영향을 받는다. 남편은 아내에게 복종을 강제할 수 없으며, 척추와 같은 아내가 거역한다면 머리로서의 남편의 역할이 무기력해진다. 반대로 남편들이 아내들을 사랑하고 있을 때에는 사실 자기 자신을 사랑하고 있는 것이다(엡 5:28-31).

당신은 왕을 휠체어에 앉혀 놓았는가?

왜 남편을 왕처럼 대접해야 하는지는 이미 앞에서 이야기했다. 경찰이 왕을 휠체어에 밀어 앉히는 장면을 상상해 보라. 이는 하나님이 남편에게 위임하신 권위를 인정하지 않고 다른 방법으로 남편을 지배하려고 할 때의 당신의 모습과 같다. 아내로서의 역할은 남편을 기쁘게 하는 것이지 남편을 '단속' 하는 것이 아니다.

당신의 남편은 가택 연금 상태에 있는가?

남편을 기쁘게 한다는 것은 그를 지지하고 또한 그의 척추 역할을 한다는 의미이다. 이렇게 하면 남편은 든든히 일어서서 지도적 역할을 훌륭하게 수행할 것이다. 그러나 척추가 없으면 남편은 불구가 되어 휠체어에만 앉아 있어야 한다. 남편이 지도적 역할에 적합하지 않았다면 하나님이 그를 가정의 머리로 만들지 않았을 것이다. '하는 일 없이 텔레비전이나 보면서 시간을 보내는' 남편과 사는 아내들은 대개 남편을 '잡고 있다.' 이러한 아내들은 인도하고 가정을 다스리며, 변화를 주도하고 대부분의 결정을 내린다. 그 이유를 물으면 그녀들은 그런 사실을 부인하거나 가정의 기강을 바로잡으려면 어쩔 수 없다고 말한다.

만일 남편이 하는 일 없이 텔레비전이나 보면서 시간을 보내고 있다면, 당신은 그런 것보다 더 매력적인 말이나 일을 할 필요가 있다. 또한 남편의 결정을 지지할 필요가 있다. 자의든 타의든 당신이 집안을 주도해 왔다면 이제 그 책임을 남편에게 돌려주어야 한다.

지시하고 가르치는 데 익숙해져 있다면 남편의 이러한 요구가 처음에는 못마땅할 수도 있다. 남편이 직접 조언을 구하기 전까지는 그를 가르치려는 유혹을 물리쳐야 한다. 남편이 정말로 조언을 부탁할 때가 그의 결정에 대한 당신의 신뢰와 만족을 말할 수 있는 최적의 시기이다.

'말씀으로부터' 남편을 얻어라

내 아내 메리와 나 사이에 무슨 일이 일어났으며, 예수님이 얼마나 놀라운 방법으로 응답하셨는지 이야기할까 한다.

어느 날 새벽 2시경, 나와 아내는 팀 라하이 박사가 한 우리 부부의 영적 기질 분석을 검토하고 있었다. 메리는 특히 그녀의 잠재적 약점과 이를 극복하는 문제를 살펴보느라 여념이 없었다. 나는 그 모습에 상당히 감동을 받았고 나도 같이 해야 하는 것이 아닌가 하는 생각을 하기 시작했다. 비록 '다혈담즙' 기질로 분류되어 있긴 했지만 분석 결과가 아내의 잠재적 약점 가운데 하나로 '분노'를 지목하자 아내는 조금 당황하는 눈치였다.

아내는 자신의 약점을 극복하고 싶었는지 내게 자기를 화나게 할 만한 아무 말이나 해 보라고 했다. 순간 나는 아내의 문제를 지적할 수 있는 호기라는 생각이 들었다. 사실 그때 우리 집은 크리스마스 장난감과 포장지가 흩어져 있어 어지러웠다.

그런데 아내의 흠을 지적할 수 있는 호기를 맞았는데도 아내의 문제를 지적하고 싶은 마음이 그다지 생기지 않았다. 사실 보통 때 같았으면 문제를 제기했을 것이다. 물론 이러한 성향은 내가 갖고 있는

'담즙우울' 기질의 잠재적 약점이다. 여하튼 우리는 우리의 기질 분석에 나타난 것들을 검토한 후 잠자리에 들기로 했다.

잠자리에 들 준비를 하고 있는데 갑자기 이것만은 메리에게 알려주어야겠다는 생각이 들었다. 우리는 서로 교감을 느끼고 있었고 분위기는 조용하고 긴장이 풀어진 상태였기 때문에 나는 아내의 정서적 지원을 전적으로 기대했다. 다음은 우리가 나누었던 대화 내용이다.

조셉 여보, 아까 보니까 아래층 화장실 쓰레기통에 봉지가 씌워 있지 않았소. 아이들에게 쓰레기봉투를 씌우라고 잔소리를 하지 않으면 일주일이 지나도 그대로 놔두니 짜증이 나려고 해요. 몇 초면 할 수 있는데 아이들에게 몇 번씩이나 말을 해야 하고 또 강요를 하는 것 같아서 마음이 안 좋아.

메리 당신이 아이들은 쓰레기통에 봉지를 씌우지 않을 거라고 부정적으로 말하면 결국 하지 않을 거예요! 아이들이 하지 않을 거라는 당신의 믿음이 그렇게 만드는 거예요. 왜 당신은 아이들의 장점은 말하지 않으세요? 그러면 아이들이 변할 수도 있을 텐데요?

조셉 당신 말을 이해해요. 나는 당신이 아이들의 행동에 대해 책임을 묻지 않기 때문에 아이들이 일관성 없게 행동한다고 생각해요. 그렇다고 내가 일일이 아이들을 따라다니면서 규칙을 지키라고 강요할 수는 없잖아요. 그러니까 당신이 나를 도와줘야 해요. 그렇지 않으면 아무런 변화도 없을 거요.

메리 당신은 내 말을 잘 안 들은 것 같아요. 당신은 우리 아이들이 학교생활을 얼마나 잘하고 있는지 알 필요가 있어요. 아이들은 교회에도 열심히 나가고, 학교에서도 모범생이에요. 또 욕을 하거나, 마약을 하거나, 담배를 피거나, 나쁜 친구들과 어울려 다니지도 않아요. 무엇보다 하나님을 사랑해요. 왜 이런 점들을 칭찬하지 않지요?

조셉 좋아. 앞으로는 그렇게 할게요. 그렇지만 그건 화장실 쓰레기통 문제와는 상관이 없고 더군다나 해결책도 아니잖아요.

메리 당신은 언제 아이들을 칭찬할 건가요? 당신은 아이들을 충분히 칭찬하지 않고 있어요!

조셉 순종하지 않는 아이들을 칭찬해야 한다는 말은 잠언 어디에도 없소. 더구나 아이들을 충분히 칭찬하는 문제와 아이들을 가르치는 것은 별개의 문제예요. 나는 아이들이 무엇을 하지 않았으며 그것 때문에 내 기분이 어떠했는지를 말하는 거요.

메리 우리 아이들은 훌륭해요. 당신이 칭찬해 주지 않으면 상처를 받을 거예요. 아이들은 당신의 칭찬을 필요로 해요!

조셉 아이들이 내게 순종하고 그런 마음을 보여 주면 당신 말대로 아이들이 훌륭하다고 확신하게 될 거요.

메리 당신은 왜 언제나 그렇게 비판적이죠? 당신은 때때로 아주 비판적인 사람이 돼요.

조셉 여보, 지금 당신은 나를 판단하고 있소. 판단하지 말아요.

메리 판단하는 게 아니에요. 나는 사실을 말하고 있어요. 당신은 비판적이에요. 그런데 당신은 그걸 모르고 있어요.

조셉 그래, 당신이 판단하기 위해서 '판단' 이란 말을 '사실' 이란 말로 바꾸고 있어요. 남편을 존중하고 순종하라고 하는 성경 말씀을 생각해 봐요. 난 이제 이 대화를 끝내고 싶소.

메리 물론 당신은 이 대화를 끝내고 싶겠지요. 당신은 자기 자신을 보고 싶지 않은 거예요.

조셉 이 대화를 시작한 건 나요. 나는 당신을 신뢰했기 때문에 솔직한 내 감정을 토로했소. 그런데 지금 당신은 내 감정을 어떻게 다루고 있는지 알아요? 이제 그만 잊어버리고 잡시다.

메리 아니에요. 이 문제를 풀기 전에는 잘 수 없어요. 나는 밤새 화를 품고 있을 수 없어요.

조셉 당신은 행실로 남편의 마음을 사로잡으라는 베드로전서 3장 말씀도 몰라!

메리 무슨 말씀이요?

조셉 예수님이 하신 말씀 말이오. 당신은 예수님을 기쁘게 하지 않는 모든 것을 극복하겠노라고 하지 않았소? 자, 말없이 내 마음을 붙잡아 봐요.

메리 내가 그렇게 할 거라고 생각해요? 하나님은 내게도 생각할 수 있는 머리를 주셨어요. 지금 당신은 내가 머리를 쓰지 말기를 바라고 있어요. 그래서 당신은 자신을 돌아보지 않아도 되기를 바랄 뿐이에요.

조셉 여보, 당신이 말없이 내 마음을 붙잡지 않는 한 당신은 내 마음을 잡을 수 없소. 더 이상 이 문제에 대해 이러쿵저러쿵하고 싶지 않소. 너무 늦었으니 그만 잡시다. 4시간 후면 일어나서 일하러 나가야 해요.

메리 당신은 자요. 나는 피곤하지 않으니까 아래층에 내려가 있겠어요. 당신은 우리가 싸우게끔 상황을 몰고 갔어요. 그래서 당신이 희생자가 되어 우리가 불편해지도록 유도한 거지요?!

조셉 메리, 당신 마음대로 대로 생각해. (메리는 방을 나가버렸다)

메리 (20분 후에) 여보, 내가 아래층에 있는 동안 뭘 했어요?

조셉 생각을 정리하고 있었소.

메리 그래요, 나는 기도하고 성경을 읽었어요. 나를 말씀으로 인도해 주시고 어떻게 해야 할지를 가르쳐 달라고 하나님께 기도했어요. 당신이 "말없이 나의 마음을 붙잡아봐"라고 한 말이 전과는 다르게 내 마음 깊이 파고들었어요. 그 말이 계속 들렸어요. 당신은 내게 어떻게 마음을 붙잡아야 하는지를 말하고 있어요. 그리고 하나님의 말씀은 거짓일 수 없어요. 비록 내가 말없이 당신 마음을 붙잡을 수 있다는 것이 잘 이해가 되지 않아도, 나는 하나님의 말씀은 진리라고 믿어요. 그렇지만 마음에는 여전히 의심이 남아서 내가 무엇을 해야 하는지 인도해 달라고 기도했어요. 하나님이 인도하시는 모든 것을 전적으로 신뢰하겠다고 하나님께 말씀드렸어요.

조셉 그래서 어떻게 됐소?

메리 내가 우연히 펼친 성경이 어딘지 알아요?

조셉 모르겠는데.

메리 베드로전서 3장! 말로 말미암지 않고 아내의 행실로 말미암아 (믿지 않는 남편이) 구원을 얻게 될 것이라는 말씀이 나타났어요. 내 눈은 절로 그 말씀으로 가게 되었어요. 놀랍지 않아요!

조셉 그래요.

메리 당신에게 한 가지 물어보고 싶은 게 있어요. 나를 용서해 주겠어요?

조셉 물론이오!

하나님은 우리로 하여금 당신의 말씀을 더욱 신뢰하게 하셨다. 그리고 이 간증을 다른 사람들과 나누게 하셨다. 눈치를 챘겠지만 아내와 나는 힘겨루기를 하고 있었다. 아내의 마음에서 우러난 순종에 예수님은 바로 응답하셨다.

메리는 그 사건과 우리 둘의 느낌을 정리하는 과정에서 자신이 사과를 하고 하나님의 말씀에서 해답을 찾았을 때 내가 어떤 느낌을 받았는지 물었다. 나는 아내에게 어떤 경외감 같은 것을 느꼈다고 말했다. 하나님은 아내가 자신을 낮추고 당신을 신뢰하고 순종한 것으로 인하여 아내를 잠언 31장의 현명한 여인으로 보이도록 높여 주셨다. 뿐만 아니라 나는 아이들을 칭찬해야겠다는 생각이 가장 먼저 들었다!

나는 아내의 꾸준한 순종이 부부 사이를 더욱 친밀하게 하는 것은 물론, 모든 일에 아내의 의견을 구하도록 남편을 자극할 것이라고 믿는다.

하나님 말씀대로 남편의 마음을 붙잡아라. 복종은 사용할수록 자라게 된다.

자신에 명철에 의지하고 싶은 유혹을 떨쳐 버려라. 이러한 유혹을 물리치려면 '비합리적인' 듯한 것도 기꺼이 감수하겠다는 마음을 가져야 한다. 남편이 이기적이고 부당한 결정을 해도 조용히 지켜볼 수 있어야 한다.

그렇다. 당신은 희귀한 일을 하도록 요구받고 있다. 그러나 하나님이 보시기에는 '희귀한'과 '고귀한'은 다르지 않다. 잠언 31장의 행실은 아주 희귀하기 때문에 고귀하다. 완전한 결혼생활을 이루기 위해 믿음과 순종을 요구하는 이 희귀한 행실을 해야만 한다.

하나님 말씀대로 믿고 행하면 예수님의 성품으로 변화하기 시작할 것이다. 진정으로 예수님의 말씀을 믿고 행하면 뿌린 대로 열매—영적 승리와 완전한 결혼생활—를 거둘 수 있다!

남편들이여, 복종하라!

복종을 아내만 해야 하는 것은 아니다. 하나님은 분명히 예수님과 하나님의 말씀 그리고 그리스도를 두려워하는 마음으로 아내에게 복종하라고 남편에게 요구하신다.

복종은 쉽게 말해 남편들이 해야 할 일과 하지 말아야 할 일을 진술하고 있는 하나님의 말씀을 행하는 것을 뜻한다. 하나님의 말씀에 의하면 복종은 아내가 남편의 머리가 되는 것을 뜻하지 않는다. 오히려 남편이 머리가 될 것을 요구하고 있다(엡 5:23). 그리고 그리스도가 교회를 사랑하여 자신을 내어준 것처럼 아내를 사랑하라고 요구한다(엡 5:25).

그리스도가 교회를 사랑하듯 아내를 사랑하기

에베소서 5장 25절은 "남편이신 여러분, 그리스도께서 교회를 사랑하셔서 교회를 위하여 자기를 내주신 것같이, 아내를 사랑하십시오"라고 말한다. 그리스도가 교회를 사랑한 것과 같은 방식으로 아내를 사랑하고 싶다면 우선 다음의 몇 가지 질문에 답해야 한다.

- 그리스도가 어떤 요구에 대하여 "아니오"라고 대답한 적이 있는가?
- 그리스도가 교회의 필요보다 자신의 필요를 더 중요하게 여긴 적이 있는가?
- 그리스도가 자신의 생명을 완전하게 희생하기까지 교회를 마지못해 사랑하셨는가?
- 그리스도가 교회를 위해 자신을 희생하는 데 어떤 조건을 달았는가?

질문에 대한 답은 모두 "아니오"여야 한다. 그러므로 남편은 결코 아내의 욕구를 거부해서는 안 된다. 인간적인 아내의 욕구를 아무 조건 없이 그리고 자신의 욕구보다 우선해서 채워 주어야 한다.

하나님은 남편과 아내가 전에도 완전하였고 지금도 역시 완전한 교회와 예수님 사이와 같은 관계를 갖기 원하신다. 그리스도의 교회에 대한 사랑은 그 형태가 결혼에 대한 그의 뜻과 유사하다. 아내에 대한 남편의 사랑은 존귀히 여기는 것이며(벧전 3:7), 희생적이 되며, 거룩하게 하며, 보호하며, 흔들리지 않으며 자기 자신을 사랑하는 것처럼 사랑하는 것이다(엡 5:25-31). 이러한 사랑은 오래 참고 친절하며, 존중하며 마음에서 우러나는 방법으로 표현되어야만 한다(고전 13:4-7). 실제로 아내를 특별하게 여긴다는 것은 아내를 많은 주목으로부터 떼어놓는다는 의미이다.

아내가 당신과 결혼하기로 결심했을 때, 그녀는 수많은 남자들을 마다하고 당신에게만 주목받기로 마음먹은 것이다. 이 결정에는 분명히 당신에 대한 큰 신뢰와 확신이 필요했다. 당신은 아내가 당신에게 걸었던 신뢰와 확신을 저버리지 않고 살았는가?

아내를 하나님 말씀대로 대하지 않는다면 주님을 거역하는 것이다. 말씀은 거듭 아내를 완전하게 사랑하라고 강조하고 있다.

당신은 아내를 하나님의 말씀대로 사랑하고 있는가, 아니면 자신의 욕구에 더 많은 관심이 있는가?

머리로서 당신은 머리가 몸의 필요를 채워 주는 것처럼 아내의 필요를 채워 주어야 한다. 지금 그렇게 하고 있는가? 또한 그리스도가 불완전한 교회를 사랑하듯 불완전한 아내를 사랑하는가?

권위에는 책임이 따른다

그리스도께서 하신 일은 '주다'라는 한 단어로 요약된다. 그는 우리를 위하여 십자가를 지고 고통스럽게 죽으며 찬란한 영광의 자리를 스스로 포기했다. 당신도 아내를 위하여 기꺼이 자신을 내줄 수 있어야 한다.

복종은 아내에게보다 당신에게 더 많은 책임과 봉사를 요구한다. 실제로 성경에서의 복종은 '누구의 보호 아래에 들어간다'는 의미가 있다. 권위는 '힘을 행사하기 위해 위임된 힘'이다. 그러므로 당신의 일차적인 의지는 언제나 아내를 최고로 섬기기 위해서 아내의 권익을 최대한 보호하는 것이어야 한다.

남편 *husband*은 '집의 끈 *house-band*'이라는 의미이다.

남편은 가정을 묶어 주고 뒷받침하며, 지지하고 지키는 사람이다. 묶은 끈이 끊어져 신문지들이 바람에 흩날리면 어떻게 되겠는가. 신문은 사방으로 흩어질 것이다. 남편이 자신의 역할을 다하지 않을 때 가정도 바람에 흩날리는 신문지처럼 되고 만다.

당신의 가정을 살기에 따뜻하고 안락한 곳으로 만들었는가?

당신의 아내는 뭐라고 하겠는가?

하나님께서는 뭐라고 하시겠는가?

아내의 마음을 사로잡는 방법

13장에서는 남편의 마음을 성경적으로 사로잡는 방법을 이야기했다. 이 장에서는 그리스도가 교회를 사랑하신 것과 같은 방법으로 아내를 사랑해야 하는 이유에 대해 말하고자 한다. 쉽게 말해, 여자의 마음을 진정으로 사로잡는 방법을 알아보려는 것이다.

나는 전형적인 남편이 어떻게 아내를 실제로 사랑할 수 있는지를 알아보기 위해 몇 가지 시도를 해 보았다. 우선 여자의 마음을 어떻게 사로잡을 수 있는지 알아보기 위해 내 아내에게 다음과 같은 질문을 해 보았다.

"남자가 어떻게 여자의 마음을 붙잡을 수 있을까요?"

아내는 간단히 대답했다. "교감을 나누세요."

그래서 나는 다시 어떻게 해야 교감을 나눌 수 있는지를 물었다.

아내는 "당신이 사랑하고 있다는 것을 보여 주세요"라고 대답했다.

아내의 대답은 내가 여자의 마음을 붙잡는 방법의 본질로 이해하고 있는 것과 일치했다.

나는 지난 몇 년간 수백 쌍의 부부들을 상담한 경험을 통해 아내들의 사랑에 대한 불평은 의사소통과 애정, 이 두 가지 것에서 나온다는 사실을 발견할 수 있었다.

교감하는 의사소통에 대한 아내의 욕구

아내는 남편이 긍정적인 방식으로 대화에 관여하고 있다고 인식할 때 의사소통에서 교감한다고 느낀다.

그것을 위해서는 많은 주의와 집중이 요구된다는 것을 남편들은 모르고 있다. 아내들은 남편이 대화하려고 하지 않으면, 그가 관심이 없다고 결론을 내린다. 남편들은 이러한 사실조차 모르고 있다. 이렇게 되면 아내는 어떤 부인의 하소연처럼 "남편은 나를 소외시키고 있어요. 이건 나에게 관심이 없다는 뜻이면서, 내가 남편에게 아무것도 아니라는 의미지요"라는 생각을 갖게 된다.

이러한 인식은 부부 사이에 부정적 상호작용을 한다. 그리고 이러한 상호작용으로 인해 상대방의 욕구를 만족시켜 주지 못하게 된다.

부부의 '적극적인' 의사소통을 위한
10가지 필수사항

아내가 남편의 의사소통이 적극적이고 긍정적이라고 느끼려면 몇 가지 요소가 충족되어야 한다. 이를 위해 다음의 사항들이 남편에게 반드시 요구된다.

1. 아내에게 전적으로 주목을 해야 한다.
2. 아내가 말하려고 하는 것에 관심을 나타내야 한다.
3. 아내가 편안하게 생각이나 느낌을 말할 수 있도록 해야 한다.
4. 아내가 말하고 느끼고 있는 것을 진지하게 이해해야 하며, 아내가 만족감을 느낄 수 있도록 이해한 바를 아내에게 전달해야 한다.
5. 아내의 말을 방해하지 않고 경청해야 한다.
6. 아내의 관점을 존중해야 한다.
7. 아내의 느낌을 인정하고 타당하다고 확인해 주어야 한다.
8. 아내가 남편의 주의을 끌어 대화한 주제에 대해 만족할 만한 마무리를 지을 수 있도록 해야 한다.
9. 아내가 말하고 있는 것에 당신이 관심을 갖고 있음을 보여 주어야 한다.
10. 지지하는 말을 해야 한다.

사실 이런 것들이 무리한 요구처럼 보일 수 있다. 하지만 아내를 왕비처럼 대하고, 그리스도가 교회를 사랑한 것처럼 하려 한다면 이러한 요구들을 반드시 따라야 한다. 당신은 아내를 얼마나 사랑하고 있는지를 기꺼이 보여 주고 있는가?

남녀 차이가 의사소통에 미치는 영향

남자들도 교감하는 의사소통을 높이 평가한다. 그러나 남자들은 상호 이해가 있을 경우에만 의사소통이 친밀하다고 인식하는 경향이 있다. 바로 이런 남녀간의 차이가 부부 갈등의 주요 원인이기도 하다. 당신의 독특한 관점과 서로 다른 욕구는 일반적인 대화에서 상이한 부분들을 강조하고 높이 평가하는 결과를 낳게 된다.

남녀간의 차이로 인해 의사소통이 서로 다르게 해석, 평가되기 때문에 종종 갈등이 일어난다. 남자들은 일반적으로 의사소통을 정보를 주고받기 위한 수단으로 이용하는 반면, 여자들은 의사소통을 교감하는 수단으로 활용한다. 결과적으로 여성은 남자보다 말하는 내용뿐만 아니라 말하는 방법까지 훨씬 더 개인적으로 받아들이는 경향이 있다.

일반적으로 문제는 의견 차이가 그 내용보다는 대화방식에 대한 논쟁으로 이어질 때가 많다는 것이다. 그러니 남편들은 오해가 없도록 아내에게 민감하게 반응할 필요가 있다.

'교감하는' 의사소통이 왜 중요한가

아내는 의미 있는 '교감'을 통해 의사소통을 함으로써 자신이 중요한 존재이며, 부부 사이에 진정한 결속이 생긴다고 느끼게 된다.

이 '교감을 나누는' 의사소통을 대신할 만한 것은 없다. 아내는 남편의 생활과 생각, 목표, 느낌, 의견, 욕구 등 모든 것을 알고 싶어 한다. 아내에게는 이러한 나눔이 없는 좋은 관계란 있을 수 없다. 그래서 남편이 모든 것을 나누지 않고 있다고 생각했을 때 소외감을 느낀다.

아내가 남편에게 교감과 소외감을 동시에 느낄 수는 없다.

아내에게는 의견의 일치나 하나됨의 상태는 곧 화합을 나타내는 것이기 때문에 매우 중요하다. 아내에게 관계란 화합을 의미한다. 훌륭한 의사소통 없이 지속적이고 점진적인 조화 그리고 의견일치는 불가능하다.

이런 의미에서, 아내는 당신이 한 말에 깔려 있는 관점과 의도를 찾아내서 평가하려 할 것이다. 왜냐하면 아내에게는 앞으로 있을지도 모르는 불화로부터 자신을 보호하려는 욕구가 있기 때문이다.

아내는 당신이 논쟁을 피하기 위하여 동의하는지 아니면 정말로 자신의 해석에 동의하는 것인지를 분별하고 싶어 한다. 당신은 아마 이런 식으로 생각해 본 적이 없을 것이다. 오히려 당신은 아내가 동의하지 않으려 한다거나 당신을 괴롭히고 있다는 부당한 결론을 내릴 수 있다.

당신이 큰 갈등을 피하기 위하여 실제로 어떤 일이라도 하려고 했다면 아내라고 해서 달라야 할 이유가 무엇인가? 아내는 싸움이 아닌 사랑으로 남편과 관계하기 원한다는 사실을 기억하라.

아내에게 의사소통은 사랑이 무르익는 데 필요한 결속을 키우고 보호하려는 목적을 가지고 있다. 그녀에게는 교감 없는 진정한 사랑이란 존재하지 않는다. 그리고 나눔과 이해와 용납 없이 연결은 가능하지 않다.

'의사소통의 부족'은 무엇을 의미하는가?

흥미롭게도 갈등을 겪고 있는 대부분의 부부들은 그들의 현실적인 문제는 의사소통이 부족한 것이라고 말한다. 일반적으로 나는 그들에게 교감의 부족이 문제인데 의사소통의 부족도 한몫을 하고 있다고 대답한다.

실질적인 의사소통은 이해와 화합을 가져오기 때문에 의사소통이 부족하거나 부정적이라면 실제로 의사소통이 없는 것과 다를 바 없다. 베드로전서 3장 7절은 지식을 따라 이해심을 가지고 아내와 함께 살아야 한다고 말하고 있다. '교감을 나누는 의사소통' 없이 이 성경의 계명을 행동에 옮기기는 불가능하다.

'진짜' 의사소통을 하는 부부들의 관계는 발전하게 마련이다. 물론 의사소통의 깊이가 없는 경우가 가끔 있지만 말이다. 이런 관계에서 명백하게 드러나는 한 가지 사실은 남편이 진지한 의사소통에 요구되는 요구조건이나 필수사항을 대부분 이행하고 있다는 것이다.

남녀가 처음 사귀기 시작할 때는 관심을 가지고 상대방에게 여러 가지 질문을 하고, 자신의 삶에서 가장 흥미로운 면모를 보여 준다. 상대방에게 깊은 인상을 남기려고 하고, 막 피어난 사랑의 불꽃이 꺼지지 않도록 적극적으로 노력한다. 또한 함께 의사결정을 하고 함께 보낸 질적 시간에 대해 평가한다.

이랬던 관계가 느슨해지는 이유는 각자의 우선순위가 바뀌었거나 의사소통 방식이 변했기 때문이다. 그러다가 일방이나 쌍방이 불만을 품게되었을 때 둘 중 한 명은 거리를 두거나 반응적으로 변한다. 그리고 흠을 들추어내거나 비난하기 시작한다.

부부의 의사소통과 '오래된 짐'

사람들은 자신의 입장에서 갈등을 피하고 관계의 균형과 조화를 꾀하려고 한다. 가령, 여자들은 터놓고 대화하고 싶은 욕구를 갖고 있는 반면에, 남자들은 거리를 두려는 경향이 있다. 바로 이런 갈등을 대하는 남녀간의 차이가 갈등의 싹이 되는 경향이 있다.

부부가 소외감을 느끼는 상태와 적대적인 상태 사이에서 오락가락하는 동안 서로의 가장 중요한 욕구는 충족되지 않는다. 이렇게 되면 부부는 정서적으로 줄 것이 없어진다. 게다가 이러한 상태는 이전의 관계나 해소되지 않은 어린 시절의 문제를 끄집어낸다.

결과적으로 과거의 '오래된 짐'은 상대방에 대한 인식에 영향을 미치고, 자기가 어떻게 대우받고 있는지에 대한 인식에도 영향을 미친다. 이러한 인식은 상대방의 과잉반응을 불러 일으키고 거짓된 가정과 해석을 낳는다.

남편들이여! 당신은 가정의 정신적 지도자로서 부부간의 연대와 재건에 필요한 모든 것을 해야 한다. 참작할 여지가 있든 없든 당신의 책임은 그대로 남아 있다. 당신의 감정적 벽이 높고 경계심과 무력감을 느낄 수도 있겠지만, 그렇다고 이것이 당신의 책임을 거두어 주는 것은 아니다. 아내가 비합리적이거나 하나님의 말씀에 따르지 않을 때 그리스도라면 어떻게 하셨을까 생각해야 한다. 어떠한 도전에 직면하더라도 하나님이 주신 지도력을 행사해야 한다.

아내에게 있어 화해는 감정의 치유와 신뢰의 회복 그리고 자신의 헌신에 대한 보장을 요구하는 과정이다. 남편은 이런 사실을 이해하고 이를 실현하기 위해 최선을 다해야 한다. 그렇게 하려면 인내심과 예민함 그리고 일관성이 반드시 필요하다.

아내가 특정 문제를 계속 반복해서 이야기하면 때때로 좌절감이 느껴지기도 할 것이다. 같은 문제를 반복해서 논의하려는 아내의 욕구는 그녀가 이 문제를 해결하고 싶어 하고 치료 과정에 들어갔다는 증거이다.

아내의 가장 큰 욕구는 남편의 사랑을 받는 것이다. 아내를 사랑한다면 그녀를 행복하게 하고, 완전히 사랑받는다고 느끼도록 최선을 다해야 한다. 이 목적을 달성하려면 상대를 귀하게 여기고, 교감을 나누는 방식으로 의사소통해야 한다. 칭찬받고, 성적 만족을 느끼고 싶은 욕구처럼 열정을 갖고 대화를 시작하라. 대부분의 남자들이 성을 위해 성 자체를 즐기는 것과 마찬가지로 여자들은 대화 자체를 즐긴다.

우선 아내에게 우리의 의사소통을 어떻게 개선해야 하는지 물어보라. 또한 아내가 어떻게 반응하는지 살펴라. 그리고 아내가 원하는 수준으로 아내의 욕구를 만족시켜라. 당신의 하루 일과를 아내에게 자세하게 말하고, 아내의 하루가 어떠했는지 귀 기울여라. 아내가 당신의 관계와 자녀와 일에 대해 어떻게 느끼고 있는지 이해하기 위해 최선을 다하라. 아내의 감정을 대수롭지 않게 여기거나, 아내가 과잉 반응한다고 비난하는 뻔한 실수를 하지 않도록 주의하라. 아내의 질문에 만족스럽게 대답하라. 아내가 만족할 정도로 대화를 가져라.

아내에 대한 지명된 권위로서 당신은 아내의 모든 욕구를 보살피고 어려울 때 힘이 되어야 할 책임을 갖고 있다. 아내에 대한 사랑은 자신에 대한 사랑의 척도가 된다는 사실에 유념해야 한다(엡 5:28).

아내를 사랑하고, 이를 표현하면 할수록 아내는 당신의 더욱 강력한 지지자가 된다. 그러나 아내를 학대하고 멀어지게 하면 당연히 관계는 마비되고 말 것이다.

의도적으로 당신의 척추를 다치게 하고 싶은가? 물론 그렇지 않을 것이다!

그러므로 아내를 자기 몸과 같이 사랑해야 한다.

아내의 사랑 공식

아내는 남편이 보여 주는 애정을 통해 자신이 어떻게 평가되고 있는지를 판단한다. 남편이 애정 어린 행동을 하면 아내는 자신이 귀하게 여김을 받으며, 사랑을 받는다고 느낄 것이다.

애정의 표현은 아내에게 당신이 부부관계에 정서적으로 참여하고 있다고 느끼게 하는 것과 애무나 성행위가 의미를 갖게 하는 데 절대적으로 중요하다.

교감을 나누는 의사소통과 애정어린 행동은 서로 연결되어 있으며 상호 의존적이다. 이런 의미에서 당신의 말이 친밀하지 않다면 당신은 애정 있는 사람이 될 수 없다. 이는 당신이 애정을 갖지 않으면 당신의 말이 교감되는 것이 될 수 없다는 말이다. 따라서 아내에게는 다음의 공식이 사랑으로 이해된다.

'교감하는' 의사소통 + 애정 = 사랑

아내에게 사랑을 전하는 방법

나는 지금까지 남편이 "사랑한다"는 말을 너무 자주해서 힘들다는 여자는 보지 못했다. 하지만 남편이 사랑을 표현하지 않는다고 불평하는 아내들은 수없이 보아 왔다. 아내는 사랑하고 있다는 남편의 메시지를 매일 듣고 확인하고 싶어 한다. 이것은 사랑어린 행동과 관심 그리고 교감을 나누는 의사소통으로 입증되어야만 한다. 남편의 행동은 예수님의 성품을 반영해야 한다.

꽃이나 카드 그리고 연애편지 등은 사랑을 전하는 좋은 방법들이다. 그러나 이러한 것들이 애정 자체를 대신해 줄 수는 없다.

애정의 말과 교감을 나누는 질적 시간은 사랑을 표시하는 또 다른 방법이다. 아내와 갈등하고 있거나 소원한 상태에 있어 부부의 욕구가 채워지지 않고 있다 할지라도 애정어린 행동은 이러한 어려움을 해결하려는 욕구를 촉발할 수 있다. 게다가 문제가 있음에도 불구하고 사랑을 받고 있다는 느낌을 아내에게 줄 수 있다.

아내는 작은 갈등이라도 있으면 사랑받지 못하고 있다고 느낀다. 그러므로 아내를 항상 사랑하고 있음을 표현하는 것이 매우 중요하다.

나는 가끔 상담을 받으러 온 사람들에게 핵심을 전달할 요량으로 장난스럽게 과장해서 말할 때가 있다. 가령, 남편들에게 "당신이 아내를 바로 제거하고 싶으면, 그 어떤 질문도 받아 주지 말고 그냥 '나는 더 이상 당신을 사랑하지 않아' 라고 말하라"고 한다.

남편이 정말 그렇게 말한다면 아마 그 부부는 바로 이혼을 했을 것이다.

아내가 사랑을 받지 못하기 때문에 이혼을 결심한다면, 반대로 사랑을 받고 있다는 확신을 한다면 부부의 관계가 더 잘 유지되지 않겠는가?

남편은 아내를 일관되게 사랑하고 있음을 말과 행동으로 보여 주어야 한다.

선한 사마리아인보다 좋은 사람이 되라

성경에는 결혼생활에서 100퍼센트 사랑의 실천의 중요성에 대비되는 것이 있다. 예수님은 모든 영적 계명들이 마음과 힘을 다하여 하나님을 사랑하는 것과 자기 자신처럼 이웃을 사랑하는 것에 다 포함된다고 말씀하셨다. 이 얼마나 결혼생활에 대한 심오한 뜻을 함축하고 있는 말씀인가!

예수님은 "누가 나의 이웃인가"라는 질문을 받으셨다.

그 대답으로 예수님은 선한 사마리아인의 비유를 말씀하셨다. 선한 사마리아인은 아무 조건 없이 거지의 필요를 채워 주었다.

이 말씀을 결혼에 적용하면, 배우자는 상대방의 필요를 자격이나 조건에 상관없이 채워 주어야 한다.

낯선 사람도 이렇게 대하는데 하물며 귀중히 여김을 받아 마땅한 배우자를 그보다 못하게 대해야겠는가?

애정의 사고방식을 개발하라

애정의 결핍은 갈등이나 소원한 상태에서 생기는 교감이 없는 관계의 최종 결과이다. 부부의 하나됨이 갈등이나 분리의 상태로 귀착되면, 그 결과는 애정이나 성적 관계에 대한 욕구 감소로 나타난다.

당신은 아내에게 애정을 많이 쏟지 않았다고 가정할 필요가 있다. 즉 아내가 애정이 너무 많다고 불평하지 않는 한 아내의 욕구를 충분히 채워 주지 않았다고 가정해도 좋다.

성적인 문제도 마찬가지라고 아내들에게 말하고 싶다. 즉 남편이 당신에게 성적인 요구를 너무 많이 한다고 불평하지 않는 한 남편은 더 많은 것을 원하고 있다고 가정해 보라는 말이다. 남편의 욕구도 아내의 욕구와 마찬가지이다. 아내를 진정으로 사랑한다면 남편은 애정으로 이를 확인시켜 주어야 한다. 애정은 아내에 대한 당신의 사랑을 나타내는 방법으로 표현되어야 한다. 당신이 이를 일관되게 지속적으로 실천하면 당신이 꿈 꿔왔던 환상적인 아내를 얻게 될 것이다.

남편들이여, 아내를 사랑하라!

멋진 성을 위한 하나님의 처방

멋진 성관계가 없는 완전한 결혼은 없다. 예수님은 성을 결혼한 남녀가 사랑과 서로 만족하는 가운데 육체적으로 함께 하는 수단으로 창조하셨다. 그러나 성관계는 남자와 여자에게 서로 다른 의미를 가지고 있다.

《아름다운 애정생활 *The Act of Marriage*》의 저자인 팀 라하이와 베버리 라하이는 부부의 성은 남편에게 매우 중요하다고 말하고 있다. 그들의 말에 따르면 성은 남편의 성적 욕구와 남성다움을 충족시켜 준다. 그리고 아내에 대한 사랑을 키워 주고 가정의 불화를 잠재워 준다. 이는 성이 생애에서 경험할 수 있는 가장 자극적인 행위이기 때문인 듯하다. 반대로 여자는 성을 통해 여자다움을 충족하고 남편의 사랑을 확인하게 된다. 또한 성적 욕구를 만족시키고 궁극적인 쾌락을 경험한다.

여자의 욕구가 남자의 욕구와 특별히 구별되는 이유는 여성에게는 동반자적 사랑, 우애적인 사랑, 낭만적 사랑, 애정적 사랑 그리고 열정적인 사랑에 대한 보다 큰 욕구가 있기 때문이다.

예수님은 성을 포함한 결혼생활의 모든 부분에서 주는 사랑을 할 것을 우리에게 요구하신다.

이제, 하나님이 성을 창조하신 목적과 결혼한 남녀에게 성에 관해 어떤 말씀을 하셨는지 살펴보기로 하자.

성을 창조하신 하나님의 목적

하나님은 다음의 네 가지 목적을 위해 성을 창조하셨다.

1. 인류의 생육과 번성(창 1:27-28; 9:1)
2. 부부의 상호 사랑의 증진(마 19:5; 막10:7; 엡 5:31)
3. 부부간의 즐거움(고전 7:3)
4. 남자와 여자 사이의 결혼에 대한 언약관계의 증표(창 2:24)

성은 결혼생활에서 너무나 중요한 부분을 차지하기 때문에 하나님은 성을 의무라고 말씀하셨다. 하나님은 우리가 이 의무를 즐길 수 있도록 남자와 여자에게 성에 대한 본능적인 욕구를 갖도록 만드셨다. 그러나 이 욕구는 결혼이라는 틀 안에서만 만족되어야 한다.

성과 결혼에 관한 하나님의 계율

혼외 정사는 성경 전체를 통해 부도덕한 행위로 정죄되고 있다(롬 13:13; 갈 5:19; 엡 5:3; 골 3:5). 결혼은 남녀가 최고의 성적 즐거움을 얻을 수 있는 유일한 방법이다.

다음 두 가지 이유에서 성을 통해 결혼생활에서 최고의 만족에 이를 수 있다.

하나, 하나님은 결혼생활에서의 성을 축복하신다.

둘, 결혼 행위 그 자체가 부부에게 안전과 안정 그리고 사랑을 주는 헌신의 요소를 수반한다.

순전하고 고귀하며 배타적인 행위로서 성의 중요성은 성경에 분명하게 설명되어 있다. 히브리서 13장 4절은 성과 귀히 여김은 함께 가는 것이라고 말하고 있다. 성은 부부간에 배타적인 것이어야만 하며, 음행이나 간음 같은 성적인 죄로 더럽혀져서는 안 된다.

'더럽히지 않은' 이라는 말의 헬라어 원어에는 '완전하고 의로운' 이라는 의미가 포함되어 있다.

'더럽히지 않은' 이라는 말은 음행과 간음의 맥락에서 사용되는데, 부부의 순결을 위협하는 가장 큰 적이 외도임을 강조한다. 외도는 이혼의 가장 큰 사유이기도 하다.

외도에 대한 가장 큰 위협은 이기주의에서 야기되는 불화이다.

성이 그렇게도 고귀한 이유는 성이 매우 배타적이기 때문이다. 생각해 보라. 세상에는 수십 억 명의 사람이 살고 있다. 그러나 오직 당신만이 배우자의 몸에 대한 배타적 권리를 가졌다. 그리고 하나님은 그 두 사람 사이의 성을 축복하신다.

하나님은 성을 배우자에게 줄 수 있는 최고의 선물로 만드셨다. 이는 바로 사랑의 선물이다. 바로 이것이 성을 하나님이 당신에게 주신 모든 기준에 따라 결혼생활에서 누려야 하는 이유이다.

결혼생활의 성에 대한 성경적 지침

고린도전서 7장 3절에서 5절에는 결혼한 남녀의 성에 대해 다음과 같이 말하고 있다.

남편은 아내에게 남편으로서의 의무를 다하고, 아내도 그와 같이 남편에게 아내로서의 의무를 다하도록 하십시오.

아내는 자기 몸을 마음대로 주장하지 못하고, 남편이 주장합니다. 이와 마찬가지로 남편도 자기 몸을 마음대로 주장하지 못하고, 아내가 주장합니다.

서로 물리치지 마십시오. 여러분이 기도에 전념하려고 하여, 얼마 동안 떨어져 있기로 합의한 경우에는 예외입니다. 그러나 그 뒤에 다시 합하십시오. 여러분이 절제하지 못하는 틈을 타서, 악마가 여러분을 유혹할까 염려되기 때문입니다.

나는 성이 부부의 즐거움을 위하여 하나님이 계획하신 고귀하고 배타적인 귀중한 사랑의 선물이라는 사실을 말했다. 이제 이것을 염두에 두고 첫 번째 구절에 나오는 '의무'라는 말에 대해 생각해 보기로 하자.

의무라는 말은 섬김의 행위를 암시한다. 예수님이 섬기러 오셨다는 사실을 기억하기 바란다. 그러므로 섬김은 예수님의 성품에 합치하는 것이다.

이러한 점을 마음에 담고 우리 몸에 관하여 말하고 있는 로마서 12장 1절의 말씀에 주의를 기울여 보자.

형제자매 여러분, 그러므로 나는 하나님의 자비하심을 힘입어 여러분에게 권합니다. 여러분은 여러분의 몸을 하나님께서 기뻐하실 거룩한 산 제물로 드리십시오. 이것이 여러분이 드릴 합당한 예배입니다.

하나님은 당신이 행하는 모든 일에서 타인을 섬기는 가운데 당신의 몸을 하나님께 거룩한 산 제물로 드리라고 요구한다. 당신은 결혼생활에서 배우자를 섬겨야 한다. 그리스도처럼 배우자의 개인적 관심사에 주목하면서(빌2:3-4) 섬기라는 것이다.

하나님이 우리에게 거저 주신 것을 즐기며 나누는 일은 하나의 의무이다. 주님은 우리에게 성을 주셨다. 성은 결혼의 일부이다.

당신이 크리스천이 되었을 때 당신의 몸은 더 이상 당신의 것이 아니라 주님의 것이 되었다. 성경은 하나님께서 값을 치르고 당신을 구원하셨으며 따라서 당신은 당신의 몸으로 하나님을 영화롭게 해야 한다고 말하고 있다(고전 6:20). 이것은 결혼생활에서 하나님을 영화롭게 하는 방법은 아가페의 사랑을 실천하는 것이라는 의미와 다르지 않다. 그러므로 당신의 의무이기도 한 배우자의 성적 욕구를 만족시키는 데 있어서 아가페 사랑을 반영하고 있어야 한다. 하나님은 당신이 배우자와 성관계를 가질 때 당신의 태도가 어떠한지를 보신다. 자신의 태도를 한번 살펴보자.

성경에서 의무라는 명령적인 단어는 지시적 목적으로만 사용된다. 실제로 의무를 뜻하는 헬라어는 '요구되는 숙제'를 의미하는 말로 번역되었다. 하나님은 당신이 이를 갈며 성에 접근하는지, 아니면 밀린 청구서 대금을 치르듯이 할 수 없이 성관계를 하는지를 알고 계신다.

고린도전서 7장 4절은 남편과 아내에게는 자기 몸을 마음대로 주장할 권한이 없으며, 그것은 오히려 배우자에게 있다고 말한다. 주장한다, 권한을 갖는다는 말은 권위와 힘과 주도권을 의미한다. 사랑의 행위에서는 몸 전체와 관련한다. 이는 우리를 위하여 자기 몸 전체를 주신 그리스도와 직접적으로 비교된다.

배우자는 당신을 배타적으로 사랑할 권리를 지닌 당신 몸의 소유자이다. 당신은 당신 몸을 지키는 자이다. 더구나 서로의 몸에 대한 피차의 권한은 결혼생활을 하는 동안 지속되어야 한다.

사실 서로의 몸 전체에 대한 배우자의 주장은 해석을 필요로 하는 주제가 아니다. 서로에게 자신을 완전히 주는 것은 둘이 한 몸이 되게 하려는 하나님의 계획과 합치한다. 당신은 감정을 포함한 당신의 모든 것을 배우자에게 완전하게 주어야 한다. 성은 사랑을 나타낸다. 따라서 성을 억제하면서 배우자에게 자신을 완전히 주었다고 할 수는 없다. 이는 결혼에 대한 하나님의 계획과 일치하지 않으며 모순된다.

하나님이 당신에게 죄와 순종 중 하나를 선택할 수 있는 자유를 주신 것과 마찬가지로, 당신 몸의 권리를 배우자에게 줄 것인지 아닌지를 선택할 수 있는 자유의지를 주셨다. 그러나 하나님의 뜻은 당신이 순종하는 것이다.

아가페 사랑을 실천하고 있다면 자신을 배우자에게 완전히 주고자 하는 욕구를 갖게 될 것이다.

만일 당신이 하나님 말씀의 진정한 의미를 이제 막 깨달았다면 생각을 바꾸고 그리스도와 같은 태도와 행동으로 변화하기를 바란다. 성령은 어쩌면 마음으로부터의 변화가 필요하다고 말하고 있는지도 모른다. 믿음에서 나오는 순종의 씨앗을 뿌리면 반드시 행복의 열매를 거둘 수 있을 것이다.

우리 모두에게는 지속적인 성적 만족을 누릴 권리가 있다. 만약 부부가 서로 이러한 욕구를 의도적으로 피한다면 이는 무책임한 것이다. 부부는 성을 컨트롤하는 문제에 대해 서로 합의해야 한다. 타고난 성적 욕구가 지속적이라는 것은 분명한 사실이다. 그것이 지속되지 않은 경우는 욕구가 저절로 억제되는 개인적인 일에 전념할 때일 것이다.

의무와 욕구라는 말은 상호 배타적이다. 즉 의무는 욕구와 아무런 관계도 없다. 당신이 욕구를 못 느낀다 하더라도 여전히 배우자와 성적으로 한 몸을 유지할 의무는 갖는다. 만일 배우자와 성관계를 하고 싶은 생각이 없다면 즉시 그 원인과 해결책을 찾아야 한다.

하나님은 해가 지도록 노여움을 품고 있으면 안 된다고 분명하게 말하고 있다(엡 4:26). 하나님의 말씀에 순종하고 있다면 성적 욕구를 방해하는 분노의 감정을 온전히 해결할 수 있을 것이다. 당신에게 하루를 마치기 전에 화를 풀 수 있는 능력이 없다면 하나님이 그런 요구를 하지도 않았을 것이다. 분을 누그러뜨릴 수 있다면 당연히 배우자의 성에 대한 냉담함이나 주저함도 극복할 수 있다. 당신의 성적 욕구는 배우자의 욕구 다음에 있다.

성을 짊어져야 하는 십자가로 생각해서는 안 된다. 성은 부부가 친밀해질 수 있는 가장 깊은 방법이자 기회이다. 그러므로 이 육체적 나눔을 마음껏 즐기고, 이에 따르는 정서적 교감을 만끽해야 한다.

성적인 행복은 중요하다

우리가 성관계를 지속하지 못하는 두 가지 중요한 이유가 있다. 그 첫째가 부부가 얼마나 자주 성관계를 하는지에 가장 큰 영향을 미친다. 이 점에 있어서, 부부는 결혼을 가장 중요시하는 데 실패하고 만다. 부부 중 하나 혹은 둘 모두가 성관계를 하면서 에너지의 일부를 남겨 둘 정도로 성관계를 소중히 하지 않고 다른 곳에 에너지를 소진하는 경향이 있다.

이제 성은 일상적인 것이 되었으며 전혀 흥미롭거나 자극적이지 않다. 그래서인지 즐겁고 짜릿한 성관계에 필요한 에너지를 다른 곳에 쓰는 사람들이 많다.

결혼생활은 자녀를 포함한 다른 어떤 것보다 우선되어야 한다. 어쩌면 당신은 최고의 부모가 되고 싶은 욕망을 갖고 있는지도 모른다. 만약 그렇다면 내가 '모든 정당한 이유로 잘못하기'라고 명명한 하나의 좋은 사례라 할 수 있다. 배우자와 침실 밖에서 하나가 된다면 마찬가지로 잠자리에서도 하나가 될 것이다.

자녀보다 부부관계가 우선되어야만 한다. 그것이 하나님의 질서를 그가 원하시는 방법으로 따르는 것이다. 더구나 결혼생활을 우선시하고 싶은 것이 배우자의 욕구이다. 아가페의 사랑을 실천하려면 배우자의 이런 욕구에 긴장감을 갖고 진정으로 만족시켜 주어야 한다. 만일 이를 잘못 이행하고 있다면 당신의 행위는 희생의 모양을 뒤집어 쓴 이기주의일 따름이다.

자녀에게 모든 에너지를 쏟다보면 부부로서 하나가 되는 것이나 자녀를 양육하는 한 팀으로서의 노력이 실패할 우려가 크다. 어쩌면 부모의 지나친 관심이 자녀들의 인내심과 능력을 개발할 수 있는 기회를 빼앗게 되는 결과로 나타날지도 모른다.

많은 부모들이 숙제, 일과 등 자녀의 모든 것을 체크하고 간섭해야 한다는 강박관념에 시달리고 있다. 그 결과, 자녀들은 스스로 책임지기보다는 부모의 지시에 기대게 된다.

자녀들의 모든 것을 정확하게 감시하고 있다면 분명 스스로의 성관계를 감시할 능력도 지니고 있을 것이다.

하나님이 '필수 과제'라 부르시는 이 중요한 분야에 훈련을 받지 않았다면 어떻게 진정으로 자녀들이 따를 수 있는 좋은 모범이 될 수 있겠는가? 또한 배우자의 성적 욕구를 만족시킴으로써 말씀에 순종하는 당신의 의무보다 당신의 욕망에 지배를 받는다면, 어떻게 '의무'의 성경적 의미를 자녀들에게 가르칠 수 있겠는가? 의무는 인간적 욕망에 따라서는 안 된다. 모든 분야에서 하나님 말씀에 순종하지 않으면 가족 모두가 고통을 받게 된다.

관계의 여타 분야에서 욕구가 충족되지 않거나, 지도력에 공백이 생기고 지도적 위치가 뒤바뀜으로써 해소되지 않은 힘겨루기는 불화의 원인이 되고, 부부관계의 기반을 약화시킨다.

물론 성관계만으로 모든 부부 문제가 해결되는 것은 아니다. 하지만 성은 이러한 문제를 예방하거나 문제의 해결을 촉진시킨다. 의무를 이행함으로써 말씀에 순종하려는 마음이 있다면 갈등을 피하지 말고 해결하려고 노력해야 할 것이다. 해지기 전까지 분을 품지 말고 말씀에 순종하면 이에 따르는 성관계가 사랑의 띠를 다시 이어 줄 것이다.

성관계를 원치 않는 전형적 핑계

다음과 같은 이유들이 성관계를 못하게 만든다.

1. 성에 대한 무관심("나는 그럴 기분이 아니다")
2. 피곤함
3. 월경전증후군
4. 두통, 구토, 불쾌함, 복통 등의 신체적 이유
5. '더럽다고 느끼거나 목욕하고 싶지 않다'
6. 시간과 관련한 문제("너무 늦었어요, 내일 일찍 일어나야 해요.")
7. 분노와 같은 해소되지 못한 부정적 감정
8. 아프거나, 무섭거나, 돌보아 달라는 등의 이유로 자녀가 침실에 자주 들어오는 등 부부만의 사적인 공간과 관련된 문제
9. 수동적 · 공격적 보복 수단으로 성을 거부하거나 억제함
10. 기진맥진 상태
11. 일에 몰두함
12. 월경
13. 성을 미루어도 괜찮다고 생각함("여보, 오늘밤 말고 내일 합시다.")
14. 서로의 성적 욕구를 만족시켜 주는 것이 왜 중요한지 모름("여보, 미안해요. 그런 생각은 전혀 못했어요.")
15. 심리적인 장애로 인해 성적 흥분을 느끼지 못함

16. 성관계 이전에 충분히 로맨틱해지거나 교감하는 데 실패함
17. 성관계 전에 자녀를 재워야 함

이상의 흔한 사례는 조정하거나 바꿀 수 있다. 만일 당신이 조금 덜 중요한 다른 분야에서의 어려움에 대처할 수 있다면 성적 장애물들도 마음만 먹으면 얼마든지 제거할 수 있다. 사랑이 없으면 완전한 결혼 생활을 성취할 수 없다.

왜 남편과 아내는 서로 다르게 반응하는가?

성관계가 지속되지 못하는 두 번째 주된 이유는 바로 남녀간의 차이 때문이다. 이러한 차이는 성적인 표현의 빈도와 실제 성관계 횟수와 질에 큰 영향을 미친다. 예컨대, 여자는 오감 모두에 자극을 받지만, 남자는 주로 촉각과 시각에 자극을 받는다. 게다가 남자는 성에 대한 생각이 순간적으로 꺼지는 반면, 여자는 순간적으로 일어난다. 여자들은 이러한 차이를 부정적으로 해석하는 경우가 많다.

아내들은 남편이 성관계에 선행하는 애정 표현보다 성관계 자체에 더 관심을 보이면 자신을 단순히 성적 대상으로 취급하고 있다고 느낀다. 실제로 나는 남편이 자신이 성을 원할 때만 애정을 표현한다고 말하는 아내들을 많이 보았다.

이때 나는 다음과 같은 질문을 한다. "남편이 애정 표현하는 것을 바라지 않는 겁니까?"

나는 이어서 남자들의 반응을 보다 정확하게 알려 주기 위해서 다음과 같이 말한다. "일반적으로 남자들은 성관계를 원할 때에는 애정

적이지 않다. 오히려 애정적이 된 다음에 성을 원한다."

　남녀의 성적 차이를 인정하고 그 차이에 민감해진다면 많은 오해와 불화를 예방할 수 있을 것이다.

성적 교감을 유지하는 것에 대한 상호 보상

　닐 워렌 박사는 만족스런 성관계를 성공적인 결혼생활의 10가지 비결 중 하나로 꼽고 있다. 그는 성적 만족 없는 '성공한' 결혼은 한번도 본 적이 없으며, 실제로 영적 결합과 성관계가 최고의 부부관계를 특징짓는다고 말하고 있다.

　그러나 만족스런 성관계가 효과적인 의사소통이나 문제해결 능력과 따로 떨어져 있는 것이 아니다. 콜만 박사는 부부 행복을 예측하는 심리학적 연구에서 다음과 같은 결론을 내리고 있다. '성관계 횟수가 부부싸움 횟수를 넘어설 때 행복해질 가능성이 그만큼 커진다.' 이러한 연구결과는 내가 이미 말한 성관계가 영적 싸움의 최선의 무기임을 확인해 주고 있다.

성에 대해 솔직하게 말하기

　남자들은 너무 성에 집착한다는 비난을 받곤 한다. 남자가 여자보다 성욕이 강하다고 해고 성관계를 위해 어떤 준비를 해야 하는 것은 아니다. 남자들은 성충동을 타고났는데, 이는 남성 호르몬인 테스토스테론 때문이다.

　몇 년 전에 쥐를 이용한 실험에서 테스토스테론이 성적 행동에 생물학적으로 영향을 미친다는 연구결과를 입증했다. 수컷에게 있는 비율만큼의 테스토스테론을 암쥐에게 주사하자 암쥐는 대담한 성적 반응을 나타내기 시작했다.

물론 이 결과를 그대로 인간에게 적용하는 것에 이의를 제기할 수도 있을 것이다. 그러나 나는 남자들이 각종 동물에 자주 비교되는 것이 매우 흥미롭다. 상담을 하다보면 여자들은 자기 남편을 여러 동물에 비유한다. 단지 성에 집착한다는 이유로 남편을 '개, 돼지, 토끼, 코카인 먹은 쥐' 등 동물로 부르는 아내들이 많았다.

나는 성관계를 갖고 싶어 하는 남편의 '남성적' 욕구를 계속 비판하는 한 여성에게 강하게 반론을 제기한 적이 있다. 그때 나는 이렇게 말했다. "하나님은 남편을 당신과 다르게 창조하셨습니다. 그렇게 하지 않으셨다면 남편은 매일 아침에 일어나서는 치마를 입었을 것입니다. 하나님은 좋으신 분입니다." 그러자 그 여성은 내 말의 핵심을 금방 알아차렸다.

남성들과 상담을 하다보면 자신이 지금까지 속고 있었다는 토로를 많이 한다. 결혼하면 성욕을 충분히 만족시킬 수 있을 거라는 기대와 바람이 무너졌다는 것이다. 이런 처지에 있는 남편들의 경우에는 시간이 지나감에 따라 성에 대한 욕구와 흥분이 감소하고 대신 다른 것들이 우선순위에 오를 우려가 많다.

칭찬과 성적 만족이 남성의 가장 큰 욕구임을 명심해야 한다. 그러면 많은 부부들이 왜 갈등을 겪고 고전하고 있는지 보다 쉽게 이해할 수 있을 것이다.

남편이 아내의 욕구를 만족시켜 줘야 하는 중요성을 부정하거나 부부 사이에 발생하는 문제의 원인이 아내에게 있다고 말하려는 것이 아니다. 대체로 부부가 성적 책임을 무시하는 것과 로맨틱한 성관계를 갖는 것 사이에는 역학관계가 존재한다.

배우자를 혼내주기 위해 육체적으로 '한 몸'이 되는 것을 거부하는 행위는 예수님의 가르침에 어긋난다. 사실 거부를 당하는 사람이나 거부를 하는 사람이나 똑같은 피해를 입게 되어 있다. 실제로 많은 종교 지도자들이 성관계의 거부를 성적인 신실함의 거부와 동일시하고 있다. 이 두 가지 모두 자신의 몸을 괴롭히는 행위이다.

하나님은 배우자의 몸을 주장할 권한과 배우자를 사랑해야 할 책임을 함께 주셨다. 아가페적 사랑이 결혼생활의 중심에 있어야 하며, 성관계에 대한 태도에서도 그러한 사랑이 드러나야 한다.

남편의 성욕을 판단하려 한다면 그것은 남편을 거부하는 것과 같다. 이는 칭찬과 존중의 본보기가 될 수 없다. 남자에게 존중받는 것은 또한 아내가 성적 매력을 지니고 있다는 의미이기도 하다. 성적으로 사랑받고 싶다면 남편을 성적으로 기쁘게 하기 위해 노력해야 한다. 그리고 그것을 남편이 느끼도록 해야 한다. 나는 상담 과정에서 남편의 성욕을 만족시키려는 아내의 태도와 자신이 존중받고 있다는 남편의 인식 사이에 밀접한 연관이 있다는 사실을 발견할 수 있었다.

자신의 성적인 요구를 아내로부터 거부당한 남자의 모습을 상상해 보라. 그 사람에게 아내가 당신을 진정으로 존경하고 있느냐고 묻는다면 어떤 대답을 하겠는가?

이처럼 중요한 욕구를 거부당하거나 만족을 느끼지 못한다면 어떻게 사랑을 받는다는 느낌을 가질 수 있겠는가?

하나님은 창조하신 모든 것이 보기 좋았다고 말씀하셨다. 악마는 성을 '불온한' 욕구로 왜곡하려고 한다. 악마는 사람들의 눈을 멀게 하여 남자의 성에 대한 욕구가 사회적으로 조건화된 것처럼 믿게 만들었다. 그래서 많은 사람들이 이 조건화된 충동을 바람직하지 않거나 건강하지 못한 것으로 해석한다. 사실 우리는 "실례합니다"라고 말하는 것이나 사람에게 친절해야 한다는 식으로 많은 부분에서 조건화되고 있다.

성경은 우리에게 심판하지 말라고 한다(마 7:1). 아내보다 큰 남편의 성적 욕구를 나쁘거나 악한 것이라고 생각하지 말자. 여성에게는 하루에 여덟 번에서 열두 번의 특별한 접촉이 필요하고, 남성보다 두세 번의 대화가 더 필요하다고 한다. 그러나 아무도 이것에 시비 걸지 않는다. 또한 누구도 그렇게 해서는 안 된다.

나는 남녀에게 있는 성향이나 욕구가 잘못된 것이 아니라고 생각한다. 게다가 욕구를 판단한다고 해서 그것이 없어지거나 줄어들거나 고쳐지지 않는다.

가령, 지금 배가 몹시 고픈데 밥을 먹으려면 한참 기다려야만 한다면 어떻겠는가? "지금은 안 돼"라거나 "당신을 위해 밥하기 싫어요"라는 말에 허기나 식욕이 바로 사라지겠는가?

설상가상으로 당신이 배고프다고 해서 비난을 받았다면 어떻겠는가? 자신의 성욕이 아내의 우선순위에서 뒤로 밀렸을 때 남편은 같은 기분을 느낄 것이다.

아내들이 계속해서 남편에게 매력적으로 보이길 원하는 것과 마찬가지로 남편 역시 아내를 계속 성적으로 매력 있는 사람으로 인식하고 싶어 한다. 또한 아내가 성을 주도해 주기를 원한다. 남편이 길고 힘든 일과를 마치고 돌아와 아내에게 애정을 표현한다면, 아내는 그에 합당한 성적 반응을 보여 주어야 한다.

자녀 때문에 성관계의 기회가 제한될 수 있다. 중요한 것은 남편이 아내를 매력 있는 성적 대상으로 느껴야 한다는 것이다. 몸짓이나 속삭임으로 성적 매력을 보여 줄 수 있다. 그러나 기회가 있을 때 이를 행동하는 것이 훨씬 더 중요하다. 남편이 너무 피곤하다고 말하지 않는 한 그날 밤 늦게라도 성관계를 원한다고 생각해도 좋다.

교회가 성과 관련하여 금기사항을 강조할 뿐 그 중요성에 대해 침묵하고 있는 것은 참으로 안타까운 일이다. 이처럼 중요한 영역에 대해 성경적으로 분명한 입장을 견지하려는 사람은 별로 없는 것 같다. 모든 사람들을 통제하는 것에서 기쁨을 찾는 불만에 찬 율법주의자들과 맞서는 것이 두려운 것이다.

성은 피해야 할 것이 아니다. 하나님이 주신 큰 선물이다. 이를 인정하지 않는다면 우리는 그저 동거하는 것뿐인 만족이 없는 결혼생활을 계속해야 할 것이다. 심지어 교회에서조차 성을 억압하는 행동이 고상한 것으로 미화되고 있으며, 인간의 존엄이나 권리를 지키는 것으로 잘못 해석되고 있다. 그러나 이는 자만심이나 정죄함이나 이기주의 혹은 두려움의 위장된 모습이다.

예수님이 십자가 위에서 벌거벗은 채로 무엇을 견디셨는지 생각해 보자. 예수님의 사랑의 동기가 사랑을 실천하는 바람직하지 않은 과정을 훨씬 능가하였다. 예수님은 하나님의 뜻에 따르기 위하여 자신을 상처받기 쉬운 위치에 기꺼이 두셨다. 하나님은 기쁜 마음으로 우리 자신을 내어주기 원하신다.

사람들은 두려움 때문에 상처받기 쉬운 상황으로부터 자신을 지키려 한다. 두려움은 사랑이 아니다. 진정한 사랑은 모든 두려움을 내쫓는다. 두려움을 느끼는 사람에게는 두려움의 배후에 대해 낱낱이 말해 주어야 한다.

많은 사람들이 성경적 진리를 외면하고 배우자의 욕구를 만족시키지 않아도 괜찮다는 말에 귀를 기울인다. 배우자의 성적 욕구를 거부하는 것은 울부짖음, 우울함, 두려움, 거리감, 희생자가 된 느낌 등과 같은 미묘하고 교활한 형태로 나타날 수 있다.

서투른 상담자는 내담자에게 상처 주위에 방어벽을 쌓는 방법을 알려 준다. 그러나 이는 두려움과 이기주의를 가르치는 것이므로 전혀 문제해결에 도움이 되지 못한다. 내담자의 고통은 거부할 수 있는 권리로 둔갑되는데다가 건강하다는 꼬리표까지 붙여 주는 역할을 한다.

상담을 통한 치료의 목적은 이기적이거나 무기력해진 내담자가 부부의 하나됨을 훼방하는 자세를 버리고 부부의 화합을 도모하는 마음을 주는 것으로 바뀌어야 한다. 사랑은 주는 것을 요구한다. 우리는 주고 베푸는 방식으로 살고 이를 가르쳐야 한다.

나는 남자와 성에 대한 일반적인 태도와 관념을 보다 잘 이해하기 위해서 다수의 가설을 진술문의 형태로 만들어 500여 명의 남성들에게 물어보았다. 가령 "성적 만족은 부부를 강하게 결속시키는 중요한 수단 중 하나다"라는 진술에 동의하는지 물어보았다.

그리고 그 답변에 근거해 다음과 같은 결론을 얻을 수 있었다.

1. 성적 만족은 부부 사이의 견고한 결합을 하게 하는 가장 중요한 부분 중 하나이다.
2. 남편의 성욕을 충족시켜 주는 것은 칭찬과 사랑과 친밀함과 용납과 인정에 대한 욕구도 동시에 충족시켜 준다.
3. 시각적인 섹스 어필은 남편의 성욕을 만족시키는 중요한 부분의

하나이다.

4. 남편은 아내가 성관계 중에 보다 창조적인 자세를 취하기를 원한다. 특히 성관계가 판에 박힌 듯할 때는 더욱 그렇다.

5. 판단받거나 거부당하는 것이 두려워 성적 욕구에 대해 아내에게 말하는 것이 주저되거나 조심스러워진다.

6. 아내가 성에 대하여 비합리적인 조건이나 제한을 달면 매우 싫다.

7. 아내가 성관계를 주도하지 않아 실망을 자주 느낀다.

8. 남편이 성관계가 만족스럽다고 스스로 말하기 전에는 남편이 성적으로 완전하게 만족하고 있다고 믿어서는 안 된다.

9. 남편의 성욕을 만족시키려면 다음과 같은 요소들이 필요하다.

    • 성관계의 빈도
    • 주도권
    • 섹슈얼해지려는 자세
    • 즐겁게 해 주려는 마음
    • 창의성
    • 사랑의 대화를 나누려는 노력
    • 성적 억압의 극복
    • 상호성
    • 반응성

10. 아내가 성적 접근을 거부하면 분노를 느낀다.

11. 남편은 성욕을 만족시키려 하는데 아내가 침묵하면 이를 거절로 여긴다. 그들은 아내가 자신을 전적으로 기쁘게 해 주기 원한다는 진심에서 우러나오는 말을 듣고 싶어 한다. 남편들은 "나는 당신을 기쁘게 해 주기 원해요"라는 말을 듣고 싶어 한다.

12. 남편은 아내의 성적 불감증을 이해한다. 그러나 아내가 이를 고치려는 노력을 하지 않으면 이를 개인적인 문제로 받아들이는 경향이 있다.

13. 남편은 아내가 성에 대해 동등한 책임을 지기를 원한다.

14. 남편은 즉흥적인 성적 접촉을 즐긴다. 남편의 이런 행동이 아내들로 하여금 '성적 대상'이 된 것처럼 느끼게 한다면, 반면에 남편들은 이러한 행동을 자기가 성적으로 매력이 있으며 사랑의 대상이 되고 있다고 느낀다.

15. 성적이지 않은 문제에 대한 남편의 관심과 성적 문제에 대한 아내의 관심 사이에는 직접적인 상관관계가 존재한다. 즉 아내와 성적이지 않은 방법으로 결합하고자 하는 남편의 욕구는 아내가 남편을 성적으로 만족시키려고 할 때 크게 증대된다.

16. 적어도 매일 아내와 성관계를 맺고 싶은 것이 남편의 일반적 욕구이다.

17. 남편들은 아내가 보다 자발적인 성적 태도를 취하기를 원한다. 그러나 아내의 부정적 반응을 예상하고 이를 자제하는 경향이 있다. 남편들은 심지어 시도조차 하지 않았다 하더라도 이를 "아니오"라는 대답을 한 것으로 인식한다.

18. 남편은 '너무 피곤하다'는 이유로 아내가 자신의 요구를 거절하면 아내의 우선순위에서 밀려나고 있다고 인식한다. 이러한 결론은 여자들은 우선적인 분야에 에너지를 쏟는다는 것을 알고 있는 남편의 경험에 근거한다. 남편에게 아내의 피곤함은 거절에 대한 확증이나 다름없는 것이다.

19. 남편에게 "그럴 기분이 아니기" 때문에 섹스를 하고 싶지 않다

고 말하는 것은 남편이 아내의 가장 중요한 욕구 중 하나를 "기분이 내키지 않아" 채워 줄 수 없다고 말하는 것이나 다름없다. 남편의 핑계가 용납될 수 없는 것이라면, 아내의 핑계도 똑같이 용납될 수 없는 것이다.

20. 성적 욕구가 좌절된 남편들은 공허감과 좌절감을 과로나 과소비, 텔레비전 시청, 식탐, 과도한 취미생활 같은 삶의 다른 영역이나 활동에 지나치게 몰두함으로 해결하려는 성향을 갖게 된다.

21. 남편이 아내와 성적으로 일치감을 느끼지 못하면 아내와 정서적으로 교감을 느끼는 데 어려움을 겪는다.

22. 남편의 마음을 사로잡는 확실한 방법은 칭찬을 해 주고 성적 만족을 주는 것이다. 이러한 일차적 욕구가 만족되지 않는 한, 남편이 정서적으로 친밀해지거나 투명해지는 것, 즉 성적 외의 부분으로 '개방' 하는 것이 매우 어렵다.

23. 남편은 아내가 성적으로 그들을 접촉하는 방법을 통해서 아내가 자신에 대하여 실제로 어떻게 느끼고 있는지를 해석한다.

24. 남편은 아내가 자신을 얼마나 진정으로 사랑하는지를 판단하는 기준으로 성을 이용한다. "사랑해요"라는 아내의 말은 성이라는 기준에 의해서 그 정도가 판단된다.

25. 아내가 침실에서 모든 것을 지휘, 결정하기 때문에 남편은 자기가 침실에서의 궁극적인 통제력을 지니고 있지 않다고 생각한다. 이것은 남편이 가장으로서 존경을 받는다는 인식에 부정적 영향을 미친다.

26. 남편은 침실에서의 아내의 조건의 성격과 상태가 잠자리 이외의 활동들과 직접적으로 연결된다는 결론을 내린다. 이러한 의

미에서, 만일 아내가 아무렇지 않게 잠자리를 거부한다면, 아내는 남편이 하는 성적 이외의 요구에 대해서도 아무렇지 않게 거절할 것이다.

27. 남편은 자신이 가정을 보호하고 부양할 의무감이나 책임감을 느끼는 것과 마찬가지로 성적 만족을 누릴 권리가 있다고 생각한다.

28. 남편에게 성에 관한 가장 중요한 것은 부부관계를 통해 사랑받고 존경받으며 수용받기를 원한다는 것이다. 남편은 만일 아내가 진정으로 그들을 사랑한다면 이러한 욕구를 완전하게 긴박감을 갖고 충족시켜 줄 것이라고 생각한다.

이 연구결과가 당신을 크게 눈뜨게 해서 새로운 것을 깨닫게 해 줄지도 모른다. 나는 이 연구에서 발견한 결과를 수많은 아내들과 나누었는데, 그들은 한결같이 남편의 성적 성향과 기질 및 감수성에 대하여 정말 전혀 몰랐다고 말했다.

남편에게 성은 무엇을 의미하는가

대부분의 남성들은 자신의 성욕에 대해 깊이 이야기하는 것을 매우 꺼린다. 성은 그들의 가장 내밀한 곳에 자리잡고 있으며, 자아개념에 관한 아주 큰 부분을 차지하기 때문에 이에 매우 민감하다. 지미 영은 《반석 위의 결혼》에서 다음과 같이 말했다.

남편의 성에 대한 욕구는 그의 육체에 관한 한 필수적인 부분이다. 따라서 아내가 남편의 성적 요구를 거절하는 것은 그를 거부하는 것이다. 그러므로 남편의 성적인 부분을 거부하면 그의 존재의 나머지 부분에도 영향을 받는다.

남성에게 성은 자기본위적 행위가 아니다. 아내는 남편을 무시함으로써 자신의 고집을 부리는 일이 없도록 주의해야 한다. 결혼생활에 썩 만족을 느끼고 있는 남성들과 대화해 보라. 그들의 결혼생활에 대한 평가와 성관계에 대한 평가가 대단히 비슷하다는 사실을 발견할 수 있을 것이다.

어쩌면 그들의 아내가 왕비처럼 대접을 받기 때문에 성적으로 민감한 것이 아니냐고 반문할 수도 있다. 물론 그들이 아내를 왕비처럼 대하고 있는지도 모른다. 하지만 사랑에는 아무 조건도 붙지 않는다. 상대를 기쁘게 하려는 헌신은 동기부여가 끝나는 곳에서 시작된다는 것을 유념해라.

만일 당신이 남편의 성적 욕구를 완전히 충족시켜 주겠다는 마음을 표현한다면, 분명히 여러 가지 요구를 할 수 있는 입장에 서게 될 것이다. 그러나 남편의 성적 욕구를 항상 충족시켜 주려는 당신의 마음을 그가 곡해하지 않도록 주의해야 한다. 혹 당신이 어떤 대가를 원해서 그렇게 하는 것이 아니라는 것을 남편이 알도록 해야 한다. 그것은 남편에게 무엇인가 요구하기 위한 반대급부가 아니다. 아낌없이 주어야 한다. 그렇지 않으면 진정으로 사랑의 선물을 받는 것이 아니다. 사랑은 거저 주는 것이다. 그렇지 않으면 그것은 사랑이 아니다.

무엇이 여자를 흥분시키는가

여자가 남자에게 욕구불만이 있듯 남자도 여자에게 욕구불만이 있을 것이다. 아내는 남편에게 다음과 같은 메시지를 전하고 싶은지도 모른다. "나를 여자로 대해 주세요. 그러면 나도 여자답게 행동할 거예요!"

그러나 남자들은 마치 자동차를 운전하듯 아내와 성적인 상호작용을 하려는 경향이 있다. 그들은 자동차에 올라 타 시동을 걸고 출발한 다음 목적지에 도달하면 멈춘다. 목적지에 차를 주차해 놓고 다른 일을 하러 간다. 내가 왜 이런 예를 드는지 여성들을 이해할 것이다.

성경은 좋은 아내를 얻은 사람은 복을 받은 사람이고, 주님으로부터 은총을 받은 사람(잠 18:22)이라고 말한다. 여자는 남편의 사랑에 반응하도록 돕는 배필의 역할을 하도록 창조되었다. 하나님이 아내에게 부여한 신적인 지위에 의하면, 남편의 일차적 책임은 아내를 보호하는 것이다. 한 여성이 내게 이렇게 말한 적이 있다. "만일 남편이 그리스도께서 교회에 한 것처럼 나를 대우한다면 나는 자연스럽게 항상 성관계를 원할 것입니다."

남편은 아내의 마음속에 성적으로 수용적이 되고 싶은 욕망을 창조해야 한다. 이렇게 되면 아내는 성을 의무로 생각하거나 거부하지 않을 것이다. 오히려 반응적이 될 것이며, 성을 꿈이 이뤄진 것같이 느끼게 될 것이다. 그 결과, 아내는 진심으로 자신을 내어주고 기꺼이 성을 주도할 것이다.

당신이 아내를 만족시킨다면 아내는 자동적으로 당신과의 성적 친밀함을 원하고 남편의 머리됨을 수용할 것이다. 아내가 자신이 사랑받고 있음을 느낀다면 기꺼이 당신의 가장 깊은 욕구에 반응할 것이다. 여자는 오른쪽 뇌가 발달되어 있기 때문에 남자는 상상하지도 못하는 성적 체험을 만들어 낼 수 있다. 당신이 완전하게 되려면 아내의 상상력과 감수성 그리고 창의성이 꼭 필요하다. 하나님은 그와 같이 되도록 부부관계를 창조하셨다. 아내의 반응성과 풍성한 성적 잠재력을 계발하는 것은 남편의 책임이다.

단지 육체적인 경험만으로는 사랑의 절정에 이를 수 없다. 그러기 위해서는 아내의 사랑과 교감이 꼭 필요하다. 당신은 원하는 아내의 반응을 이끌어 낼 수 있는 자원을 자신 안에 지니고 있다. 쉽게 말해, 당신이 어떻게 아내를 대우하는가에 따라서 그녀는 당신에게 선물이 될 것이다. 성이 결혼생활에서 가치 있는 보물처럼 되기를 원하는가? 그렇다면 아내를 소중히 여겨야 한다. 당신이 단추를 누르기만 하면 즉시 아내에게서 원하는 모든 것을 얻을 수 있는 것이 아니기 때문에 아내의 성적 반응성은 매우 귀중하다. 이제부터 그러한 시각에서 성을 생각해야 할 것이다.

어떤 사람들은 그 숨겨진 보물을 찾기 위해 평생을 보낸다. 그러나 당신은 그럴 필요가 없다. 아내의 마음을 열 열쇠만 찾으면 모든 것이 해결된다. 그러면 아내의 깊은 사랑과 열정을 얻을 수 있을 것이다.

아내가 성을 주도해 주길 원하는가? 그렇다면 먼저 그녀의 중요한 욕구를 만족시켜야 한다. 반응한다는 말을 주목할 필요가 있다. 하나님은 여자를 반응적이 되도록 설계하셨다. 남자와 달리 여성은 성적인 만족을 경험하기 위한 여러 가지 요구조건을 갖고 있지 않다. 그녀에게 필요한 유일한 요소는 사랑이다. 당신은 이 요소를 갖고 있으며 언제든지 이를 보여 줄 수 있는 능력을 지니고 있다.

여성의 질 *vagina* 은 단지 받아들일 수만 있다. 그러므로 아내의 수용성을 극대화할 수 있는 관계를 계발할 필요가 있다. 아무런 조건 없이 사랑하라. 아내가 성을 희생적 행위로 여기지 않아야 하는 것과 마찬가지로 당신 역시 아내의 가장 중요한 욕구를 채워 줌으로써 아내의 최고선을 이끌어내는 것이 마치 적선인 양 생각해서는 안 된다.

아내의 가장 큰 갈망은 남편의 사랑을 받는 것이다. 아내를 더 이상 평범한 보통 사람으로 대하지 않을 때 그녀도 그러한 사람처럼 행동하지 않을 것이다.

좀더 직설적으로 말해야겠다. 아내가 그녀의 몸을 당신에게 열어 주기 바란다면 당신의 마음을 먼저 열어야 한다. 이때 당신이 치러야 할 정서적 위험부담은 그다지 크지 않다.

정서적으로 가까워지는 것이 두려운가? 만일 그렇다면 당신의 리더십이나 주도권에 반응하는 아내도 안심이 되지 않을 것이다. 만일 당신의 결정과 행동에 두려움이 깔려 있다면 그것은 사랑을 하는 것이 아니다. 왜냐하면 진정한 사랑은 모든 두려움을 떨쳐 버리기 때문이다(요일 4:18). 사랑이 없는데 어떻게 진정으로 줄 수 있는가?

어떤 남편들은 자신이 아주 열심히 일하고 있기 때문에 당연히 아내가 성적으로 반응적이어야 한다고 생각한다. 직장에서 일하는 중에 당신과 아내는 수십 킬로 밖에 떨어져 있는데, 집 밖에서 일하는 것이 어떻게 아내를 성적으로 흥분시킬 수 있다고 생각할 수 있는가? 직장에서 일함으로써 경제적 보상을 받고, 또한 성적인 대가를 받으려는 것인가? 아내의 몫은 무엇인가? 가족을 부양한다고 해서 아내가 남편에게 성을 대가를 지불해야 한다고 생각하는가?

아내가 경험할지도 모르는 성적인 욕구불만에 대하여 기도해 본 적이 있는가? 아내를 위하여 지속적으로 기도하고 있는가? 아니면 당신의 육체적 욕구를 위해서 어쩔 수 없이 기도하고 있는가? 당신의 아내는 과거의 어떤 상처를 받았는지 모른다. 당신은 아내에게 그것을 물어 볼 만큼 관심을 기울였는가? 당신의 행동은 말과 일치하는가?

이러한 질문에 대한 답을 곰곰이 생각할 때 수치심이나 당혹감을 느끼는가? 그렇다면 기쁜 소식은, 하나님은 당신이 하나님이 설계하신 대로 성의 모든 것을 누리기 원하신다는 것이다. 그러나 당신은 먼저 성에 대한 관점을 바꿔야 한다. 성은 육체적으로 기분 좋은 정서적 경험이지만 그와 정반대로 생각하는 사람들이 있다. 당신의 성적 경험의 기교를 향상시키는 것은 단지 기교를 향상시키는 그만큼만 할 수 있다.

성적 경험은 육체적인 자극이 아닌 사랑에 의해서 절정에 이른다. 사랑이 없는 성적 경험은 경험 그 자체에 지나지 않는다. 헤로인 중독자는 헤로인이 주는 느낌을 좋아하지만 그것이 성적 경험은 아니다. 당신은 아내를 헤로인 중독자의 주사바늘처럼 대하고 있는 건 아닌가? 아내를 단지 빠른 효과를 내는 데 필요한 마약처럼 여기고 있지는 않은가? 단지 아내의 육체적인 느낌을 위해 성관계를 하는가, 아니면 당신의 일차적 욕망이 아내와의 사랑어린 교감에서 오는 만족에 뿌리를 두고 있는가?

여자들은 신뢰를 바탕으로 하는 정서적 교감을 통해서 소중히 여김을 받고 싶어한다. 이럴 때 성이 의미를 갖는다. 이것이 바로 성이 즐거운 경험이 되게 하기 위한 가장 깊은 욕구이다. 이러한 아내의 욕구를 채워 준다면 그녀는 완전하고도 많은 성관계를 할 준비를 하고 그것을 소원하게 될 것이다.

아내는 남편의 눈을 통해서 자기 자신을 본다. 아내는 남편이 자신을 특별히 여기고 사랑하고 있다는 것을 느끼게 되면 자신이 갖고 있는 보물을 당신에게 나누어 줄 것이다. 아내를 보물처럼 대하면 진정으로 아내가 줄 수 있는 모든 것을 발견하게 될 것이다. 그리고 하나님이 보시기에 썩 좋은 부부가 될 것이다.

아가서에 나오는 부부처럼

성경의 두 군데에서 멋진 성관계에 대한 하나님의 지침을 찾아볼 수 있다. 그 첫 번째인 고린도전서 7장 3절에서 5절은 앞서 이야기했다. 그 두 번째가 구약에 나오는 '솔로몬의 아가雅歌'에서 찾을 수 있다.

솔로몬의 아가는 결혼생활이 진정으로 어떠해야 하는지를 말해 주는 로맨틱한 책이다. 솔로몬은 성령의 감동을 받아 이 책을 썼다. 나는 하나님이 이 책을 부부가 서로에게 사랑을 표현하는 데 따라야 할 표준이 되도록 만드셨다고 믿는다.

나는 아내에게 사랑을 표현할 때 솔로몬의 아가를 참고하곤 한다. 하나님은 결혼생활의 테두리 안에서만 육체적 열정을 표현하라 명하셨으므로 솔로몬의 아가는 순전히 결혼한 부부만을 위한 것이라 해도 틀리지 않다.

나는 솔로몬의 아가를 읽고 성관계에 대한 하나님 뜻을 수용해 보라고 권하고 싶다. 하나님은 부부를 위해 솔로몬의 아가를 성경에 포함시키셨다. 아가는 솔로몬이 쓴 1,005개 시문 중 하나에 불과하지만 '노래 중의 노래'로 칭송되고 있는 '성의 입문서'이다.

솔로몬은 아비삭이라는 한 정숙한 여인과의 관계를 시로 썼다. 솔로몬과 아비삭은 끔찍이 사랑하는 사이였다. 하나님은 그들의 열렬하고 헌신적인 사랑을 우리의 덕과 성장 그리고 최고의 유익을 위하여 계시하시기로 선택하셨음이 분명하다.

다음은 내가 솔로몬의 아가를 근거로 당신의 성생활에 반영하도록 제안하는 사항들이다.

1. 서로 칭찬하라.
2. 상대방에 대한 당신의 정서적이고 육체적인 것에 대해 말하라.
3. 애정을 자주 표현하라.
4. 상대의 존재(함께 함)와 애정을 얼마나 열망하는지 말하라.
5. 서로 특별한 이름으로 불러라.
6. 성관계를 그 어느 것보다 귀하게 여기고 이를 배우자에게 말하라.
7. 배우자와의 섹스를 즐겨라.
8. 마음에 드는 향수를 사용하라.
9. 배우자의 개성에 대한 매력을 증대시켜라.
10. 주위에 신경쓸 게 없을 때, 즉 둘만 있을 때 성관계를 하라.
11. 서로 교감하는 사이가 되고자 하는 욕망을 나타내라.
12. 각자 따로 있는 모든 기회를 활용하라.
13. 투명하고 개방하여 자신이 누구인지를 알려라.
14. 로맨틱해라.
15. 결혼생활에서 성실함과 도덕적 순수성을 지켜라.
16. 서로 격려하고 평안케 해라.
17. 배우자가 당신의 마음에서 차지하고 있는 위치에 대하여 말로 설명하라.

18. 서로 기쁘게 해 주어라.

19. 서로를 친밀한 애인이며 친구로 생각하라.

20. 성관계 중에 사랑의 대화를 하라.

21. 서로의 사랑에 대하여 희열을 보여라.

22. 당신의 열정을 표현하라.

23. 서로의 성적 열망을 만족시켜라.

24. 성관계를 하면서 서로 포옹하라.

25. 서로 애무하라.

26. 배우자의 성적 요구에 대하여 관심을 가져라.

27. 서로의 열정을 만족시킬 기회가 있지 않는 한 결코 서로를 흥분시키지 마라.

28. 배우자의 성적 발전에 대하여 언제나 열의를 보여라.

29. 서로에 대하여 좋고 긍정적인 말을 하라.

30. 친절하고 온유하며 사랑하는 방법으로 의사소통을 하라.

31. 서로에 대한 헌신과 책임에 대하여 말하라.

32. 서로 칭찬하고 찬탄하는 말을 하라.

33. 서로의 눈을 보라.

34. 키스를 하라.

35. 상대의 긍정적 특성을 강조하라.

36. 배우자에게 당신 자신을 완전히 내어주어라.

37. 서로 상대의 몸을 즐겨라.

38. 부끄러움을 떨쳐 버리고 자유하라.

39. 성관계를 하면서 내적 아름다움을 개발하고 나타내라.

40. 배우자와의 성관계를 거부하지 마라.

성관계를 하는 동안 당신의 마음은 그리스도를 닮은 모습을 반영하는가?

성관계에 대한 마음과 태도는 언제나 신부인 교회에 대한 예수님의 사랑을 반영해야 한다. 주는 것의 진정한 성격과 의미를 구현하는 방식으로 성관계를 하고 있는가?

배우자의 필요와 최선을 채우기 위하여 조건 없이 희생적으로 자신을 주는가?

예수님은 어느 것도 거부하지 않으셨다. 예수님은 죽기까지 자신을 주셨다. 솔로몬의 아가를 성생활 지침서로 사용해야 한다. 아가에는 하나님에 대한 언급이 전혀 없지만 하나님의 신부인 교회에 대한 열정적이고도 헌신적인 사랑이 상징적으로 묘사되어 있다.

성욕과 영성의 관계

성욕과 영성은 서로 연결되어 있는 천과 같다. 한쪽의 천이 헤지면 반드시 다른 천을 기워야 한다. 성은 정체성의 핵인 반면에 영성은 존재의 핵이다. 한 사람의 성이 표현되는 방식은 그 사람의 영적 행보를 반영한다. 신실할 때 그리스도를 닮은 것이다. 배우자를 사랑하는 방식으로 대할 때 그리스도처럼 행동을 하는 것이다.

멋진 성에 대한 하나님의 완전한 처방은 만족감을 주는 것이며, 당신이 이를 실천할 때 하나님을 영화롭게 하는 것이다. 하나님의 설계를 자신의 우선순위로 바꾸려 한다며 당신은 "예수님, 잘못 아셨습니다. 제 방법이 더 좋다고 생각합니다"라고 말하고 있는 것이다.

어쩌면 당신은 성적 영역에서 치료가 필요할지도 모른다. 당신은 빅토리아 시대의 성에 대한 경직된 태도나 어떤 형태로든 성적 희롱을 받았거나 심리적으로 상처를 받았을지도 모른다.

당신은 어쩌면 배우자에게 대한 성적 반응방식을 몽땅 바꾸어야 한다는 사실 앞에 당혹감을 느낄지도 모른다.

아마 당신의 성적 욕구를 이해하고 존중하는 일에 있어서 당신의 배우자는 초보 단계에 있을지도 모른다.

만일 당신이 성적 문제에 대해 고민하고 있다면 희망이 있다. 하나님과 함께 하면 모든 것이 가능하기 때문이다.

만일 성적 치료가 필요하다면 그 분야의 의사들과 상담을 해 보는 것도 좋다. 치료를 통해 당신을 늘 괴롭히던 피해의식을 극복할 수 있을 것이다.

당신을 고통에 빠지게 하고 하나님의 귀중한 선물인 성을 즐기지 못하도록 한 분노와 수치와 무기력의 껍질을 깨야 한다. 영적인 도움이나 치료가 필요하면 주위의 도움을 구하라.

그러나 치료의 열쇠는 믿음을 통해 예수님을 신뢰하는 것이다. 당신의 삶과 결혼생활을 주님께 전심으로 맡기도록 하라.

하나님의 사랑을 받아들이고 당신과 당신의 결혼을 축복하시려는 하나님의 바람을 신뢰하라. 하나님의 말씀은 당신이 복되고 만족스런 성관계를 할 수 있다고 진술하고 있다.

하나님의 말씀이 하나님의 뜻이다.

믿음으로 받아 들여라.

그리고 솔로몬과 아비삭처럼 배우자와 멋진 사랑을 하라!

마음을 새롭게 하여
결혼생활을 완전하게 하기

예수님은 당신이 완전한 결혼생활을 누리기를 원하신다. 당신은 이 사실을 진정으로 믿고 있는가? 만일 그렇지 않다면, 당신은 예수님이 불완전한 결혼을 하기 원한다고 확신하고 있다는 말이다. 이것은 있을 수 없는 일이다. 왜냐하면 예수님은 당신의 결혼생활이 자신이 하나님과 맺고 있는 관계, 즉 화합되고 완전한 관계이기를 원하고 계시기 때문이다.

당신은 당신의 결혼생활을 개선하기 위해 모든 시도를 해 보았으나 아무 보람이 없었다고 생각할 수도 있다. 그러나 하나님과 함께 하면 모든 것을 할 수 있기 때문에 희망은 있다. 그런데 하나님은 언제든지 자신의 뜻을 이루시는가? 나는 그렇지 않다고 믿는다. 왜냐하면, 하나님은 아무도 멸망하는 것을 원치 않으시지만(요 3:16), 택함을 받은 사람은 적기 때문이다(마 22:14). 하나님이 당신을 돕지 않는다는 말이 아니다. 당신의 삶 전부를 하나님께 의탁하고 그의 명령을 순전히 따르지 않는 한 하나님도 당신을 도울 수 없다. 그러므로 당신의 방법을 포기하고 온전한 믿음 안에서 하나님께 전적으로 맡겨야만 한다.

마치 토기장이가 진흙덩이를 쥐지 않고 아름다운 그릇을 만들 수 없듯이, 당신이 완전히 맡기지 않는 한 하나님이 당신의 삶과 결혼생활을 아름답게 만들 수는 없다. 어떤 사람에게 자동차를 주지 않고 자동차를 고쳐 달라고 할 수 있겠는가? 당신이 수리를 위해 낯선 사람에게 비싼 자동차를 맡기듯 하나님께도 그렇게 해야만 한다.

어린아이와 같은 믿음을 행하라

왜 값비싼 물건을 낯선 사람에게 맡기며, 왜 우리의 생명을 의사에게 맡기는지 생각해 보자. 우리는 어린아이와 같은 믿음으로 그렇게 한다. 어린아이와 같은 믿음의 특징은 어떤 걱정으로부터 자유로운 가운데 완전히 신뢰하는 것이다.

하나님께 영혼을 맡길 수 있다면 삶과 결혼도 함께 맡기는 것이 합당하지 않은가? 자동차를 맡기지 않으면 수리공이 수리를 할 수 없는 것처럼, 하나님도 당신이 맡기지 않는 당신의 삶에 개입할 수가 없다.

하나님 나라에 들어가려면 사람이 돌이켜 회개하고 어린아이와 같이 되어야만 한다(마 18:3; 막 10:15; 눅 18:17). 어린아이와 같은 믿음이 있는가? 결혼생활에서 예수님께 맡기지 못할 부분이 있는가? 예수님께서 하나님 아버지와 관계 맺는 것처럼 배우자와 관계 맺고 있는가?

예수님은 우리의 믿음의 창시자요 완성자이시다(히 12:2). 그분은 구하는 모든 자에게 풍성하게 주신다. 그러나 풍성하게 받으려면 풍성하게 맡기고 승복해야 한다. 믿을 만한 구체적인 증거가 없어도 그것을 확신해야 한다. 그렇지 않다면 하나님을 믿는 것이 아니다. 한나 스미스는 이렇게 말했다.

> 보는 것은 믿음이 아니며 듣는 것도 믿음이 아니고, 느끼는 것도 믿음이 아니다. 오직 보지도 듣지도 느끼지도 못할 때 믿는 것이 믿음이다.

당신의 믿음이 흔들리면 당신은 분명히 흔들리는 경험을 할 것이다. 당신이 의심하면 마치 바람에 밀려서 출렁이는 바다 물결과 같게 될 것이다(약 1:6).

베드로가 물 위를 걸을 때 예수님을 바라보지 않고 주변을 보았을 때에 물에 빠진 것처럼 당신도 틀림없이 물에 빠질 것이다(마 14:28-31).

온갖 의심이 추파를 던질 때도 믿음을 지키고 하나님의 말씀과 약속을 붙잡아야만 한다. 히브리서 12장 2절의 말씀처럼 예수님께 눈을 고정시켜야 한다. 그러면 하나님의 가장 적절한 시간에 당신은 구한 것을 받게 될 것이다!

한마음을 갖자

우리가 겪는 가장 큰 어려움은 시간과 관련되어 있다. 쉽게 말해서, 사람들은 기도가 즉시 응답되기를 원한다. 몇 초 내에 케이크가 완전히 구워질 수 있는가? 물론 그렇지 않다. 케이크를 굽는 데는 시간이 필요하다. 마찬가지로 당신의 어떤 기도가 응답을 받는 데는 더 긴 시간이 필요할 수 있다. 그렇지만 오직 하나님만이 완전한 때를 아신다. 당신이 하나님의 완전한 사랑과 주권을 믿고 있다면 당신의 믿음은 완전한 분량에 이른 것이다.

하나님의 은혜로 구원을 받지만 하나님의 약속에는 조건이 따른다. 그 조건 중 하나가 당신이 믿음을 행해야 한다는 것이다. 믿음이 없이는 하나님을 기쁘시게 해드릴 수가 없다(히 11:6). 만일 당신이 완전한 믿음을 행하지 않으면, 당신은 표적을 빗나가고 있는 것이다. 무엇이든 믿음으로 하지 않는 것은 다 죄이기 때문이다(롬 14:23). 뿐만 아니라 하나님은 두 마음을 품은 사람은 주께로부터 아무것도 받을 생각을 하지 말라고 하신다(약 1:7-8). 하나님의 말씀과 세상의 의견들을 동시에 포용할 수는 없다. 하나님의 말씀을 믿고 이를 일관성 있게 적용해야 한다. 그렇게 하지 않으면 당신은 두 마음을 품고 있는 것이다.

성경에 어떤 부분을 전심으로 수용하면서 동시에 다른 부분은 거부하는 것이 있는가? 성경의 여러 가지 명령이나 가르침을 무시하는 것은 그것을 거부하거나 반대하는 것과 마찬가지이다. 성경의 어떤 부분에 자연스럽게 동의할 때 그 말씀에 순종하는 것은 쉬운 일이다.

그렇지만 성경 말씀에서 요구하는 변화를 하면 큰 유익을 얻을 것이라고 결론을 내릴 논리적이거나 합리적인 근거가 없이 이를 믿고 행동을 바꾸려면 절대적인 믿음이 요구된다. 그러나 보는 것으로 행하지 않고 믿음으로 살려고 한다면 하나님께서는 이러한 것들을 당신에게 요구한다. 그분은 진리이므로 당신은 하나님을 그대로 믿어야 한다.

또한 당신이 원하는 결과에 대한 확증을 바라기에 앞서, 하나님이 원하시는 결과를 바라는 것으로 당신의 사고방식을 바꾸어야 한다. 당신의 환경을 보고 더 악화될 것을 걱정한다면 당신은 당신의 환경을 유익하게 바꾸어 줄 수 있는 하나님의 능력을 제한하는 것이다.

로마서 12장 2절은 이 시대의 풍조를 본받지 말고, 마음을 새롭게 함으로 변화를 받으라고 말하고 있다. 생각을 새롭게 하지 않으면 어려움을 야기했던 그 사고와 행동방식에서 벗어날 수 없다.

인간적인 사고를 이용하면 종종 자기패배적인 행동을 하게 된다. 성경은 다음과 같이 말하고 있다.

> 사람의 눈에는 바른길 같이 보이나, 마침내는 죽음에 이르는 길이 있다(잠언 14:12).

한마음을 갖는 것은 흔들리지 않는 경험을 만들어낸다. 당신의 뜻을 하나님의 뜻과 일치시켰기 때문이다. 당신이 하나님과 그의 말씀을 신뢰한다면 기도의 응답에 아무런 소망을 주지 못하는 장애물에 초점을 맞추는 대신 당신을 위한 하나님의 가장 좋은 것에 시선이 맞춰질 것이다.

이것이 바로 다음과 같은 시편 기자의 말씀이 뜻하는 것이다.

> 내가 비록 죽음의 그늘 골짜기로 다닐지라도, 주께서 나와 함께 계시고, 주의 지팡이와 막대기로 나를 위로해 주시니, 내게는 두려움이 없습니다(시편 23:4).

당신은 하나님의 말씀에 따라 완전한 결혼을 이루게 하는 데 필요한 변화를 시도하는 데 한마음을 품었는가?

거짓말쟁이와 좋은 관계를 가질 수 있겠는가? 배우자를 거짓말쟁이라고 생각한다면 그와 좋은 관계를 가질 수 있을지 생각해 보라.

마찬가지로 하나님을 거짓말쟁이라고 믿는다면 하나님과 좋은 관계를 맺기를 바랄 수 있는가? 결국 하나님의 말씀을 믿지 않는 것은 그가 거짓말쟁이라고 믿는 것과 마찬가지이다.

예수님은 하나님이 진리라고 말씀하셨다(요 14:6). 사랑을 실천하는 것이 당신에게 닥치는 모든 부부 사이의 장애에 대한 해답이라는 것을 믿지 않으면 당신은 예수님을 믿지 않는 것이다. 그렇다면, 당신이 믿지 않는 예수님에게 어떻게 당신의 삶을 맡길 수 있겠는가?

예수님과의 관계는 신뢰를 전제로 하기 때문에 완전한 결혼은 예수님에 대한 당신의 신뢰에 전적으로 달려 있다. 당신이 신뢰와 믿음을 갖는다면 당신의 영으로 그를 의지하게 할 것이며, 당신의 최선과 행복이 실현되리라는 것을 확신하게 될 것이다. 이것이 당신의 믿음이 자동적으로 의에 이르게 하고(롬 10:10) 선행에 이르게 하는 이유인 것이다(약 2:18).

마음에 소원하는 것들을 어떻게 얻는가

예수님은 이미 당신이 마음에서 소원하는 것들을 알고 계신다. 예수님은 소원 성취를 위한 해답을 알려 주셨다. 먼저 하나님의 나라와 그의 의를 구하라(마 6:33). 그리고 주 안에서 기뻐하라(시 37:4). 잠언 16장 3절은 우리의 하는 일을 주께 맡기면, 계획하는 일이 이루어질 것이라고 말하고 있다. 그렇지만 그의 명령에 따르려면 우리의 명철을 의지하지 말고 모든 일에서 주님을 인정해야 한다(잠 3:5-6). 우리의 마음이 우리를 정죄하지 않는다면 하나님 앞에서 담대함을 가질 수 있을 것이다. 그리고 우리가 구하는 것은 무엇이든지 하나님께로부터 받을 것이다. 그것은 우리가 하나님의 계명을 지키고, 주님께서 기뻐하시는 일을 하기 때문이다(요일 3:21-22).

마음에서 소원하는 것을 받기 위하여 어떠한 변화가 필요한지 주님께서 당신에게 말씀하도록 허락하라. 하나님은 우리 마음의 소원을 들어주시기 원한다고 분명히 말씀하신다. 기억하라! 사랑은 주는 것이다. 주는 것은 하나님의 본성이다. 하나님은 우리를 위하여 독생자를 주셨고, 예수님은 우리에게 생명을 더욱 풍성히 주시고자 이 땅에 오셨다.

예수님은 당신에게 복 주시기를 원하신다. 그렇지만 당신이 모든 것을 예수님께 맡겨야만 한다. 당신은 배우자를 포함하여 모든 것을 주님께 맡겼는가? 사랑은 결코 실패하지 않는다는 하나님의 말씀을 믿는가? 그것을 믿으면 예수님은 사랑이시기 때문에 예수님이 결코 실패하지 않는 것을 믿는 것이다(요일 4:16).

예수님 안에 거하므로 사랑은 완전해진다

예수님은 우리에게 자기 안에 거하라고 말씀하신다(요 15:4). 우리가 그렇게 할 때 하나님은 우리 안에 거하신다(요일 4:16). 우리가 예수님 안에 거하므로 사랑이 완전하게 되고 두려움은 우리의 존재로부터 내쫓긴 바 된다(요일 4:18). 이때 우리는 신뢰와 기쁨으로 기꺼이 자신을 내맡기게 된다.

진정으로 승복하면 배우자와 힘겨루기에 더 이상 신경 쓰지 않게 될 것이다. 주기보다 얻으려 할 때는 배우자와 '하나'가 될 수 없다는 것을 깨닫게 될 것이기 때문이다.

힘겨루기 함으로써 원하는 것을 얻으려는 것은 당신이 뿌리지 않은 데서 부당하게 거두었기 때문에 사실 배우자를 속이고 탈취하는 것과 다를 것이 없다. 이렇게 되면 당신은 바라던 것을 얻지만 배우자는 희생을 치러야 한다.

당신이 배우자의 것을 훔치고 있다는 것을 어떻게 아는가

결혼생활에서 100퍼센트의 사랑을 실천하지 않을 때 당신은 배우자를 속이거나 도적질하고 있는 것이다.

하나님은 사랑의 빚 이외에는 아무 빚도 지지 말라고 가르치고 있다(롬 13:8). 이를 결혼생활에 적용하면 당신은 배우자에게 사랑의 빚을 지고 있다는 의미이다. 이는 배우자가 당신의 사랑을 받기 위해 노력해야 할 필요가 없다는 의미이기도 하다.

만일 배우자가 당신의 사랑을 받기 위하여 공을 들여야 한다면 배우자는 대가를 받는 것이다. 사랑은 자기의 유익을 구하지 않는다(고전 13:5). 그러므로 당신의 최고의 관심은 배우자를 위해 최선의 유익을 구하는 것이어야 한다.

환란 중에 기쁨 맛보기

당신이 겪고 있는 시련이 어떠한 것이든지 이를 무시하지 마라. 하나님의 말씀대로 행하라.

나의 형제자매 여러분, 여러분이 여러 가지 시험에 빠질 때에, 그것을 더할 나위 없는 기쁨으로 생각하십시오. 여러분은 믿음의 시련이 인내를 낳는다는 것을 알고 있습니다. 여러분은 인내력을 충분히 발휘하여, 조금도 부족함이 없이 완전하고 성숙한 사람이 되십시오(야고보서 1:2-4).

환경에 의해 채찍질을 당하고 있다는 느낌을 받을 수 있다. 지금 당신이 겪고 있는 시련은 비록 혹독하더라도 더 높은 영적 단계로 올라가게 하기 위한 하나님의 방법일 수 있다. 하나님을 완전히 신뢰한다면 이러한 경험은 사랑으로 감싸져 있고, 당신에게 가장 좋은 것을 가져다주기 위해 계획되었다는 사실을 확실히 알게 될 것이다.

우리는 불순종을 통해서 짊어질 십자가나 형벌인 것으로 보이는 시험이나 환경을 만들고 있다. 씨를 뿌린 데 대한 결과를 중지시킬 수는 없지만 회개하면 모든 것이 합력하여 선을 이룬다(롬 8:28)는 하나님을 말씀 그대로 믿을 수 있다.

만일 과거에 저지른 죄로 괴로워하고 있다면, 용서하는 것이 하나님의 본성이라는 사실에 위로를 받아라. 그렇지 않다면 하나님은 우리가 아직 죄인으로 있을 때 우리를 위하여 아들을 세상에 보내지는 않았을 것이다(롬 5:8).

탕자의 비유를 생각해 보라. 그 아들이 회개하자 조건 없이 용서를 받고 자기 집에서 귀한 아들의 신분을 되찾게 되었다. 이 아들은 아버지의 선한 은혜를 받기 위하여 어떤 노력을 해야 하지 않았다(눅 15:11-24). 당신도 마찬가지이다. 그러나 그는 시련과 고난을 겪음으로써 회개하게 되었으며, 이를 후회하지 않았다.

성경은 회개하기까지 슬퍼하는 것에 대하여 말하고 있다. 사실 이것은 하나님의 뜻대로 하는 회개 또는 슬픔이라고 일컬어지고 있다(고후 7:9-11). 모든 것을 하나님께 맡길 때 고통스런 경험은 하나님의 축복으로 변화될 수 있다. 당신은 결혼생활 전체를 하나님의 돌보심에 맡기고 있는가?

선을 행했는데도 벌을 받았다고 생각한 적이 있을 것이다. 성경에서 명하고 있는 모든 것을 하고 있는데, 오히려 당연한 것으로 여겨지거나 학대를 받을 수도 있다. 당신이 옳은 일을 하여 고난을 받게 되었는데 이를 참고 견디면 하나님께서 이를 기뻐하신다.

영적 날개를 펼쳐 승리하라

어떤 시험을 당하고 있더라도 영적으로 높은 곳에 있으면 하나님의 최선의 뜻을 보기가 훨씬 쉽다.

이러한 의미에서 당신은 번데기가 땅 위에서 경험하는 것과 비슷한 영적 경험을 할 수 있다. 번데기는 수족이 없기 때문에 이해와 경험이 바로 앞에 있는 것만 볼 수 있는 능력으로만 제한을 받고 있다.

반면에 당신은 번데기와는 완전히 다른 독수리의 영적 경험을 할 수 있다. 독수리의 시각은 완전히 다르다. 하나님은 독수리에게 아주 높이 날아오르는 기동성에 요구되는 예리한 시각을 주셨다.

만일 주를 바라고 소망하고(사 40:31) 말씀을 배우고(히 5:13) 믿음을 행함으로 날개를 키운다면, 전과는 다른 각도에서 경험을 하게 될 것이다. 더구나 앞에 있는 가능성을 분명하게 보고 최선의 행동 방침을 선택하는 능력은 번데기와 독수리 사이의 차이만큼이나 커질 것이다.

영적 날개를 펼칠 용의가 있는가? 그렇다면 먼저 모든 움직임이 눈앞에 있는 것에 따라서 이루어지는 번데기처럼 행동하는 것을 멈춰라. 번데기는 보는 것을 통해서만 행동한다. 따라서 길 위에 있는 장애물에 방해를 받는다.

만일 번데기가 말을 할 수 있다면 가려는 목적지에 도달하는 것을 어렵게 하거나 도달하지 못하는 것은 아마 앞에 놓인 장애물 탓이라고 할 것이다. 당신도 번데기처럼 결혼생활에서의 어려움을 배우자의 탓으로 돌리고 있는가?

때때로 당신은 돌담에 부딪혀 더 나갈 수 없다고 생각할 수도 있다. 그렇지만 당신에게 날개가 있다면 날아서 그 담을 쉽게 넘어갈 수 있을 것이다. 벽에 부딪혔다면 벽을 보는 것을 멈추고 당신에게 날개를 주시는 예수님을 바라보라.

당신은 수많은 참새 이상의 존재다!

나는 우리에게 날개를 달아 주시는 예수님의 성실함에 대해 예를 들어 말하려고 한다. 아내와 나는 어린 고양이 두 마리를 키우고 있다. 고양이는 새를 잡아먹기 좋아한다. 몇 년 전에 우리 고양이 한 마리가 입에 새끼 새를 물고 들어왔다. 그 새끼 새는 둥지에서 떨어진

듯싶었고 곧 죽을 상태였다. 고양이는 그 새를 상하게 하지 않은 채 집으로 가져왔다. 아내는 바로 조그만 신발상자 안에 수건을 넣고 그 새를 올려놓은 다음 동물보호소에 전화를 걸어 새를 돌보는 방법을 물어보았다.

하나님의 말씀과 같이 참새 한 마리도 하나님께서 허락하지 않으시면 땅에 떨어지지 않고, 우리는 많은 참새보다 더 귀하다는 것을 우리에게 보이시려고 예수께서 이 사건을 이용하셨다고 믿는다(눅 12:7). 예수님은 힘없고 무방비 상태에 있는 참새를 긴박한 때에 구해 줄 수 있으며, 그 적에게서까지도 구해 줄 수 있다는 것을 아내와 나에게 보여 주셨다. 예수님은 당신에게 이보다 더 많은 것을 해 주고 싶어 하신다. 새끼 새가 안전한 곳으로 인도함을 받은 것처럼 우리도 저항하지 말고 도움을 받아야 한다. 우리가 영적 날개를 펼치면 예수님은 안전과 최선을 보증할 도구를 주실 것이다.

독수리가 태어난 첫날부터 날아오르는 것은 아니다. 날기 위해서는 성숙의 과정을 거치면서 날개를 발달시켜야 한다. 영적 성숙을 독수리에 비교하면 날개는 맡김과 신뢰라 할 수 있다. 맡긴다는 것은 하나님께 당신의 삶에 그의 완전하며 사랑어린 뜻을 행사하도록 허락하는 의미이다. 당신이 승복하고 맡길 때, 당신은 예수께서 아버지께 말씀하신 것을 이행하고 있는 셈이다. 예수님은 고통스런 죽음을 이겨내야 한다는 사실을 알고 "나의 뜻대로 마옵시고 아버지의 뜻대로 하옵소서"(마 26:39)라고 고백하셨다. 당신은 고통받는 가운데 자신의 생각을 고집하지 말고 하나님을 완전히 신뢰해야 한다.

신뢰할 때 믿는 것이며 그 믿음이 당신을 의에 이르게 한다(롬 10:10). 그러므로 당신은 구할 수 있고 그의 뜻과 영광과 부요를 따라 받을 것이라 확신할 수 있다. 당신에게 풍성히 응답하시는 것이 그의 기뻐하는 바이므로, 당신의 상처와 결혼생활을 치유해 달라고 하나님께 담대하게 구할 수 있다.

당신은 계속해서 성장해야만 한다는 것을 깨달아야 한다. 예수님도 지식에서 성장하는 과정을 거치셨다. 당신에게는 약한 부분이 분명 있을 수 있다. 그리고 시험을 당할 때 그 약한 부분은 알게 된다. 그렇지만 당신은 하나님의 능력이 약한 데에서 완전하게 되고(고후 12:9), 그가 당신을 온전하게 하시며(벧전 5:10), 또한 당신을 시련에서 건져 내기까지(벧후 2:9) 하실 것을 하나님의 말씀으로써 확신할 수 있다.

"내 책이 그 안에 들어 있는데!"

당신은 이 책이 상당한 믿음을 요구하는 시련 따위를 겪어 보지 못한 사람이 쓴 글 뭉치에 지나지 않는다고 생각할 수도 있다. 바로 일주일 전에 바로 앞 절을 쓰고 난 다음 내 컴퓨터가 작동을 멈추었다. 내가 밤새 고생해 쓴 원고가 컴퓨터에 저장되어 있었다. 나는 디스켓에 아무것도 복사해 놓지 않았으며 프린터도 해 놓지 않았다.

모든 데이터가 날아간 것이 확실해졌을 때 아내가 백업용 디스켓 한 장을 가져왔다. 아내가 디스켓을 손에 들고 컴퓨터 앞에 앉았을 때 컴퓨터 모니터가 꺼졌다. 우리는 컴퓨터 회사에 전화를 걸어 기사를 불렀다. 그러나 아무런 도움이 되지 않았다. 데이터가 완전히 날아간 것처럼 보였다. 나는 망연자실해졌다. 나는 내가 당신에게 특정 상황에서 받아들이라고 요구했던 그 믿음을 필요로 한 중대한 시련에 직면했다.

나는 내 영혼 깊은 곳에서 하나님께서 내 지식에 기대지 말고 하나님의 말씀을 이 상황에 적용함으로써 하나님을 신뢰하라고 말하는 것을 들었다. 내 믿음이 흔들리고 있었고 그로 인해 내가 당황하고 있다는 사실을 깨달았다. 나는 한쪽 날개는 맡김을, 다른 한쪽 날개는 신뢰를 나타내는 독수리의 날개에 대해 쓰고 있었다는 사실을 상기했다. 내 믿음의 날개가 흔들리는 경험을 하게 되었다. 나는 이를 극복해야만 했다. 그렇지 않으면 나는 무너질 것만 같았다.

아내와 나는 데이터가 무사하기를 기도한 다음 드라이브를 하면서 기분전환을 하기로 하였고, 그래서 주님께 나의 마음을 쏟아 놓을 수 있었다.

나는 내 신뢰의 날개가 어려움을 겪고 있다고 주님께 기도했다. 그 응답으로 나의 영혼에게 주님이 말씀하시는 것을 들었다. "너는 네가 쓰고 있는 책을 믿느냐 아니면 나를 믿느냐?" 나는 주님을 믿기로 하겠다고 말했다. 그리고는 데이터를 완전히 날린다 해도, 하나님은 모든 것을 나에게 최선이 되게 하실 것을 믿겠다고 말씀드렸다.

집에 돌아와 컴퓨터를 켜자 원고 데이터가 컴퓨터 화면에 나타났다. 아내는 그 데이터를 디스켓에 복사했고, 나는 2시간 동안 원고를 프린트했다. 그 일을 끝마친 몇 분 후에 컴퓨터는 다시 오작동을 일으켰다.

다음날 컴퓨터를 들고 AS센터에 갔는데 하드디스크는 수리 불능 상태였다. 나의 믿음과 신뢰가 이 책의 원고를 살린 것이다.

당신이 맡기고 신뢰할 때 건강한 결혼생활이 지켜진다.

완전한 결혼 준비하기

지금까지 이 책에서 언급된 내용들을 당신의 것으로 내면화시켰다
면 그동안의 불만족스럽던 결혼을 완전한 결혼으로 바꾸기 위한 준비
가 된 것이다. 하나님의 풍성한 복을 받으려면 먼저 하나님 말씀을 행
하는 자가 되어야 한다(약 1:23-25).

많은 사람들이 하나님의 복을 받기 원하지만 인내하며 행하지는 않
는다. 인내는 헌신의 증표이다. 당신은 과연 얼마나 헌신하고 맡기고
있는가?

우리의 평소 반응은 과거에 뿌리를 두고 있는 경우가 많다. 어린 시
절의 두려움과 불안, 치유받지 못한 상처 그리고 채워지지 않은 욕구
가 있을 수 있다. 어떤 특정 상황에서 이런 좋지 못한 옛 기억이 다시

떠오르기 시작한다. 그러므로 당신이 어떤 상황에서 흥분을 하면, 그 반응이 현재에 근거하고 있는지 아니면 과거에 근거하고 있는지를 따져 볼 필요가 있다.

개인적 책임을 수용하는 것은 중요하다

예수님께 모든 것을 맡기지 않은 사람은 자신이 희생자라 생각하며 배우자를 탓한다. 당신이 진정으로 내어맡기면 그리스도를 닮은 행동으로 분명히 나타날 것이다.

그리스도는 다른 사람을 탓하지 않으셨다. 오히려 그의 본성은 사랑하고 용서하는 것이었다. 결혼생활에서 불만스러운 점이 있을 때 당신도 그리스도처럼 행하는가?

용서하지 않은 것 때문에 치러야 할 대가

만일 배우자를 용서하는 데 어려움을 겪거나 항상 과거가 들춰진다면, 그 과거 속의 타인들을 용서해야 할 필요가 있다.

용서하지 않은 대가는 두려움이다. 두려움은 사랑을 죽인다. 배우자를 용서하지 않으면 사람을 경계하게 되고, 더 나쁘게 되는 상상에 빠지게 된다. 그리고 자신이 속거나 학대를 당하거나 부당한 대우를 받을 것이라고 생각하며 살게 된다.

용서하면 좋은 일이 시작된다. 예수님은 당신의 순종에 대해 보상해 주실 것이다.

실제로 용서를 하게 되면 혈압 저하, 걱정 근심과 우울증의 해소, 부부간 화합, 사회적 능력의 향상, 분노의 저하, 소망의 증대 등이 나타 난다는 흥미로운 임상실험 결과도 있다.

하나님은 되풀이해서 무조건적인 용서를 가르치고 있다(마 18:21-22). 기꺼이 용서하지 않으면 결코 완전한 결혼을 이룰 수 없다. 그리고 그렇게 하지 않으면 당신 자신과 가까운 모든 사람들이 겪지 않아도 되는 고통을 당하게 된다.

자기 자신과 권리를 아는 것이 중요하다

자기 자신을 깊이 알고 자신을 전적으로 사랑해야만 진정한 교감을 나눌 수 있다. 당신이 진실하지 않은데 어떻게 배우자와 육체적인 수준 이상의 것을 관여하고 교감할 수 있겠는가?

게다가 당신이 부부관계에서 누려야 할 마땅한 권리를 모르고 있다면, 당연히 그 권리를 찾으려 하지 않을 것이다. 이로 인해 당신의 배우자는 알게 모르게 그 권리를 침해할지도 모른다. 간단히 말하면, 부부로서의 권리가 당신의 권리이다. 자기인식을 통해 내가 누구이고 어떤 사람이며, 내게 필요한 것은 무엇인지 알 수 있을 것이다.

자신에 대해 보다 잘 알고 싶다면 다음과 같은 질문을 해 보라고 권하고 싶다.

- 내가 좋아하는 것과 싫어하는 것은 무엇인가?
- 나의 소망과 환상은 무엇인가?
- 내가 소중히 여기는 것은 무엇인가?
- 내 인생의 목표는 무엇인가?

- 하나님은 나에게 무엇을 기대하시는가?
- 나의 강점과 약점은 무엇인가?

균형 있는 삶을 개발하라

개인적 성장에 필요한 자원을 보유하고 배우자의 욕구를 충족시키기 위해서는 삶의 균형을 이뤄야 한다. 이러한 의미에서 일과 휴식 사이에 적당한 균형을 유지해야 할 필요가 있다.

보다 많은 물질을 소유하기 위해 스스로를 압박하는 사람들이 많다. 이 때문에 피로에 시달리고 여가도 제대로 즐기지 못한다. 실제로 많은 부부들이 서로의 욕구를 만족시킬 수 없게 만드는 청구서들을 만들어 내고 있다. 그들은 공존이 아닌 겨우 동거하는 생활에 머물고 있다. 절반 이상의 부부가 이혼으로 말미암아 그들의 재산을 잃고 있다.

오늘날 물질적 소유가 충족되지 않은 교감과 영적 공허를 대체하고 있다. 하지만 예수님을 결혼생활의 중심에 두지 않고서는 삶의 균형을 얻을 수 없다.

만약 당신이 지금 경제적인 어려움에 처해 있다면, 예수님이 이 문제를 돕기 원하시며 또한 도울 수 있다는 믿음을 가져야만 한다. 만일 그렇지 않다면 어떻게 그가 당신 삶의 다른 영역에도 도움을 줄 수 있다고 믿겠는가?

믿는다는 것은 당신이 그분에게 눈을 고정하는 것이다. 그리고 경제적 어려움을 극복하도록 도와주신다고 믿어야 한다.

이혼은 관계의 파산이다

어떤 부부들은 앞으로 나아가기를 바란다. 그러나 '앞으로 나아갈' 필요를 말하는 부부들은 일반적으로 부부관계에서 '뒤처져 있는' 경우가 많다. 욕구를 채워 줌으로써 배우자를 사랑하는 일을 마치 청구 대금처럼 생각한다면 결국 파산 신청을 해야 하는 상황에 도달할지도 모른다.

사실, 이혼은 관계적인 파산이다.

사람들은 마땅한 권리인 사랑을 받지 못하고, 결혼서약을 계속 위반하면서 사과도 하지 않는 배우자와의 '거래'를 더 이상 원치 않기 때문에 이혼을 선택하게 된다.

행함은 주도권을 요구한다

배우자의 모든 욕구를 만족시키고 있지 않는 한 신실하다고 자랑하지 말아라. 당신은 배우자의 욕구를 만족시키는 데 있어 지속적으로 주도권을 쥐어야 한다. 이것은 행하는 자가 되기 위해 필요하다. 그러면 씨를 뿌린 대로 거둔다는 하나님의 원칙이 결혼생활에 긍정적인 영향을 미치기 시작할 것이다.

"여보, 돈 샌드위치 어때요?"

사람들이 일반적으로 저지르는 선의의 공통적 실수는 자신의 기준이나 기호에 따라서 배우자의 욕구를 만족시킨다는 것이다. 교감하는 의사소통을 원하는 아내의 욕구를 만족시켜 주지 못하는 한 남성 상담자가 나를 찾아온 적이 있었다. 이 남편은 아내와 깊이 있고 의미 있는 그리고 성적으로 자극적인 대화를 나누는 대신 아내에게 물건을 사 주는 것으로 그것을 대신하려고 했다. 더구나 그는 많은 집안의 허드렛일을 하며 아내가 표현한 모든 욕구들을 들어주려고 했다. 그렇지만 아내의 일차적 욕구를 위해서는 아무것도 하지 않았다. 그 결과 아내는 외롭고 우울한 기분에 빠지고 말았다. 그렇지만 남편은 아내가 비합리적이고 불평할 거리만 찾고 있다고 생각했다. 사실 그 남편은 매우 친절하며 아내에게 도움을 주려는 사람이었다.

나는 아내의 일차적 욕구를 채워 주는 것이 얼마나 중요한지를 가르쳐 주기 위해 많은 노력을 기울여야 했다. 그리고 그것을 위해 의도적으로 노력하는 것이 왜 중요한지를 설득하는 데도 애를 먹었다. 나는 그에게 아내가 흥미를 느낄 만한 잡지나 책을 읽도록 주문했으며 관계를 개발할 수 있는 방법을 일러 주었다. 하지만 불행하게도 그는 나의 권고를 전혀 따르지 않았다. 그 대신 늘어진 턱과 불평이 가득한 얼굴 표정을 지으며 희생자 콤플렉스를 드러냈다.

그래서 나는 하는 수 없이 그의 아내에게 남편의 주의를 확실하게 끌 수 있는 상황을 만들도록 요구했다. 나는 남편을 위한 식사 테이블에 다음과 같은 것들을 차려 주라고 말했다. 두 개의 빵 조각 사이에 돈을 넣은 샌드위치와 거스름돈 그리고 자신이 만족시켜 준 남편의 모든 욕구를 적은 쪽지가 담긴 유리잔을 식탁에 올려놓으라고 한 것이다. 내가 이렇게 한 이유는 욕구를 채우는 것이 얼마나 중요하며, 배우자가 표시한 욕구를 자신이 주기 편한 것으로 대신했을 때 상대방의 기분이 어떤지 직접 느껴 보도록 하기 위해서였다. 그 남편은 음

식 대신 돈과 욕구가 적힌 쪽지를 받았다. 그리고 그는 교감하는 의사
소통을 원하는 아내의 욕구는 집안의 허드렛일을 도와주는 것만으로
충분하지 않다는 사실을 깨닫게 되었다.

배우자의 욕구를 만족시켜라

만족하지 못한 욕구에 대한 보상은 아무것도 없다. 돈을 벌고 가사
를 돕는 것만으로 교감을 원하는 아내의 욕구를 만족시켜 줄 수 없다.
마찬가지로 아내가 차려 주는 진수성찬이 남편의 칭찬을 받고 싶은
욕구와 성적 만족을 대신할 수도 없다. 완전한 결혼생활을 이루려면
배우자의 욕구를 온전히 채워 주어야 한다. 다른 것으로 대신하거나
바꿔 버리는 식의 보상은 통하지 않는다. 하나님께서는 인류를 구속
하는 다른 방법을 택할 수도 있었지만 그렇게 하지 않으셨다. 그는 사
랑을 택하셨다. 하나님은 최선을 다해 배우자의 욕구를 채워 주라고
하시지 자신의 입맛에 맞는 편리한 방법으로 욕구를 채워 주라고 하
지는 않는다. 결혼에서도 마찬가지이다. 나는 이 책을 쓰면서 예수님
께서 모든 부부들에게 "나를 따라 오라"고 성령을 통해 말씀하시는
것을 들었다.

게리 채프만은 《5가지 사랑의 언어 The Five Languages of Love》에서
"관계에 있어서 도전과 어려움을 겪는 주된 이유는 부부가 상대방의
욕구나 사랑의 언어에 따라서 사랑을 표현하는 데 실패하는 것과 관
련이 있다"고 쓰고 있다. 가령 아내는 남편을 얼마나 사랑하는지 보여
주기 위해 집 안을 깨끗이 청소하고 먹음직스런 요리를 할 수 있다.
하지만 남편의 주된 욕구가 성관계를 하는 것이라면 그 노력은 관심

을 끌지 못하거나 남편이 그다지 고마워 하지 않을 것이다. 그러므로 서로의 주된 욕구가 무엇인지 알아내서 그대로 만족시켜 주는 것이 중요하다.

배우자의 욕구를 만족시키는 것은 사랑을 더하는 문제이다. 이는 배우자의 욕구를 자신의 욕구보다 우선하여 다루어야 한다는 의미이다.

아무도 당신에게 고양이 고기를 먹으라고 하지 않는다

나는 최근에 다소 저항적인 한 여성을 상담했다. 그녀는 그럴 기분이 되어야 배우자의 욕구를 만족시켜 줄 수 있다고 말했다. 그러면서 자신이 이 문제를 어떻게 다루어야 하는지 알고 싶다고 했다.

나는 예수님이 진리의 메시지를 전달하기 위해 얼마나 자주 비유를 사용하셨는지 묵상해 보았다. 그리고 대답 대신 다음의 예화를 사용하기로 마음먹었다.

래시티 박사

우리 집 고양이는 쓰레기통 냄새가 나는 축축하고 걸쭉한 음식을 좋아합니다. 하지만 내가 며칠을 굶었다고 해도 차라리 죽으면 죽었지 고양이 밥을 먹지는 않을 것입니다. 생각해 볼 것도 없습니다. 그렇지만 나는 무슨 일을 하고 있든 기분이 어떠하든, 고양이에게 하루에도 몇 번씩 먹이를 줍니다. 나는 그렇게 하는 게 좋습니다. 심지어 한밤중에도 고양이 밥을 챙겨 줍니다. 왜냐하면 고양이를 사랑하기 때문입니다. 나는 고양이가 좋아하는 그 먹이를 먹을 수 없지만 고양이를 즐겁게 해 주는 것은 좋아합니다. 만약 내가 기분 좋을 때만 먹이를 준다고 생각해 보세요. 처음에는 먹이를 달라고 보채겠지만 나중에는 내게 아무것도 기대하지 않고 스스로 먹이를 찾아 나설 것입니다.

사랑의 옷을 입으면 불편함을 괘념치 않게 된다. 그렇다. 당신의 간절한 소원은 배우자의 바람과 갈망을 알아서 바람의 날개를 달고 날아가서라도 그 욕구를 채워 주는 것이다.

결혼생활을 회복하는 첫 단계는 의지적 행동으로부터 시작된다. 그러면 예수님께서 당신의 발걸음을 인도하시고 당신의 계획을 세워 주실 것이다(잠 16:30).

일관성 있는 실천의지를 가지고 긍휼한 마음을 가지고 어떤 대가를 받을 것을 기대하지 말고 배우자에게 최선이 되며 최고의 행복을 가져다 줄 것을 행하라(고전 10:24; 13:5; 빌 2:21 참조). 또한 배우자와 말다툼이나 논쟁이나 불평이나 시비를 걸게 하는 모든 시험을 물리쳐라(잠 10:19; 25:24; 빌 2:14; 딛 3:9; 약 4:2; 벧전 3:1 참조).

배우자를 변화시키려고 하는 비효과적인 옛 방법을 고수하려는 유혹을 거부하면서 한마음으로 예수님을 따르기로 결단하고(약 1:8) 결혼을 회복하라. 당신의 감정에 거스르더라도 믿음을 따라 인도함을 받으라(벧전 1:5).

당신의 어려움을 예수님이 당신의 약점을 보완하시는 기회로 보기 시작하라(고후 12:9 참조). 모든 어려움을 겪는 것은 완전한 결혼생활로 나아가는 길에서 믿음을 강건하게 하는 기회이다. 영적 성장의 과정은 당시에는 고통스럽지만 영적으로 더 높은 곳에 이르게 하며 훨씬 더 큰 행복을 가져다 줄 것이다.

하나님은 높은 영적 소명을 지닌 사람을 광야를 통하여 시험을 받고 강해지도록 하신다. 완전한 결혼생활은 전적으로 맡기고 인내하고 믿는 것을 요구하는 최고의 목표이다.

당신의 배우자가 고양이 먹이를 먹으라고 요구하지 않는 한, 당신은 사랑의 옷을 입어야 한다. 이렇게 할 때 왕이나 여왕에게 어울리는 완전한 결혼생활을 누릴 수 있다.

이것이 마땅히 드려야 할 합리적인 예배이다(롬 12:1).

그렇지 않으면 배우자가 당신을 개나 도둑 고양이 정도로 취급하고 있다고 느껴야 할지도 모른다.

서로 바른 길을 가도록 돕기

결혼은 부부가 100퍼센트 사랑을 현실로 만들기 위해 서로 의지해야 하는 하나의 단위이다. 부부 가운데 한 명이 보다 빨리 성장할 수도 있다. 따라서 다른 한 사람은 겉으로는 퇴보하고 있는 것처럼 보일 수 있다. 이는 모든 부부에게서 일어나는 일반적인 현상이다. 그러므로 낙심하거나 100퍼센트 사랑법이 별로 효력이 없다는 생각을 버려야 한다. 예수님에게서 눈을 떼고 자기 환경을 생각하다 물에 빠진 베드로의 전철을 밟지 말기 바란다.

성장에 대한 진정한 시험은 도전과 시련의 때에 있다. 우리는 갈등과 씨름하는 경험을 통해 성장한다. 당신이 의를 위하여 고난을 받으면 복이 있다(벧전 3:14). 그러므로 진정으로 비판하고 싶을 때 오히려 지지하라. 배우자가 비효과적인 옛날 방식을 따를 때 오히려 그를 격려하라. 배우자에게 당신의 헌신을 보여 주고 사랑이 무엇인지 본보기를 제시하라.

끝으로 서로 탈선하지 않도록 사랑하지 않는 행동이나 사랑을 느끼지 못하게 하는 행동은 서로에게 알려 주고, 그것에 주의를 기울이기로 약속하라.

서로 지원하며 결혼을 지켜라

부부간의 상호 지지는 완전한 결혼이라는 목표를 향하여 나아가는데 화합과 사랑을 고무하는 역할을 한다. 그러므로 사랑을 방해하거나 저해하는 요소들은 관계를 보호하기 위해 즉시 거론되어야 한다. 배우자가 당신의 어떤 행동에 대해 주의를 환기시켜도 그가 나를 판단하고 있다고 생각해서는 안 된다. 방어적인 자세를 버리고 부부관계의 성장을 자극하고 보호해 준 것에 대해 감사를 표시하라. 처음에는 이렇게 하는 것이 어렵겠지만 계속 노력하다 보면 큰 도움이 될 것이다.

격려와 칭찬은 또한 서로의 성장을 고무하고 성취감과 행복감을 느끼는 지점까지 관계를 키우는 데 꼭 필요하다.

흥분하고 감정이 고조될 때 서로 위로하는 것이 매우 중요하다. 분노는 위협에 대한 방어로 표출되는 표면적 감정이라는 점을 결코 잊어서는 안 된다. 이러한 분노의 이면에는 결혼생활에 영향을 미치는 여러 가지 부정적인 감정들이 숨어 있다.

배우자의 생각과 감정 그리고 욕구에 귀를 기울여야 한다. 배우자가 무슨 말을 하든, 무엇을 요구하든 방어적이 되지 않도록 하여 의사소통에 위협이 되는 요소를 제거해야 한다. 동의하지 않는 것은 괜찮지만 싸우거나 '공정한 싸움'에 참여하는 것은 좋지 않다. 피차 왕과 여왕에 어울리는 품행을 유지해야 한다.

배우자가 말하는 것에 귀를 기울이고, 필요로 하는 것이 무엇인지 정확히 이해하려고 노력하라. 배우자가 원하는 것이 무엇인지를 이해하고 그 욕구들을 그리스도가 하신 것처럼 채워 주기 전에는 승리자가 될 수 없다. 서로 궤도를 벗어나지 않도록 붙들어 주는 것은 당신이 어떻게 대우받기를 원하는지에 대한 본을 보여 주는 것과 배우자가 기대에 미치지 못할 때 독선적으로 반응하지 않는 것을 의미한다.

배우자가 전적으로 솔직하고 개방적일 때, 특히 당신이 화가 나 있을 때, 배우자가 말한 것이 어떠한 것이든지 결코 배신해서는 안 된다. 왜냐하면 이는 신뢰를 훼손하고 관계의 기초인 사랑을 해치기 때문이다.

완전한 결혼이라는 높은 목표는 더 높은 기준을 요구한다. 그러나 그로 인해 누리게 될 큰 유익은 치러야 할 잠시의 희생을 크게 능가한다.

주 안에서 성장함에 따라 한때 희생처럼 생각되었던 것이 기쁨으로 여겨질 것이다.

필요할 때 두 사람의 몫을 기꺼이 감당하라

배우자가 이 책에서 제시한 원칙을 따라 당신을 사랑하지 않을 때가 있을 것이다. 이때가 바로 당신의 희생이 요구되는 때이며, 실제로 당신의 믿음이 시험받을 때이다.

희생이 따른다고 자신을 내어주지 않는다면 주는 일에 조건을 다는 것이다. 이것은 사랑이 아닌 물물교환일 뿐이다. 이렇게 되면 사랑의 의미는 크게 축소되고 만다.

예기치 못한 관계의 어려움을 극복하려면 그리스도처럼 당신의 몸을 기꺼이 감당함으로써 사랑해야 하고, 그 결과를 그리스도께 맡겨야만 한다.

"나는 무슨 일이 있어도 아내를 사랑하겠습니다!"

이제 내 생각을 좀더 분명히 하기 위해 몇 년 전에 내가 경험한 한 사건을 이야기하려고 한다.

아내 메리는 최근에 홀로된 장인을 돌보기 위해 친정에 들렀다. 당시 장인은 심장 수술을 받고 회복 중에 있었다.

장인은 우리 집에서 600킬로미터 이상 떨어진 뉴욕 북부의 노스 콜린스라는 작은 마을에서 살고 있었다.

아내가 장인을 얼마나 오래 돌봐드려야 하는지 알 수 없었다. 그렇지만 우리는 장인의 필요를 우선에 두기로 마음먹었다. 그리고 장인의 건강 회복에 필요하다면 그 어떤 희생도 감수할 작정이었다.

메리가 처갓집으로 떠난 지 한 달 정도가 지난 무렵, 나는 아내에게 자녀와 다른 모든 것을 떠나 한 달 동안 우리 둘만의 시간을 갖고 싶다고 말했다.

뜻밖에도 아내는 방어적으로 반응했다. 아내는 내가 좋은 아내가 되지 못한 자신을 공격하고 비난하기 위해 고의로 그런 제안을 하고 있다고 장광설을 늘어놓았다. 내가 설명하면 할수록 아내는 더 방어적으로 나왔고 적대적이 되었다.

우리의 갈등은 내가 전화기를 내던져서 전화기기 부서지지 않을까 염려될 정도로 심해졌다.

나는 온몸이 부르르 떨릴 정도로 화가 났다.

내 자신을 방어하는 가운데 메리가 나를 존경하지도 복종하지도 않으며, 말없이 내 마음을 사로잡으려 하지도 않고, 모두 거부하고 있다는 생각이 들었다.

바로 그때, 아내에게는 이 상황에서 하나님의 말씀을 실천하려는 마음이 없다는 사실을 깨닫게 되었다. 사실 말다툼 중에 아내는 "나는 말없이 당신을 사로잡을 마음이 없어요!"라고 실제로 말하기도 했다.

하지만 나는 내 태도도 잘못되었다는 사실을 깨닫게 되었다. 나는 몇 분 동안 교만과 겸손 사이에서 갈등했다. 기분 나쁜 말을 해서 아내에게 상처를 주고 싶었고, 아내를 힘으로 굴복시켜 나에게 복종하도록 하고 싶었다.

나는 힘겨루기를 멈추고 어떤 해답을 얻기 위해 나의 내면과 하나님의 말씀을 들여다보기 시작했다. 나는 배우자가 협조적이지 않거나 하나님의 말씀에 순종하지 않을 때—그것이 남편이든지 아내이든지—어떻게 행동해야 하는지 생각하기 시작했다.

이어 나는 사랑의 빚 외에는 아무에게든지 아무 빚도 지지 말아라. 남편들아 아내 사랑하기를 그리스도께서 교회를 사랑하시기 위하여 자신을 주심같이 하라는 말씀 그리고 내가 이 책에서 제시한 몇 가지 원칙들을 묵상하기 시작했다.

순간 사랑이 언제나 해답이라는 생각이 들었다. 오직 아내의 최선과 유익을 위해, 아내의 욕구를 위해 나 자신을 희생하며 조건 없이 내어주는 사랑이 해답이라는 결론에 도달하게 되었다.

나는 아내의 행동이나 태도와는 관계없이 내가 아내에게 사랑의 빚을 지고 있다는 결론을 내렸다. 아내에게는 사랑받을 자격이 있었다.

아내를 사랑하지 않는다면 그것은 아내의 마땅한 권리를 훔치는 것이었다. 뿐만 아니라 나는 내가 아내로부터 원하는 것의 본보기가 될 필요가 있었다. 그러나 잠시 동안 이러한 원칙들을 실천하는 것은 조금 무리인 듯싶었다. 그렇지만 하나님은 무엇이든 하실 수 있으며, 말씀에서와 같이 나는 조용히 있어 그분이 주님 되심을 알아야만 한다는 생각을 하게 되었다. 또한 내가 지금껏 독자들에게 주장해 온 것들을 몸소 실천해야 한다는 도전을 느꼈다. 그래서 나는 내 주장이 옳으며, 성령께서 나의 저술의 많은 부분을 인도하셨다는 사실을 진정으로 믿었다.

나는 "아내를 사랑하겠다"고 속으로 몇 번이고 되풀이하여 중얼거렸다. "아내가 계속해서 나를 힘들게 하거나 소리를 질러도, 밤새도록, 내일도, 모레도 그리고 그 다음날도 그렇게 할지라도 나는 아내를 사랑할 것이다!"

내가 아내를 사랑하는 것을 그만두게 할 수 있는 말이나 행동이 아내에게는 전혀 없다고 생각했다. 정말이지 그런 것은 아무것도 없다!

몇 분 후에 아내의 전화가 걸려왔다.

나는 바로 아내에게 기분을 상하게 하고, 소리를 지르고, 일방적으로 전화를 끊어 버린 것에 대해 사과했다. 그리고 "당신은 우리가 결혼할 때 내가 바랐던 모든 것이었으며 아직도 그래요. 나는 당신을 사랑해요. 그리고 당신은 무엇으로도 이런 내 생각과 느낌을 바꿀 수 없어요."

나는 진지했고 아내는 울기 시작했다. 아내는 내가 자신의 품위를 떨어뜨리려 했다는 애초의 생각이 틀렸다는 사실을 깨달았다. 또한 나는 내 말을 아내가 왜 왜곡하게 되었는지도 알게 되었다. 어린 시절, 아내에게는 좋은 의도로 어떤 일을 하고도 야단을 맞은 경험이 있었다. 아내가 내 말을 왜곡하게 된 바탕에는 상처받았던 어린 시절의 경험이 깔려 있었던 것이다.

당신이 배우자 때문에 기분이 상했다면, 갈림길에 서 있다고 가정해 보라. 그 상황에서 하나님의 말씀을 적용할 수도 아니면 승산 없는 힘겨루기를 선택할 수도 있다. 이와 같은 고통스러운 도전은 각성의 기회이자, 특정 상황에서 승리를 거둘 수 있는 방법을 개발할 수 있는 기회이다.

결혼생활을 지키는 법

결혼생활을 지켜내려면 당신의 혀를 조심해야 한다. 그 중요성은 아무리 강조해도 지나치지 않다. 우리가 말하는 것은 무엇이든 꿍장한 힘을 지닌 믿음의 말이다. 나는 우리가 하는 말이 그대로 실현된다고 굳게 믿는다. "당신은 결코 변하지 않을 거야" 또는 "아무리 해도 당신을 기쁘게 할 수 없다"고 말하면 분명히 그대로 이루어진다. 우리는 이와 같은 말을 자기충족적 예언 *self-fulfilling prophecies* 이라고 부른다. 당신의 고백은 당신의 행선지에 이르는 길을 포장한다.

승리로 가는 길과 파괴로 가는 길은 혀에 달려 있다. 두려움으로 인한 부정의 말을 하는 것은 실제로 그렇게 될 것이라고 믿고 있기 때문이다.

지혜로운 사람은 반석 위에 그 집의 기초를 놓는다(시 19:14; 마 7:24; 롬 9:33 참조). 나머지는 모두가 가라앉는 모래이기 때문이다.

완전한 결혼의 진정한 기초는 예수님이다. 예수님은 당신을 지키시는 분이며, 당신의 힘이며, 당신을 인도하는 빛이다. 또한 당신의 반석이고, 목자이며, 진리이며, 완전한 결혼을 이루게 하는 길이다.

당신의 태도를 검토하라

"그 사람의 태도가 그 사람의 지위를 결정한다"는 말이 있다. 배우자를 대하는 당신의 태도는 어떠한가?

당신의 태도는 필요한 변화를 일으키도록 배우자에게 동기를 부여할 만한가?

혹 이 책에서 권고하는 내용 중에서 방어적으로 느껴지는 것이 있는가?

만약 방어적으로 느낀 적이 있다면, 배우자가 당신이 불쾌하게 생각하는 행동을 하고도 그냥 지나칠지 모른다는 방어적 인식 때문이 아니겠는가? 그리고 당신의 뜻을 버리고 주님의 뜻에 승복하라는 말 때문에 방어적이 되는 것은 아닌가?

이 책이 하나의 관점만 편향적으로 제시하고 있다고 생각하는가? 만일 이런 방어적인 생각을 한다면 우선 예수님을 신뢰하고 마음을 변화시켜야 할 필요가 있다.

하나님은 마음에 가득한 것이 입으로 나온다고 하였으며, 당신의 보물이 있는 곳에 당신의 마음도 있다고 한다(마 6:21 참조).

시편 39편 1절은 악한 자 앞에서 나의 입에 재갈을 물려 말을 조심하라고 가르치고 있다. 그러므로 만약 배우자가 적처럼 느껴진다고 해도 이 말씀을 따라 지혜를 발휘해야 한다.

에드 휘트 박사는 《결혼한 부부를 위한 애정생활 *Love-Life For Every Married Couple*》에서 감정적으로 소원해진 부부들에게 다음과 같이 말하고 있다. "당신은 배우자에게 완전하게 행동해야만 한다. 결혼생활에서의 당신의 역할을 다하기 위해 성경에서 처방하는 모든 것을 해야 한다. 또한 성경에서 말하는 사람이 되어야 하고, 배우자의 마음을 뒤틀리게 하는 어떤 일도 피하기 위해 매우 민감해야만 한다."

나아가 그는 "완벽한 행동에 대하여 말한다면, 우리의 행동과 태도에 근본적인 변화를 일으키기 위한 모범과 목적과 힘을 제공하면서 이를 가능케 하는 이는 주님이라는 사실을 우리가 항상 인식해야만 한다"고 말하고 있다.

그가 말하는 진정으로 배우자를 사랑하는 방법을 배우기 위해 지켜야 하는 첫 번째 규칙은 "배우자를 기쁘게 하고 그의 욕구와 소원을 만족시킬 수 있는 모든 것들을 일관성 있게 하는 것"이다.

배우자를 기꺼이 안고 가라

100퍼센트 신실한 노력에도 불구하고 0에서 10까지의 척도를 기준으로 했을 때 부부만족도가 8정도밖에 나오지 않을 때가 있을 것이다.

당신이 완전히 지쳐 있을 때는 무언가를 해 줄 마음이 생기지 않을 것이다. 대부분의 사람들은 이런 상황을 정당화한다. 하지만 이 경우에도 가능한 모든 것을 해 주어야 한다.

당신의 배우자가 100퍼센트 노력을 다해도 완전한 만족을 느끼지 못할 수 있다. 하지만 이때도 받은 만큼만 주려 하지 말고 오히려 전부를 줌으로써 '배우자를 껴안고 가야 할' 필요가 있다. 이렇게 하려면 배우자를 보다 더 이해하고 인내하며, 기대한 만큼 받지 못해도 만족할 줄 알아야 한다.

하나님은 기쁜 마음으로 주는 자를 사랑하신다(고후 9:7). 당신의 배우자는 당신의 돈을 필요로 하지 않는다. 배우자는 당신을 필요로 한다.

이견을 조정할 수 있는 해결책을 만들어라

결혼생활에서 '궤도를 벗어나지 않기 위해' 실천해야 할 또 하나의 중요한 지침은 의사결정을 하는 데 있어 생기는 이견을 두 사람 모두가 실행할 수 있는 해결책으로 바꾸라는 것이다. 여기서 필요와 결정의 차이를 혼돈하면 안 된다. 부부의 욕구를 만족시키려면 직접적인 접촉이 필요하다. 가령, 결정은 물건을 구매하는 것과 같이 특정한 행동노선을 고르거나 선택하는 것을 의미한다.

서로의 뜻을 모으기 위해 우선 따라야 할 원칙은 불만이 있는 배우자가 반드시 서로 수용할 만하며 배우자의 욕구를 타협하거나, 무시하지 않는 해결책이나 대안을 제안하는 방식으로 관계를 지배하는 것이다.

그 최종 결정은 반드시 부부 모두가 '이기는' 것이어야 한다. 이렇게 된다면 부부관계는 어떤 실패도 하지 않을 것이다.

당신이 제안한 의견이나 대안을 배우자가 수용하지 않는다면, 거절한 배우자가 먼저 상대방이 수용할 수 있는 해결책을 제시해야 한다. 가령, 저녁을 먹으러 나가자는 아내의 제안이 마땅치 않다면 당신이 그에 대한 대안을 내놓아야 한다.

의견의 일치를 보고 서로 만족할 만한 결정을 하기까지 '왕족의 예절을 지키면서' 대화를 계속하라.

의견일치를 보기 위해 덤으로 투자하는 시간은 힘겨루기를 하는 것보다 시간이 덜 들고 보다 보상적이다.

결혼생활을 누가 지배하기를 원하는가?

많은 사람들이 남편들은 모든 결정권을 독점하고 또한 모든 것을 통째로 지배하고 싶어 한다고 오해하고 있다.

창세기에서 하와가 선악과를 먹을 때 아담은 그저 뒤로 물러나 이를 묵인했다. 그로 인해 남자는 원하지 않는 것―일하고 다스리는 것―을 해야만 하는 형벌을 받았다.

일을 마치고 집에 돌아온 남편이 그저 편하게 쉬면서 텔레비전이나 보고 집안 일에는 별로 개입하고 싶어 하지 않는다는 것을 눈치 챈 적이 있지 않은가? 남편은 에덴동산에서 아담이 그랬던 것처럼 뒤에 앉아 있고, 아내가 모든 일을 하기를 원한다. 반대로 하와는 남편의 다스림을 받고 지배권을 넘겨주도록 요구받게 되었다.

무엇인가를 지배하려면 상당한 노력과 희생이 필요하다. 남편은 자신이 지배하는 일의 대부분을 아내에게 주고 싶어 한다. 그러나 그는 당신의 모든 존경을 독차지하고 싶어 한다. 당신이 남편의 게으름을 참기 어려운 것과 마찬가지로 남편은 자기를 무시하는 모든 것을 견딜 수 없어 한다. 칭찬과 찬사는 리더십을 발휘하고 싶은 남편의 욕구를 끌어올린다.

하나님이 당신에게 요구한 아내의 역할을 다하려면 먼저 남편이 다스리기를 원해야 한다. 그리고 하나님이 정해 준 역할을 수행하는 남편을 지배자라 여겨서는 안 된다. 하나님의 눈에 리더십은 남편을 특징짓는 표지이다. 또한 남편은 적절한 리더십을 발휘해 아내가 잠언

31장의 여인처럼 될 수 있도록 도와야 한다. 아내가 독립적이면서 가족의 복지를 책임지는 여인으로 성장할 수 있도록 인도해야 한다.

무승부의 경우 누가 이기는가?

영적 리더십과 가정관리의 경계 밖에 있는 의사결정은 아내가 원하는 쪽으로 내리는 것이 좋다.

당신은 아내와 함께 친구 집에 놀러가고 싶지만, 아내는 당신과 쇼핑을 한 다음 같이 산책을 하고 싶어 한다고 가정해 보자. 이 경우, 두 사람 모두 이 책에서 말하고 있는 법칙을 적용해야만 한다. 뿐만 아니라 최종 결정에 도달하기 위하여 사랑을 실천해야 한다.

따라서 이 문제를 논의하는 과정에서 당신은 조건 없이 희생적으로 상대의 최선을 위하여 당신 자신을 주어야만 한다.

그리스도가 교회를 사랑하여 자신을 내어준 것처럼 아내의 욕구를 먼저 만족시켜 줘야 한다.

그리스도는 결코 "아니오"라고 말한 적이 없으며, 교회의 필요를 자신의 필요보다 항상 우선했다. 당신도 어떠한 결정을 내릴 때 그렇게 해야 한다. 만일 아내에 대한 배려와 이해가 부족하다면 안 좋은 결과가 따르게 된다.

좁아 보이는 이 길을 예수님을 따라 기쁘게 가다 보면 모르는 사이에 서서히 변화하고 있는 배우자를 목격하게 될 것이다. 그리고 당신이 모르는 사이에 가나안 복지(당신이 바라고 기도했던 완전한 결혼)가 눈 앞에 펼쳐질 것이다!

완전한 결혼을 위한
사랑의 적용

17장에서 다룬 변화를 이루었다면 완전한 결혼은 이제 멀지 않은 곳에 있다.

잠시 가던 길을 멈추고 하나님을 기쁘게 하고, 완전한 결혼을 이루기 위해 어떤 변화가 필요한지 보여 달라고 성령께 간구하라. 믿음으로 당신의 인생과 결혼을 위한 하나님의 완전하신 뜻을 알려 달라고 기도하라.

그러나 진실을 말하자면 지금까지 당신은 별 효과가 없는 세상의 접근방법만을 시도해 왔다. 하나님의 말씀은 헛되이 돌아오지 않는다.

또한 원하는 변화가 과연 일어날지 또 언제 일어날지 모르는 상황에서도 하나님의 말씀을 따를 것인지 스스로 검토해 볼 필요가 있다.

배우자가 바로 변화를 보이지 않는다고 해도 하나님을 신뢰하겠는가?

또한 배우자를 통제하고 싶은 욕구를 버리고 배우자를 기꺼이 성령의 인도하심에 맡기겠는가?

당신은 배우자의 생각과 마음을 바꾸기 위해 애쓰지만, 오직 성령만이 배우자를 변화시킬 수 있다.

하나님을 신뢰하라. 당신의 꿈이 이제 이루어지려고 한다.

완전한 결혼에 이르는 길

완전한 결혼은 하나님의 도움으로 가능하다. 다음은 완전한 결혼에 이르기 위해 거쳐야 하는 과정이다.

그리스도를 삶의 중심에 두기 =

그리스도를 결혼생활의 중심에 두기 =

하나님 말씀에 순종하기 =

성령의 인도하심 =

아가페 사랑의 적용 =

마음에서 우러나 무조건적이며 희생적으로 주기 =

부부의 서약 + 부부의 역할 이행 =

부부 욕구의 충족 =

부부의 화합 =

부부의 조화 =

부부 상호간 의무의 이행 =

완전한 결혼!

단기 및 장기 목표를 세워라

완전한 결혼을 이루려면 부부가 어렵게 느끼는 성격이 무엇인지를 판단하고 합리적인 장·단기 목표를 세워야 한다.

단기 목표로 고려해야 할 것들은 다음과 같다.

- 서로의 욕구에 더 민감해지기
- 방어적이 되기보다는 경청하기
- 서로 용서하기
- 예수님과의 관계를 견고히 하기
- 서로의 가장 중요한 욕구를 확인하고 그 욕구를 채워 줄 방법을 확인하기
- 질적 시간을 더 많이 함께 보내기
- 각자가 의사소통하는 방법을 개선하기
- 서로 기쁘게 하는 것과 기쁘지 않게 하는 것이 무엇인지 확인하기
- 하나님의 말씀에 따라 부부로서의 성역할을 이행하기
- 스트레스를 받거나 부부간 불화가 있을 때 서로 지원하기 위한 계획 짜기

이제 당신의 장기 목표는 완전한 사랑의 관계를 창조함으로 완전한 결혼에 이르는 것이다.

완전한 결혼을 이루는 데
얼마나 오랜 시간이 필요한가?

완전한 결혼을 이루기 위해 완전하게 승복하고 자신을 맡기기까지는 시간이 필요하다. 그리고 그렇게 되면 배우자의 욕구를 만족시키고 싶은 마음이 생기게 된다. 승복과 헌신과 인내는 변화의 과정에서 꼭 필요하다. 이 모두는 믿음의 열매이다. 그러므로 빨리 승리하기 위한 열쇠는 예수님께로부터 오는 믿음이다.

결혼생활에서의 가나안 복지에 도달하기

당신과 배우자가 겪는 모든 도전이 당신의 믿음을 굳게 할 것이다. 그러므로 역경을 실패로 보지 말고 당신의 믿음을 시험하고 굳게 하는 수단으로 여겨야 한다. 히브리서 11장은 하나님의 약속을 이루고 믿음으로 승리한 많은 사람들을 보여 주고 있다.

하나님께서 이스라엘 사람들을 이집트의 노예살이에서 구원하신 후에 그들이 살기를 원하셨던 가나안 땅 이야기를 떠올려 보라. 그들이 가나안 땅에 도달하지 못한 이유 가운데 하나는 감사하지 않았기 때문이었다. 불평하고 비판하며, 부정적 고백을 했기 때문이었다.

이를 결혼생활에 적용해 보자. 불평하는 것을 배우자나 배우자에 대한 당신의 의무에서 흠을 찾는 것을 뜻한다. 전통과 관습 그리고 사회적 관습과 상황 등이 구약시대와는 전혀 다른 현대 사회에서, 변치 않는 하나님의 말씀에서 흠을 찾으면서 투덜댄다. 하나님은 변함이 없으시다. 부부에게 주시는 하나님의 말씀은 수천 년 전이나 지금이나 다르지 않다.

하나님의 뜻을 거역하고 불평한다면 결혼생활을 위한 하나님의 가나안 땅에 이를 수 없다. 그렇지만 믿음으로 살면 하나님의 멋진 약속이 성취되고 풍성한 결혼이 이루어질 것이다. 하나님은 믿음으로 사는 것을 구약시대에 요구하셨지만 그것은 오늘날에도 유효하다.

당신이 믿음을 행사할 때 그 결과물은 사랑이 될 것이며, 그 사랑은 주는 형태로 나타날 것이다. 그리고 당신의 주된 목표는 배우자의 욕구를 일관성 있고 완전하게 채워 주는 일이 될 것이다.

당신은 배우자의 모든 욕구를 만족시킬 수 있다. 하나님은 당신이 그렇게 할 수 있도록 이미 모든 것을 마련해 주셨다. 그는 믿는 자들에게는 모든 것이 가능하다고 약속해 주셨다.

완전한 결혼은 과정이다

완전한 결혼을 하나의 사건으로 보지 말고 과정으로 보아야 한다.

받기를 기대하고 주어야 한다. 그러나 언제 받을지는 하나님이 정하시도록 맡겨야 한다.

배우자에 대해 오래 참아야 한다.

하나님은 당신이 믿음으로 살기를 원하신다. 때가 되면 받게 될 것이다!

여러 가지 시험과 도전을 겪는 동안에도 계속해서 하나님을 찬양하라. 그렇게 할 때 당신의 삶을 위한 그의 완전한 뜻이 이루어지고, 마음의 소원이 성취될 것이다(시 37:4). 당신과 배우자는 서로 다른 개인적인 도전을 맞닥뜨리게 될 것이며, 그 중 어떤 것은 당장 변화하기 위한 당신의 반응과 동기부여를 방해할 수 있다.

하나님은 배우자와 보다 깊은 사랑을 나누고 보다 효과적인 관계를 유지하기 위하여 어떠한 내적 변화가 필요한지를 보여 주실 것이다. 어쩌면 당신은 사랑을 방해하는 어린 시절의 고통스러운 기억에서 벗어나야 할지도 모른다. 부부의 위기는 이러한 무의식적인 영향과 정서적인 힘을 드러나게 할 수도 있다.

우리 부부는 다른 부부들과 똑같은 도전에 직면했다. 그러나 우리는 믿고 순종하기로 했으며, 그때마다 가능하리라고 생각하지 못한 보다 높은 수준의 사랑과 교감을 나누게 되었다. 기대하고 바랐던 것 이상의 결혼에 다다르게 된 것이다.

포기하지 말아라!

이 과정을 적어도 한 달간 전심전력하여 시도해 보라.

당신은 삶의 한 방식으로서 배우자를 무조건 사랑해야 한다. 예수님은 이를 기대하신다.

습관을 버리기까지는 일반적으로 20일 정도가 걸리기 때문에, 당신은 처음 3주간은 변화에 대한 큰 도전에 직면하게 될 것이다.

육체적인 유혹을 받게 될 것이다. 특히 당신의 자존심을 건드리려 할 것이다. 겸손하라! 그러면 하나님께서 당신과 당신의 결혼생활을 높이실 것이다. 사랑을 거부하거나 포기하고 싶은 유혹을 물리쳐야 한다. 특히 배우자의 반응에 불만스러울 때 그런 유혹을 더더욱 물리쳐야 한다.

사랑 이외의 모든 행동이 사랑의 흐름을 방해한다는 사실을 명심해야 한다.

완전한 결혼을 위한 매순간의 지침

성령의 인도하심을 따라 사랑을 적용하게 되면 매순간마다 완전한 결혼을 누릴 수 있다. 예컨대, 서로의 욕구를 만족시키고 있는 동안에는 스스로 '완전한 결혼'을 이루고 있다고 간주하라.

그리고 배우자의 욕구를 제대로 만족시키지 못하고 있다면 결혼이 불완전한 단계에 있다고 생각하라. 당신의 결혼에 대한 하나님의 뜻은 완전하게 되는 것이다.

서로의 욕구가 만족되었다면 당신의 결혼을 완전한 것으로 보기 시작하라. 욕구가 좌절되었다면, 이때 예수님께서는 어떻게 하셨을지 생각해 보라. 그렇지 않으면 불화에 빠지게 될 것이다. 예수님이 그랬듯이 어려움을 통해 지속적으로 배우려는 시도를 해야 한다.

완전한 결혼을 이루기 위해서는 문제가 있는 부분에 변화를 도모하는 것이 꼭 필요하다.

또한 결혼을 합격/불합격의 관점에서만 판단해서는 안 된다. 쉽게 말해서, 완전한 결혼을 이루는 것과 아니면 완전한 결혼을 이루지 못하는 것, 두 가지로만 보지 말라는 것이다.

그 누구도 완전한 결혼을 소유할 수는 없으나 누구든지 완전한 결혼에 도달하는 기쁨을 맛볼 수 있다. 그렇다! 완전하게 되지 않고도 완전한 결혼을 이룰 수 있다.

축복이 당신의 앞에 놓여 있다

당신이 사랑을 주고받는 동안에는 하나님의 손에서 오는 축복을 거두면서 완전한 결혼의 기쁨을 맛볼 것이다.

하나님이 정하신 부부로서의 당신이 역할은 완전한 결혼을 이루기 위해 당신이 먼저 추구해야 할 목표가 되어야 한다. 이러한 가르침은 또한 하나님에 대한 당신의 믿음과 사랑을 시험할 것이다. 당신이 하나님을 사랑하면 그의 계명을 지킬 것이다. 성경은 당신이 믿음으로써 하나님의 계명을 지킬 때 그분이 기뻐하신다고 말하고 있다.

하나님의 나라와 그 의를 먼저 구하라. 그리하면 하나님은 완전한 결혼을 당신에게 더하실 것이다.

친애하는 형제와 자매여, 결혼을 파멸에 이르게 하는 길로부터 떠나라. 예수님을 택하라. 그러면 완전한 결혼을 이루는 데 필요한 변화를 일으키는 쪽에 서게 될 것이다.

단 한 개의 성냥으로 도시를 모두 태워 버릴 수 있듯이, 단 하나의 문제가 결혼을 파멸로 몰고 간다. 당신의 결혼생활에서 예수님이 언제든지 목자가 되시도록 허용하라.

예수님은 생명과 더 풍성한 삶을 주시려고 오셨다.

예수님은 결혼생활의 생명이시다. 예수님이 결혼생활의 전부를 지배하도록 하라. 그렇게 할 때 당신의 모든 행동은 예수님을 닮게 될 것이다. 즉 배우자에게 상처를 주던 행동은 변하고 무조건적이고 희생적이며 마음에서 우러나 주는 것을 기뻐할 것이다!

완전한 결혼에 이르는 길

당신의 궁극적인 목표는 완전한 결혼에 이르는 것이다. 이 목적지에 이르는 데 이용되는 자동차는 사랑이며, 여기에 들어가는 연료는 당신이 배우자에게 주는 것이다.

배우자는 연료의 종류(즉 부부로서의 욕구)를 결정한다. 배우자의 명세서에 따라 주지 않으면 두 사람의 관계는 호전될 수 없다.

당신이 탄 배의 항해사는 예수님과 성령님과 하나님의 말씀이다. 항해사가 지시하는 길을 잘 따라야 목적지, 즉 완전한 결혼에 정확히 도달할 수 있다.

변화 계획의 이행

당신이 겪는 어려움의 성격을 평가하고 변화 계획을 실행에 옮기기 위해서 다음과 같은 행동계획을 제안하고 싶다.

1. 예수님과 함께 시작하라

예수님께 도움을 구하라. 당신의 삶과 결혼생활을 예수님께 맡기라. 당신이 하나님의 자녀가 되고자 한다면 예수님께 고백하라.

- 당신이 죄인인 것을 시인하라.
- 예수님께 당신의 죄를 회개하고 예수님께서 당신의 삶을 변화시키도록 하라.
- 예수님께 당신의 죄를 용서해 주시고, 그의 흘린 피로 당신을 정결케 해 달라고 기도하라.
- 당신이 어떠한 죄를 지었든 예수님의 십자가에 달려 죽으심으로써 당신을 완전히 속죄하였다는 것을 받아들인다고 예수님께 말하라.

• 예수님을 당신의 구원자와 주인으로 영접하라.

성경은 구원에 대해 다음과 같이 말하고 있다.

> 입으로 예수는 주님이라고 고백하고, 하나님께서 그를 죽은 사람들 가운데서 살리신 것을 마음으로 믿는 사람은 구원을 얻을 것입니다. 사람은 마음으로 믿어서 의에 이르고, 입으로 고백해서 구원에 이릅니다(롬 10:9-10).

예수님은 당신의 종교가 무엇이든 상관없이 "너희가 다시 태어나야 한다"(요 3:7)고 말씀하셨다. 예수님은 '너희가 다시 태어날 것이다' 라고 하지 않으셨다. 사람들은 의롭거나 선행을 하면 천국에 들어갈 수 있다고 믿는다. 하지만 예수님의 십자가상에서의 희생을 믿음으로써만 죄에서 해방될 수 있다.

예수님의 희생을 받아들이고 예수님을 당신 마음에 영접함으로 당신의 죄는 십자가에 못 박혔으며 당신의 (선행이 아니라) 믿음만이 의로 여기심을 받는다. 당신은 믿음으로써 의롭게 된다. 예수님을 당신의 삶에서 주인으로 인정하여 당신은 예수님이 당신의 삶을 인도하시고 지배하시도록 결정하는 것이다.

예수님이 당신의 삶을 지배하도록 한다는 의미는 하나님의 말씀에 순종함으로 예수님을 신뢰하고 그분이 하지 말라고 가르치신 것들을 버린다는 뜻이다. 예수님의 가르침은 언제나 당신의 유익하게 한 어진 것이다. 따라서 당신은 하나님 안에서 자유한 것을 선택할 수도 있고 악마의 종이 되는 것을 선택할 수도 있다. 예수님을 신뢰하면 자신이 예수님의 형상을 닮아 가는 것을 알게 될 것이다.

성경은 예수님이 사로잡힌 자들을 해방시키려 오셨다고 말하고 있다(롬 8:1-3 참조). 예수님은 당신을 종된 삶에서 자유하게 하시려고 오셨으며, 죄의 삯인 사망에서 구원하고 풍성한 삶을 주려고 오셨다. 예수님은 당신이 풍성한 결혼생활을 누리도록 돕기를 원하신다. 그러므로 악마가 당신을 속여서 결혼에 대한 세상 철학을 믿게 하지 마라(골 2:8 참조).

악마는 '빛의 천사'로 가장한 대단한 사기꾼이다(고후 11:14). 악마는 에덴동산에서 했던 것처럼 악이 좋은 것이거나 혹은 나쁘지 않은 것이라고 믿도록 사람들을 미혹시킨다. 만일 당신이 하나님의 말씀을 상식적인 논리로 대응하고 있다면 악마의 꾐에 넘어가는 것이다. 시간이 지나면서 부부로서의 압박감이 쌓이게 되면, 당신의 결혼은 흔들릴 수밖에 없을 것이다.

통계에 따르면, 전체 결혼한 부부의 약 3분의 2가 헤어진다고 한다. 하나님의 말씀은 당신이 반석이신 예수님 위에 서 있으면, 스트레스나 혼란이나 당신이 통제할 수 없는 상황에서도 굳건히 서 있을 수 있을 것이라고 말하고 있다(마 7:24-27 참조).

당신이 죄와 씨름하고 있다면 예수님이 당신을 자유하게 해 주실 것이다. 예수님은 당신의 마음을 아신다. 그는 당신을 사랑하신다. 예수님을 신뢰하라! 예수님을 당신 마음에 구원자와 주인으로 영접하라.

크리스천인 당신이 주님과의 교제에서 멀어져 있다면 지금이 바로 예수님께 다시 헌신할 때이다. 예수님은 단지 구하기만 하면 당신을 용서하신다. 상하고 깊이 뉘우치는 심령을 가진 누구에게나 예수님은 흔쾌히 응답하신다(시 51:17).

2. 자신을 솔직하게 평가하라

자신이 저지른 실수를 인정하라. 그리고 자신의 상황에 적용될 구체적 성경 말씀으로 인도해 달라고 하나님께 구하라.

또한 당신이 하나님 말씀을 따르는 변화를 시도할 수 있도록 도와달라고 기도하라.

아담이 에덴동산에서 한 것처럼 당신이 수용할 수 없는 행동을 한 것에 대하여 핑계를 대려고 하는 유혹에서 벗어나라.

하나님께서 아담에게 금지된 과일을 먹었는지 물었을 때 그는 "하나님께서 자기와 함께 살라고 짝지어 주신 여자, 그 여자가 그 나무의 열매를 저에게 주기에 제가 그것을 먹었습니다"(창 3:12)라고 대답하였던 것을 기억하라. 아담은 자신의 실수를 인정하기보다 오히려 먼저 하나님을 탓하고 그 다음에는 하와를 탓했다. 책임지거나 책임감을 받아들이려 하지 않는 것은 우리 죄의 본성의 일부이다. 그 대신 우리는 아담과 같이 우리의 행동을 정당화하려고 한다.

먼저 당신 자신에 대하여 전적으로 솔직하고 그 다음에 당신의 행동에 대한 배우자의 솔직한 피드백을 요구하라. 방어적인 자세를 취하지 마라. 배우자가 되어야지 경찰관이 되려 하지 마라. 목표는 완전한 결혼을 이루기 위해 화해하는 것임을 기억하라. 건설적인 피드백을 청하여 듣고 그래서 배우자의 욕구를 만족시킬 수 있게 될 때 하나님께서 당신에게 풍성한 보상을 해 주실 것이다.

3. 진실한 헌신을 하라

당신은 100퍼센트 사랑을 실천하고 이에 필요한 모든 것을 실천하겠다는 각오를 다져야 한다.

쉽게 말해, 사랑의 실천은 예수님처럼 자신을 내어주는 것을 의미하는데, 배우자의 최선의 유익을 위해, 그의 욕구를 100퍼센트 충족시키기 위해 노력하는 것을 수반한다. 이것이 바로 예수님께서 당신이 행하기 원하시는 것이다. 당신의 배우자는 언제든지 사랑받을 자격이 있다.

당신이 충심으로 헌신하지 않으면 성공할 가능성은 거의 없다.

헌신은 사랑하겠다는 동기부여가 끝나는 지점에서 시작된다는 것을 기억하기 바란다.

가치 있는 다른 어떤 것과 마찬가지로 상이 크면 클수록 요구되는 희생도 큰 법이다. 우리를 구원하기 위해 예수님은 그의 생명을 희생하셨다.

완전한 결혼을 이루는 과정에서 예수님을 기쁘시게 하기 위해 당신은 어떤 대가를 치르고자 하는가?

4. 당신의 헌신을 말로 표현하라

배우자와 100퍼센트 사랑의 관계를 맺고자 하는 당신의 바람에 대해 이야기하라. 배우자에게 서로의 욕구를 완전하게 만족시키는 과정에 참여하겠는지 물어 보라. 이때 요구를 하거나 적대적으로 보이지 않도록 주의하라.

배우자를 격려하는 최선의 방법은 그의 모든 욕구를 마음으로부터 조건 없이 만족시키겠다고 말로 약속하는 것이다. 가장 중요한 것은 100퍼센트 사랑을 실천함으로써 마음에서 우러난 헌신을 보여 주는 것이다. 사랑의 본을 보임으로써 당신 배우자에게 동기를 부여하라.

만일 당신이 여성이라면 남편의 일차적 욕구인 칭찬과 성적 의무를 다하는 데에 초점을 맞출 필요가 있다. 당신이 남성이라면, 아내의 일차적 욕구인 교감을 느끼게 하는 의사소통과 애정에 초점을 맞출 필요가 있다.

5. 마무리되지 않은 과제를 처리하라

당신의 결혼생활에서 100퍼센트 사랑의 관계에 역효과를 낼 수 있는 '아직도 아물지 않은 미해결 과제'를 확인하여 이를 해소하라.

기분을 상하게 하는 상황이 일어나면 어린 시절의 어떤 경험이 당신의 현재 감정과 생각과 반응에 아직도 부정적 영향을 미치고 있는지 살펴보도록 하라. 이를 위해 다음과 같은 질문을 해 보는 것도 좋다. "배우자의 말과 행동 중에 나를 과민 반응하게 하는 일이 내 과거에 일어났었는가?"

상황이 어떠하든 부정적인 경험을 도전으로 받아들이고 마음을 열고 문제를 해소하도록 하라. 가정에 관련된 근본적인 일은 치유와 자기검토와 변화를 포함하는 과정임을 유의해야 한다. 이것을 시작으로, 당신에게 능력이 있었다면 부모가 다르게 말하거나 행하게 했을 수도 있는 어떠한 것, 아니면 말하거나 행하지 못했을 수도 있는 어떤 것에 특별한 주의를 기울여라. 내가 당신에게 현재의 문제에 관해 부모를 판단하거나 탓하라고 요구하는 것이 아니다. 부모의 실수를 인정하고 느끼고 이해하며, 이를 되풀이하지 않으려 한다면 부모의 실수로 인한 부정적 영향을 최소화할 수 있다.

중요한 것은, 어린 시절로 돌아가는 것이 당신으로 하여금 젊음을 되찾게 해 주고 미처 개발되지 않았던 특별하고 훌륭한 당신의 인격을 꽃피우게 해 준다는 사실이다. 어쩌면 당신은 부모로부터 어느 정도 사랑을 받거나 용납을 받지 못했다고 느낄 수도 있다. 그러나 예수 그리스도를 앎으로써 경험하게 되는 무조건적인 사랑으로 인해 그 공허감이 풍성하게 채워질 수 있다.

6. 당신의 마음을 상하게 한 모든 사람들을 용서하라

사랑하는 것과 용서하지 않은 것이 공존할 수 없기 때문에 용서하지 않는 것은 선택사항이 아니다. 예수님이 당신을 용서하신 것과 같이 당신도 다른 사람들을 용서해야 한다. 당신은 배우자를 용서해야 한다.

당신이 용서해 주지 않는 한 치유는 일어나지 않는다.

사랑을 적용하는 것이 언제나 부부의 문제에 대한 해답이라는 것을 고려할 때 영어단어 용서 *for-give*의 뒷부분이 '주는 것 *give*' 이라는 사실에 주의하라.

당신의 배우자가 고의건 고의가 아니건 결혼생활에서 당신의 마음을 상하게 한 모든 것들에 대해 용서했다고 말하라. 만일 당신이 새로운 결혼을 원한다면 당신은 새롭게 시작해야 한다. 용서는 당신의 결혼생활을 완전히 새롭게 시작하게 해 준다.

그리고 이전에 있었던 허물을 다시 들춰내지 않도록 하라. 우리를 용서하신 후에는 우리의 허물을 우리에게서 멀리 치우시는 하나님을 닮도록 하라(시 103:12 참조). 당신이 용서하면 배우자는 당신과의 관계에서 편안을 느끼게 될 것이며 이는 교감을 증진시키고 배우자로 하여금 당신을 용서하도록 촉구하게 될 것이다. 끝으로, 배우자에게 당신의 잘못과 허물을 시인하고 용서를 빌라. 배우자가 따를 본을 보여라. 때가 되면 당신이 뿌렸던 것을 그대로 거둘 것이다.

7. 부정적 행동을 바꾸어라

아래 사항들은 우리가 이 책에서 거론했던 부정적 행동들이다.

- 예수님을 당신의 결혼생활의 기초로 모시지 않음
- 필요할 때 전문가의 도움을 받는 것을 주저하고 거부함
- 배우자의 행복과 최선에 대한 헌신의 부족
- 배우자가 원하는 반려자가 되지 못함
- 자기중심적 태도를 지님
- 배우자와 협조하는 대신 독립적으로 행동하기
- 예수님을 행동 모델로 삼지 않음
- 배우자의 감정을 배려하지 않음
- '눈에는 눈으로'의 태도로 반응함
- 100퍼센트에 미치지 못하는 사랑의 기준을 가짐
- 배우자의 욕구를 고의적으로 무시하거나 부인함
- 배우자를 판단하고 비판함
- 자신을 높임
- 배우자를 위해 기도하지 않음
- 배우자와 결혼보다 일이나 취미 등을 우선시함
- 부부의 불화를 야기하는 태도나 행동을 보임
- 배우자에게 아가페 사랑을 실천하는 대신 거래하려 함
- 수동적·공격적인 행동을 보임
- 복수심에 불타게 됨
- 신실하지 아니함
- 적대적이 되거나 다투려고 함

- 배우자에 대한 분노를 해소하지 않음
- 관심을 다른 데로 돌림
- 배우자와 감정적 · 영적 · 육체적으로 유리됨
- 용서하기를 거부함
- 부부로서 책임을 지지 않음
- 마음을 상하게 하는 행동과 태도를 정당화함
- 배우자를 탓하고 비판함
- 수용할 수 없는 행동을 나타내는 구실로 피해자임을 자처함
- 율법주의적이 됨(법정에서 따지는 식의 사고방식을 가짐)
- 배우자가 마땅히 받아야 할 욕구에 대하여 협상함
- 결혼생활이 생기없는 동거 상태로 방치함
- 배우자의 욕구를 채워 주는 데 제한을 둠
- 배우자를 속이거나 말장난을 함
- 결혼생활이 이 세상의 철학의 지배를 받도록 함
- 배우자의 성에 따른 차이와 성향을 부정함
- 배우자의 욕구를 만족시키는 것에 대해 마음 쓰지 않음
- 적대적 태도를 취함
- 결혼서약의 모든 내용을 일관되게 이행하지 않음
- 배우자와 적절한 질적 시간을 보내지 못함
- 배우자를 정서적으로 돌보지 못함
- 배우자와 함께 정서적 · 영적 · 지적으로 성장하지 못함
- 배우자를 괴롭히거나 감정을 상하게 하는 말과 행동을 함
- 피상적이거나 교감을 끊어 버리는 식으로 행동함
- 배우자의 일차적 욕구를 우선시하지 않음

- 결혼생활에서 하나님이 주신 역할과 책임을 다하지 못함
- 배우자와 결혼에 대한 하나님의 말씀대로 살지 않음
- 삶과 부부관계에서 균형감각을 개발하지 못함
- 어떤 것에 중독되어 결혼생활에 부정적 영향을 끼침

이 모든 부정적 행동들은 믿음으로 말미암는 사랑으로 정복될 수 있다. 성경에서 말하듯이 사랑은 허다한 죄를 덮는다(벧전 4:8). 배우자가 최선의 것을 누리도록 마음에 두고 자신을 주기만 하면 당신은 자연히 바른 행동을 하게 된다.

사랑에 뿌리를 두지 않은 모든 태도와 행동을 없애는 작업을 지금 시작하라.

8. 당신은 다음 6가지 점에 전력하라

1) 배우자를 조건 없이 '왕을 대하듯' 존귀하게 대하라.
2) 결혼을 우선순위에 두라. 공동관심사를 개발하고 일주일에 적어도 15시간 이상의 질적 시간을 함께 보내기로 하라.
3) 서로의 욕구가 무엇인지를 결정하고, 완전하게 그 욕구를 충족시키기로 합의하라(즉 배우자의 일차적 욕구에 초점을 맞춰 이를 충족시키는 데 대부분의 정력을 쏟아라).
4) 한 사람으로, 나아가 한 부부로서 영적으로 성장하라.
5) 과거의 상처들을 치유하고 상처들로 인해 생긴 부정적 행동들을 변화시켜라.
6) 결혼서약을 최대한으로 이행하는 것에 중점을 두어라.

9. 스케줄 진행을 점검하라

진행상황을 논의하기 위하여 일주일에 적어도 세 번 정도 별도의 시간을 갖도록 하라.

꾸준히 계속 진행되는 것이 매우 중요하다. 진행상황 점검은 배우자를 칭찬하고 배우자에게 피드백 하는 것에 초점이 맞춰져야 한다.

진행상황을 점검하는 과정에서 배우자의 것을 반드시 점검하도록 하라. 당신이 최선을 다해 노력하기로 합의한 특정 분야들을 적도록 하라. 그러고 나서는 결혼생활의 문제를 극복하기 위해 구체적인 목표를 설정하라.

진행상황을 점수화하라. 0에서 10까지의 척도로 서로 점수를 매겨라.

가령, 아내로서 당신이 얼마나 애정 있게 대하는가를 측정하는 분야에서 배우자에게 3점을 줄 수 있다.

당신이 남편에게 10점을 주기 위해서는, 남편이 무슨 말을 하고 어떻게 해야 하는지를 구체적으로 말해 줄 필요가 있다.

진행상황을 점검하는 동안에는 당신의 시간과 에너지의 대부분을 앞에서 언급한 6가지 집중 분야에 쏟을 것을 권한다.

10. 한계를 시험하기

당신 부부의 관계가 한계를 시험하기에 충분할 만큼 튼튼하다고 생각한다면, 애완동물이 지분거리는 것의 목록을 쓰기와 같은 훨씬 민감한 문제들을 다루기 시작해야 한다.

애완동물이 지분거리는 것은 하찮은 성가심이나 신발에 들어간 모래알과 같은 자극들이다. 그렇지만 시간이 지남에 따라 이런 것들은 결혼생활에 부정적인 영향을 미치게 된다.

때때로, 나는 내담자에게 다음과 같은 두 가지 질문을 하곤 한다. "당신은 코끼리한테 물려 본 적이 있습니까?" 그들은 언제나 킬킬 웃으며 "아니요"라고 대답한다.

그러면 나는 "당신은 모기한테 물려 본 적이 있나요?"라고 묻는다. 그들의 대답은 언제나 "예"이다.

그러면 나는 "보십시오, 당신을 성가시게 하는 것은 작은 것들입니다"라고 말한다.

결혼생활에서 관계를 점차 부식해 들어가는 것은 일반적으로 작은 것들이다.

집을 팔 때에는 (코끼리가 아닌) 흰개미 검사가 필요하다. 흰개미가 집을 먹어 버려 마침내 무너뜨리는 것처럼 다루지 않고 버려 둔 수많은 작은 문제들과 귀찮은 일들이 관계를 무너뜨리는 것이다.

당신이 이러한 성가신 일들을 다룰 수 없다면 당신은 결혼생활에서 당신의 모든 필요에 대하여 말할 수 없다고 느끼는 소원한 상태 속에서 살고 있는 것이다.

당신이 진실을 말해도 될 정도로 편안하다고 느끼지 않는다면 완전한 결혼을 성취할 방법이 없다.

결혼의 기둥

결혼생활을 지탱해 주는 기둥은 인간적인 말로 하면 위계질서라는 하나님의 신적 권위를 고수하는 것이다.

아내의 복종과 그 의미를 거론하는 것은 결혼생활에 상당한 스트레스를 주기 쉽다. 특히 아내의 일차적 욕구가 만족되지 않고 있거나 부부 중 한 사람 혹은 모두가 이 분야에 대한 하나님의 말씀을 신뢰하고 순종하기를 거부할 때에는 더욱 그러하다.

완전한 결혼을 이루기 위해서는 하나님이 정해 주신 가정 내에서 당신의 역할을 온전히 감당하는 것밖에는 다른 것이 없다.

하나님에 대한 당신의 신뢰와 순종을 진정으로 시험하는 것은 당신이 배우자와 의견이 다를 때이다.

자녀 훈육과 같은 문제와 관련하여 머리 역할을 바꾸기로 동의한다고 할지라도 당신은 결혼생활에서 어려움을 겪게 될 것이다. 머리 역할은 죄를 짓는 것을 제외하고는 어떠한 상황에서도 바뀌어서는 안 된다.

당신의 태도를 점검하라. 당신은 이를 갈며 하나님께 마지못해 순종을 하고 있지 않는가?

당신은 지배당하거나 논쟁에 말려드는 것이 두려워서 배우자가 주목하는 문제에 대한 의논하기를 피하고 있는가?

파멸시키기 위한 악마의 첫째 전략은 그가 하늘에서 거할 때 사용한 전략과 다르지 않다. 천국에서 악마는 분열을 일으켜 정복하려고 하였다.

악마는 자기의 역할을 거역했다. 그리고 우는 사자처럼 부부로서의 역할을 수행하는 데 있어 당신의 가장 약한 부분을 공격할 것이다.

아내들이 불필요한 충고를 하지 않으면서 남편의 지도력을 잠자코 따르는 데 상당히 힘들어 하는 경향이 있다. 그리고 남편은 아내의 예민한 감수성에 주의를 기울이고 아내에게는 가정사를 좀더 상세하게 의논할 필요가 있다는 것을 잘 이해하지 못한다.

악마는 마치 이미 상처 입은 상대방에게 더 깊은 상처를 입혀서 테

크니컬 녹아웃(TKO)시키려고 하는 권투선수와 같이 배우자 각자에게서 결혼생활에 가장 해를 입히는 부분에 자연히 끌리게 한다.

부부가 믿음의 방패로 이를 막으면 악마가 그들의 결혼생활을 뚫고 들어갈 수 없다. 이러한 부부는 그들의 욕구가 충족될 것이라는 근거는 없지만 충족될 것이라는 확신을 가지고 하나님의 법의 말씀과 정신을 따르고 있는 것이다. 그러므로 그들은 배우자의 동기를 계산하거나 배우자의 이기주의에 반응하는 데 시간과 에너지를 허비하지 않는다. 그들은 상이 있다는 확신을 가지고 예수님이라면 하셨을 그런 행동을 한다. 완전한 결혼을 이루기 위한 사랑의 체계적 적용은 이와 같이 하기로 하는 사람들 눈앞에 가까이 있다.

당신은 지금까지 당신의 방법을 시도해 왔다. 이제 하나님의 방법을 시도하라!

이는 우리의 접근방법이 하나님의 방법보다 낫다고 생각하는 자만에 대한 고통을 우리 모두가 겪는 만큼 분명하게 된다.

당신은 예수님께서 하나님께 계속 복종하는 데 무엇이 필요했는지 생각해 본 적이 있는가?

당신은 예수님께 요구되었던 것과 똑같은 것을 기꺼이 하겠는가?

만일 예수님께서 자신이 받게 될 대우를 마다하고 자신에 대한 하나님의 기대가 불합리하다고 생각해 자신의 사명을 거부했다면 당신과 내게 어떤 일이 일어났을지 생각해 보라.

때때로, 배우자의 욕구나 욕구가 충족되지 않은 것에 대한 반응이 비합리적이거나 비논리적으로 보일 수도 있다. 그러나 죄 짓는 것을 제외하고는 이것이 하나님이 요구하시는 것이다. 하나님의 계명은 당신에 대한 최고의 유익을 염두에 두고 만들어졌다는 것을 신뢰해야 한다.

저항이 있는 곳에 병리가 있다

당신과 배우자가 곤란한 지경에 이르렀을 때 낙심하지 마라. "말씀대로 되지를 않는데!"라는 말을 하지 마라.

상대의 저항을 기도와 치유가 필요한 것으로 생각해라. 왜냐하면 내가 상담하면서 내담자에게 말하는 것처럼 "저항이 있는 곳에 병리病理가 있다."

이러한 의미에서, 주지 않고 거부하고 싶은 욕구 뒤에 잠재되어 있는 것은 어느 것이나 악마가 조장한 두려움이나 이기주의에 그 뿌리를 두고 있는 병리에 기인한다.

만일 당신과 배우자가 벽돌담에 가로막혀 있다는 것을 알게 되면 그 벽돌담이 하나님에게는 전혀 큰 문제가 아니라는 점에 유의하라. 하나님의 능력은 우리의 연약함을 통해 완전해진다!

당신이 더 큰 지혜를 얻고 영적 날개를 키우게 되면, 당신은 인생의 '벽돌담'이 안식처로 바뀐다는 것을 알게 될 것이다.

11. 의사소통의 개선

의사소통이 막히는 밑바닥에는 부부의 부정적 태도가 있다. 심리학자 존 고트만 박사가 예시한 '계시록의 네 명의 말 탄 사람'을 의사소통의 결렬과 관련하여 검토해 보자.

네 명의 말 탄 사람들은 각각 비판과 경멸, 방어적 태도 그리고 돌담 쌓기이다. 배우자가 나쁜 태도를 갖지 않았는데도 이 네 가지가 존재할 수 있겠는가?

'싸움에는 두 사람이 있어야 한다'라는 속담을 적용할 때 당신과 배우자 모두가 논쟁을 하려고 하지 않는 한 부부의 다툼이 있을 수 없다.

게다가 그 사람의 태도에서 나오는 목소리 톤으로 부부가 실제로 논쟁을 하고 있는지를 판단할 수 있다는 것을 알고 있는가? 만일 배우자가 목소리를 높인다면 당신은 '불에 기름을 붓고 싶은' 유혹을 물리치도록 하라.

우리가 어떻게 의사소통을 해야 하는지에 대한 하나님 말씀을 보여주는 여러 성경구절을 제시하였다. 하나님 말씀은 당신의 혀를 제어하고 말을 조심할 것을 강조하고 있다.

예수님은 언제나 바리새인들의 거센 오만함에 부딪혔으나 죄를 짓지 않으셨다. 그러므로 부부간에 의사소통을 할 때에는 예수님을 본받아라.

예수님으로 하여금 죄를 짓지 않고 말할 수 있도록 하는 힘과 지혜를 주셨던 성령님이 당신에게도 계신다. 마찬가지로, 어떤 불건전한 말도 하지 않도록 하라. 특히, 당신이 좌절했을 때에나 화가 났을 때에 더욱 조심해야 한다. 오히려 성령께서 당신을 지배하게 하라.

다른 어떤 것보다 항상 당신의 말을 귀중히 여기라. 당신의 말은 당신을 보증한다!

돕는 사역을 하는 수많은 사람들이 부부들의 보다 나은 의사소통 기술을 개발하는 것을 돕는 데 관심을 갖는다. 나는 성경이 아내들에게 말없이 남편의 마음을 사로잡을 수 있다고 말하는 것이 흥미롭다고 생각한다(벧전 3:1).

그렇다. 행동이 말보다 더 크게 말하며 침묵은 금과 같다!

우리가 하나님께 순종하게 될 때 부부의 의사소통에서의 역기능 형태에 대한 분석은 별로 필요하지 않다. 이러한 의미에서, 당신이 사랑할 때에는 사랑하는 말이나 행동을 하게 된다.

마음속에 있는 것이 입으로 나오는 것이다.

부부를 대상으로 한 연구결과는 부정적인 말을 다섯 번 할 때 적어도 한 번은 긍정적인 말을 하는 부부는 이혼하게 되지 않는다는 것을 보여 주고 있다. 그만큼 긍정적인 말의 힘은 크다.

나쁜 태도에 더해 의사소통을 어렵게 하는 밑바닥에 깔려 있는 것은 근본적인 성차性差이다. 남자와 여자 사이에 보편적으로 의사소통의 차이가 있음을 보여 주는 몇 가지 조사결과들을 말한 바 있다.

또한 내가 '포획 효과'라고 명명한 것을 소개하기도 했다.

포획 효과는 당신의 남편이 사랑을 받는 것을 느끼기 때문에 저절로 마음을 열고 사랑하는 방법으로 의사소통을 하도록 고무할 것이다.

남편들이여, 아내로 하여금 자신이 왕비와 같이 특별한 사람인 것으로 느끼게 해 주면 아내는 저절로 당신을 존경하는 것으로 답례할 것이다.

요컨대, 부부가 서로의 욕구를 만족시키면 언쟁이나 다툼이나 힘겨루기를 할 이유가 없게 될 것이다.

남편들이여, 당신의 아내는 당신을 반영하고 있다는 점을 절대로 잊지 말아라. 하나님께서는 아내들이 남편의 리더십에 반응하도록 창조하셨다. 남편 리더십의 질은 아내의 행실과 태도에 그대로 반영된다. 아내가 당신의 리더십에 따르기를 원한다면 아내를 그리스도처럼 리드하라.

12. 배우자의 주된 욕구를 만족시키는 데 에너지를 배분하는 방법

아내들이여, 남편이 꿈꾸는 그런 아내가 되기 위해 50퍼센트는 칭찬에 대한 남편의 욕구를 만족시키는 것으로 귀착될 것이다.

이 50퍼센트 중 80퍼센트는 '말없이' 남편의 마음을 사로잡고 그리고 남편의 권위에 복종하여 얻을 수 있다.

나머지 20퍼센트 혹은 10퍼센트는 당신이 남편에게 칭찬이나 인정해 주는 말을 함으로써 얻을 수 있다.

이는 믿기 어려울 수도 있겠지만 사실이다. 남편에게, 어떤 남자에게라도 물어 보라. 그들의 수긍하는 미소를 보라.

아내들이여, 당신이 남편이 꿈꾸는 아내로 성공하는 비결의 35퍼센트는 남편의 성에 대한 욕구를 만족시키는 데 있으며, 나머지 15퍼센트는 남편의 다른 욕구들의 만족에 따를 것이다.

여기서, 당신은 "좋은 아내가 되는 것을 결국 남편에게 칭찬과 성적 만족을 주는 것인가?"라고 물을 수도 있다.

수많은 부부가 가장 사랑하는 사람의 행복이 칭찬과 성적 만족에 달려 있다면, 남편의 마음을 붙잡기 위해서 칭찬과 성적 만족을 베풀어 주었을 것이라고 시인했다는 사실을 생각해 보기 바란다. 이를 고려할 때 당신은 당신의 삶의 욕구와 개인적 선호보다는 남편의 시각과 남편을 행복하게 하는 것이 무엇일지에 더욱 관심을 쓰지 않겠는가?

요컨대, 당신의 마음과 에너지의 대부분을 남편의 일차적 욕구를 만족시키는 데 집중시킬 필요가 있다. 매일같이 이 책을 통해 접하게 된 모든 원칙들을 이용하여 모든 부분에서 남편을 완전히 기쁘게 하려고 힘쓰라.

남편에게는 '사랑으로 교감을 느끼게 함'으로써 통해 아내의 일차적 욕구를 만족시키는 것이 관건이다. 이와 같이, 당신은 교감을 느끼게 하는 의사소통, 애정 그리고 가정에서 사랑이 담긴 리더십과 같은 아내의 욕구를 만족시키는 데 주안점을 두어야 할 필요가 있다.

아내가 당신의 마음에서 첫째가 되기를 원하기 때문에 아내를 당신의 삶에서 첫째로 생각하고 있음을 확실하게 하라. 아내는 그리스도를 닮은 당신의 행동과 사랑에 자연적으로 반응할 것이다.

아내는 사랑받고 있다고 느끼길 원하며 그리스도와 같은 순수한 당신의 사랑에 반응할 것이라는 사실을 아무리 강조하여도 지나치지 않다.

13. 그리스도와 같은 태도를 보임으로 신뢰를 구축하라

배우자를 완전히 수용하게 되면 자유롭게 의사소통하게 될 뿐만 아니라 더 깊게 이뤄질 것이다. 진정한 교감은 신뢰로 가능하게 된다. 신뢰는 배우자가 진정으로 수용받고 있다고 느낄 때에만 이루어진다.

의사소통의 문제는 충족되지 않은 욕구가 배우자의 주의를 끌게 되고 그것도 나쁜 태도로 나타나게 될 때 발생한다. 나는 부부가 서로 상대의 욕구를 모두 만족시키기로 합의할 때 의사소통의 역기능은 저절로 사라지는 것을 발견했다. 역기능적인 의사소통은 지속적인 힘겨루기의 징후가 되는 경향이 있다.

이미 논의한 바와 같이 힘겨루기는 능력부여를 하지 못한다. 단지 사랑만이 상대에게 힘을 실어 줄 수 있다.

의사소통을 개선하기 위하여 복잡한 기술을 개발하는 것이 필수적이었다면 하나님께서는 이를 성경에 써 놓으셨을 것이다.

누군가 당신에게 어떤 것을 비밀로 하고 당신은 그것이 무엇인지도 모르는 상황 하에 그 비밀을 지키지 않은 것에 대한 책임을 묻는다면 당신은 그런 사람을 신뢰하겠는가? 물론 당신은 신뢰하지 않을 것이다! 그래서 나는 성경이 의사소통을 개발하는 데 당신에게 필요한 모든 교훈을 주고 있다고 확신하는 것이다.

의사소통은 기술이라기보다는 오히려 최종 결과이다. 수년간의 의사소통 기술 훈련을 받은 어떠한 부부도 의사소통이 서툴러서 이혼할 수 있다. 당신의 배우자는 당신의 의사소통하는 방식을 문제 삼은 적이 있는가?

당신이 그리스도와 같은 태도를 지니지 않았을 때에는 당신은 사랑하지 않거나 교감을 끊어 버리거나 혹은 무례한 사람으로 인식될 것이다. 왜냐하면 실제로 당신이 그러하기 때문이다. 그리스도를 닮는 것은 사랑과 기쁨과 평화와 인내와 친절과 선함과 신실과 온유와 절제 등과 같은 성령의 열매를 맺는다(갈 5:22-23).

육체의 행실을 조사해 보면 "다툼과 시기와 분노와 이기심과 분열의 분파 등"(갈 5:19-20)을 발견한다. 성령의 열매는 편한 의사소통을 하게 하는 반면, 육체의 행실은 매우 서툰 의사소통을 하게 한다.

당신도 알 수 있듯이 서툰 의사소통은 최종 결과이지 원인이 아니다.

그러나 나는 당신의 마음이 사랑으로 동기부여가 되지 못했을 때 제일 처음으로 의사소통에 영향을 미친다고 생각한다.

육체 가운데 거하는 것은 사랑을 하지 않게 한다. 육체 가운데 거하는 것의 최종 결과는 사랑하는 반응을 불러일으키지 않는데, 이는 배우자에게 최선의 유익을 가져다주지 못한다. 오히려 육체 가운데 거하는 것의 최종 결과는 경청하지 않거나, 정서적으로 반응하지 않거나, 동정심이 없거나, 끼어 들거나, 대화를 지배하거나, 시선을 잘 맞추지 못하거나, 피상적이거나 비인격적인 반응을 하거나, 경계하는 말을 하거나, 대화내용을 부정적으로 잘못 해석하는 것과 같은 전형적인 의사소통 문제로 나타난다.

만일 예수님이 옆에 계셔서 당신과 배우자 사이의 대화를 듣고 계신다고 해도 이와 같은 문제들이 당신의 의사소통에서 나타날까를 생각해 보라.

따라서 성령 안에 거하는 것이 해답이다. 당신이 하나님 말씀 안에서 믿음으로 살지 않으면 가나안을 향해 갔던 이스라엘 사람들과 같이 당신도 분명히 광야의 경험을 하게 될 것이다. 그들은 믿음으로 인도함을 받는 대신에 세상 형편이 보여지는 바를 따랐다. 하나님을 말씀대로 믿어라. 그렇게 하면 완전한 결혼에 이르는 당신의 길에서 어떠한 역경의 산이 나타난다 하더라도 당신은 완전한 결혼을 분명히 가까운 장래에 성취하게 될 것이다.

나의 이상적인 관계

영혼의 친구

- 영적으로 인도함을 받아 화합한 우리 두 사람의 뛰는 가슴이 영원히 헌신된 사랑 안에서 함께 상승하는 결합이어야 한다.
- 모든 면에서 전적인 일체감을 느낄 수 있어야 한다.
- 거룩한 관계라는 상호간의 믿음을 가질 수 있어야 한다.
- 성경의 가르침과 원칙에 따라 함께 생활한다.
- 서로의 인격적이며 영적인 성장과 복리에 대해 관심을 갖는다.
- 상대의 욕구와 감정을 알아주고 이해하며 존중하고 이를 바탕으

로 행동한다.

- 나의 배우자가 나의 격려자와 지원자가 되게 하기 위하여, 내가 하나님께로부터 무슨 일을 하도록 부름을 받았든 기쁨으로 그 사명을 감당한다.

함께 성장하기 위한 오리엔테이션

- 서로를 기쁘게 하고 관계를 증진시키는 방향으로 성장한다.
- 부부로서 성장하겠다는 뜨거운 욕구가 있으며 그 성장을 증진시키고 고무하는 데 필요한 것은 무엇이든지 하려는 욕구가 있다.
- 강력하고 자극적인 '교감'을 개발, 유지하려고 노력하며 대화한다. 상호작용과 관련하여 관계에 지속적인 관심을 갖는다.
- 주도적으로 항상 '교감'을 유지하려 시도하며 스파크가 항상 살아 있도록 하기 위해 노력한다.
- 함께 영적으로 성장하려는 욕구를 가지며 있으며 이를 보여 준다.
- 서로가 상대에게 치유자가 되며, 최고의 친구가 되어 준다.
- 관계를 자극하고 부부가 더 가까워지기 위한 기초로서 지적이고, 정서적으로 성장 지향적인 노력이나 활동을 개발하고 참여한다.
- 배우자로 하여금 나를 정말로 알게 하고 내가 내 자신에 대하여 더 잘 알도록 도우려는 욕구를 갖게 한다.

모든 욕구를 만족시키는 것에 대한 오리엔테이션

- 모든 욕구를 진정어린 마음으로 아무 조건 없이 만족시킨다.
- 상대방으로 하여금 나의 욕구를 특별한 것으로 생각하게 한다.
- 상대방으로 하여금 나의 욕구가 채워지고 있는지에 대해 관심을 갖게 한다.
- 상대방의 삶에서 나를 가장 중요한 인물로 생각하게 한다(다른 중요한 사람을 소홀히 하지 않는 것을 기대하면서).
- 의무나 책무가 아닌 헌신과 열정의 태도를 보인다.

완전한 사랑

- 순전하고 무조건적이며 전적이고 의도적이며 영원한 사랑을 받는다.
- 상대방으로 신뢰하게 하며 모든 면에서 신뢰받을 만하게 행동한다.
- 상대방이 나와의 관계에서 두려움 없이 정서적으로 친밀하며 투명하게 한다.

전통적인 가족적 가치관

- 서로 동의할 수 있는 예외를 제외하고, 집안에서의 전통적인 역할과 책임을 중시한다.
- 돈이나 직업, 개인적인 취미 등과 같은 여타의 고려사항보다 결

혼과 가족에 헌신한다.

- 하나의 팀으로서 함께 일한다.
- 가정의 기능에 대하여 감사한다.
- 행복하고 건강하며 잘 적응하며 하나된 가정을 위해 헌신한다.
- 서로 상대의 부모를 사랑하고 존경한다.

배우자 선택에 있어 주의할 점

아래 내용은 인생의 반려자를 선택하는 데 있어 고려해야 하는 기타의 붉은 깃발 목록이다. 다음과 같은 사람과 결혼하는 것을 조심하기 바란다.

- 당신이 흥분된 분위기를 만들지 않으면 지루함을 느끼게 하는 사람
- 쉽게 화를 내는 사람
- 당신이 불쌍하게 느끼는 사람
- 약물 복용이나 기타 중독성 문제를 갖고 있었던 사람
- 당신의 부모나 형제자매들 그리고 친구들과 잘 지내지 못하는 사람
- 어떤 문제에 대하여 의논할 때 '살얼음 위를 걷는' 것과 같은 느낌을 주는 사람
- 당신이 중요하게 여기는 문제, 특히 영적 문제에 대해 얘기하면 주제를 바꾸거나 무관심한 사람
- 취미나 관심 등에서 당신과 공통점이 별로 없는 사람

- 깨어진 관계를 많이 갖고 있고 외톨이가 되기 쉬운 사람
- 자발적이지 않으며 당신에게 중요한 것을 시작하고 변화를 일으키는 데 억지로 끌고 가야 따라오는 사람
- 한 사람의 인격으로 성장하는 데 별다른 방향성을 보이지 않는 사람
- 투명하거나 마음을 여는 것을 회피하는, 교감의 수준이 낮다고 느껴지는 사람
- 당신의 마음을 심란하게 하거나 성가시게 하거나 참을 수 없게 하는 습관을 가진 사람
- 남편과 아내의 역할에 대하여 당신과 다른 개념을 가진 사람
- 당신과는 정반대되는 윤리적·철학적 견해를 갖고 있는 사람
- 당신이 혐오감을 느끼는 방식으로 행동하지 않겠다고 한 약속을 어기는 사람
- 분노나 불안정 혹은 질투와 관련해 심각한 문제를 드러내는 사람.
- 당신과는 전혀 다른 지적 수준을 지닌 사람
- 약속을 깨거나 책임을 잘 완수하지 못하는 사람
- 당신과는 전혀 다른 꿈과 인생 계획을 갖고 있는 사람
- 함께 있으면 당신의 진정한 자아가 될 수 없다고 느끼게 하는 사람
- 당신과는 포부와 에너지의 수준이 매우 다른 사람
- 자녀교육에 별 관심이 없고 가능한 최선의 부모가 되기 위하여 희생하는 데 그다지 가치를 두지 않는 사람
- 당신과 다른 기호를 가지고 있어서 당신의 삶에 동화하기가 어려운 사람

- 당신이 관계에서 중요하게 여기는 것에 별로 가치를 두지 않는 사람
- 부모 역할을 해 주고 훈련시키고 시정하여야 할 필요를 느끼게 하는 사람
- 돈을 쓰는 방법에 대해 당신과는 매우 다른 생각을 가진 사람
- 결혼 후 성생활에 대해 당신과는 매우 다른 생각을 가진 사람
- 일단 결혼을 하면 당신을 자신의 삶에서 우선하지 않을 것이라고 생각되는 사람

최종 항해 지침

당신의 결혼생활을 항해해 나아가는 데 있어 당신은 다음 두 가지 방향 중에서 하나를 선택할 수 있다. 즉 사랑의 방향으로 갈 수도 있고 자아의 방향으로 갈 수도 있다. 사랑은 주기를 추구하지만 자아는 받기를 추구한다.

해답은 사랑이신 예수님이다.

당신이 자신의 인생을 지배하기로 선택하든지 당신의 인생을 지배하는 것과 예수님이 지배하시도록 맡기는 것 사이에서 망설인다면 당신은 분명히 풍랑에 요동치는 당신 자신을 발견하게 될 것이다.

만일 당신이 하나님께 맡긴다면 완전한 결혼은 바로 앞에 있으며 하늘은 청명할 것이다.

당신은 완전한 결혼을 이룰 수 있다.

예수님을 붙잡고 당신의 배우자를 사랑하라!

나는 당신과 시 하나를 나누고 싶다. 그런데 이 시는 놀랍게도 이

책의 기본적 가르침의 배경이 되는 것으로 내가 1979년에 썼던 것이다. 이 시의 제목은 "사랑"이다.

사랑

사랑은 주려는 사람과 받으려는 사람 모두가 주는 선물이다.
우리가 종종 망각하는, 인생에서 유익하고 복 있는 것이다.

사랑은 매순간을 간직할 가치가 있는 것처럼 소중하게 여기며,
무엇을 심든지 틀림없이 거둔다.

사랑은 어둠 속에서 바라며
신뢰할 수 있고 건전한 것이다.
아무도 주위에 없을 때
사랑은 자신의 의로움을 지킨다.

오늘이 간직하기 위해 있듯이, 사랑은 내일을 위해 살며,
모든 사람이 자고 있을 때에도 지속적으로 자란다.

아무도 돌보고 있지 않을 때 사랑은 더 나은 것을 바라며
언제든지 누구이든지 어디서든지 결코 죽을 수 없다.

사랑은 사람을 진실되고 너그럽고 기쁘게 하여서

사랑하는 손길이 닿을 때마다 더욱 강하게 자란다.

사랑은 어떤 사람의 얼굴에서도 볼 수 있지만
그 깊은 표현은 특별한 때와 장소에서 일어난다.

사랑은 이용하거나 남용하거나 요구하거나 명령하지 않으나
언제든지 다른 사람이 이해할 수 있도록 하기 위해 애쓴다.

사랑은 아무것도 대가로 받기를 기대하지 않는데,
사랑은 사람이 취한 것에 근거하여 존재하지 않기 때문이다.

그렇지만 오히려 사랑의 생명은 하늘 위에서부터 온다.
만일 사랑이 위로부터 오지 않는다면 당신은 사랑 안에 있지 않다.

사랑은 웃음과 좋은 시절과 즐거움 이상의 것이며
사랑은 비가 올 때나 햇빛이 비칠 때에나 늘 지속되는 것이다.

사랑은 한 시간, 두 시간 이상을 견디는 것이며
순전히 육체적인 것만이 아니다.

사랑은 자기가 가진 모든 것을 주며 이 세상이 끝날 때까지 견디며,
사랑이 목적지에 이르면 모든 것을 다시 시작한다.

사랑은 옳고 선한 일을 하는데 이는 사랑은 그렇게 할 수밖에 없기

때문이고

사랑의 정의 때문에 다른 사람들이 말하거나 시키는 대로 하지 않는다.

사랑은 온몸을 불사르게 하고 빛난다.
사랑은 질서를 지킨다.

사랑은 밤부터 낮까지 완전함을 얻으려고 애쓰며
이를 방해하는 모든 것을 멈추게 한다.

사랑의 일부를 얻는 것은 간단한데
마음을 조금 주면 여러 배로 늘어난다.

그리고 진심을 붙잡고 있으면 사랑은 당신을 위해 달려 오고
당신은 절대로 패배하지 않을 것이다.

그러므로 모든 잘못된 것을 이기는 말을 신뢰하라.
그러면 당신을 지혜롭고 아름답게 그리고 강하게 할 것이다.

완전한 결혼은 당신 것이다!

당신이 이렇게 기도를 하고 진정으로 그렇게 하였다면 새롭게 시작하라.

당신의 존재를 다하여 배우자를 사랑하라. 당신이 주님 안에서 성

장함에 따라 당신은 당신의 인생에 대한 하나님의 사명을 이루게 될 것이며, 하나님의 넘치는 복을 받을 것이다! 그리고 당신은 영원한 가치가 있는 배우자의 삶을 만지게 될 것이다.

당신의 인생과 결혼생활은 더 이상 같지 않게 될 것이다!

보라, 모든 것이 새롭게 되었다!

완전한 결혼은 당신 것이다!

이제 당신의 빛이 하나님의 영광을 위한 그릇으로 비추이게 하라!

당신의 기쁨이 충만하고 당신의 결혼생활이 다른 사람을 섬기는 것이 될 뿐 아니라 하나님께서 당신의 삶에 역사하신 것을 증거하는 것이 되기를 바란다!

완전한 결혼서약

1. 나는 예수님이 항상 우리 결혼의 주인이 되시도록 할 것이며, 우리 부부가 하나 되게 하신 것을 힘써 지키는 가운데 주 안에서 성장하는 데에 헌신하기로 서약한다.

2. 나는 아무 조건 없이 희생적이고, 영원히, 마음을 다하여 결혼생활에 나 자신을 다시 헌신할 것을 서약한다.

3. 나는 이제 당신에 대한 결혼의 약속을 새롭게 하기로 서약하며, 그렇게 함에 있어서 당신을 사랑하고 당신에게 신실하며, 당신을 소중히 하고 위로하며, 아플 때나 건강한 때나 부유할 때나 가난할 때나 죽음이 우리를 갈라놓을 때까지 결코 당신을 배반하거나 버리지 않기로 서약한다.

4. 나는 언제나 최선을 다하여 당신의 모든 욕구를 충족시키기 위해 마음으로부터 노력할 것이며, 당신이 변화해야 할 필요가 있다고 생각할 때 당신을 위하여 기도하고 당신을 예수님의 손에 맡기기로 서약한다.

5. 나는 마음에서 우러난 사랑과 하나님에 대한 순종과 당신에 대한 나의 헌신된 사랑으로 하나님의 계명에 따라 부부로서의 역할을 이행하기로 서약한다.

6. 나는 당신이 나를 아프게 하거나 배반하려고 과거에 행한 모든 것을 용서하고, 당신을 아프게 하고 배반하려고 내가 행한 것에 대하여 당신의 용서를 구하기로 서약한다. 나는 당신에게 과거를 깨끗이 잊어버리고 새롭게 다시 시작할 것을 요구한다.

7. 나는 우리 결혼생활의 모든 부분에서 당신을 완전히 행복하게 하기 위해서 당신을 사랑하고 필요한 변화가 무엇이든지 이를 시도하기로 서약한다. 그러기 위해 나는 당신을 나의 일과 자녀와 친구와 개인적인 관심 등 어떠한 것보다 우선시할 것이다. 또한 당신의 욕구를 결코 소홀히 하지 않고 당신을 나의 배우자로서 가능한 행복하게 하기 위하여 내가 할 수 있는 최선을 다할 것을 서약한다.

8. 나는 하나님의 방법으로 당신과 의사소통을 하고, 왕과 왕비에게 어울리는 방식으로 당신과 교감을 나누고 이해하고 대할 것을 서약한다.

9. 나는 당신과 우리의 결혼생활을 다른 무엇보다 우선순위에 둘 것이며, 일주일에 적어도 15시간의 질적 시간을 당신과 함께 갖는 데 요구되는 어떠한 변화라도 시도할 것을 서약한다.

10. 나는 이것이 우리 결혼생활에서 새로운 시작임을 서약한다. 나는 당신을 사랑한다. 당신에 대한 나의 사랑은 진실된 것이며 상황이나 악마의 공격으로 변하지 않을 것이다.

예수님의 도움으로 우리의 결혼이 선하고 미쁘며 완전하게 되게 하기 위해 나는 언제나 내가 할 수 있는 최선을 다할 것이다.

나의 능력이 닿는 데까지 당신에 대한 사랑과 헌신을 지킬 것을 약속하는 의미에서 이 서약서에 서명한다.

남편 : _____

아내 : _____

날짜 : _____

후기를 대신하여

배우자에게 100퍼센트 사랑을 주라.

우리가 서로 사랑하면, 하나님께서 우리 가운데 계시고, 또 하나님의 사랑이 우리 가운데서 완성되는 것입니다(요일 4:12).

그리스도를 통해서라면 '모든 것'이 가능하다. 여기서 '모든 것'에는 완전한 결혼도 포함된다. 완전한 결혼은 가능할 뿐만 아니라, 그 자체가 하나님의 계획이기도 하다. 그렇다. 당신과 배우자가 하나님을 기쁘시게 하고, 당신들의 깊은 꿈을 이루기 위해 결혼관계를 발전시키시는 계획인 것이다!

결혼식을 앞둔 대다수의 부부들은 결혼이 두 사람에게 행복과 만족을 줄 것이라고 낙관한다. 그러나 미국에서는 결혼한 부부의 세 쌍 중두 쌍이 이혼한다고 한다. 이 놀라운 통계는 누구에게나 적용될 수 있다. 크리스천이라고 해서 예외는 아니다.

아마 당신도 나처럼, 왜 이런 일이 일어날까 궁금하게 생각했을 것이다. 한때는 성과 결혼과 이혼을 입에 담는 게 금기시된 적도 있었지만, 이제는 이 모두가 일상적인 대화의 소재가 되었다. 더욱이 관계와결혼을 주제로 하는 책들이 이렇게나 많이 쏟아져 나오고 있는데도,왜 이혼율은 더욱 높아만 가는 것일까?

부부간의 사랑을 창조하는 방법을 대형 열기구에 비유하자면 이렇다. 열기구의 크기와 강한 동력에 도움이 될 만큼 가치 있고 감동적인책들이 여러 권 씌어졌다. 그러나 그렇게 많은 노력에도 불구하고 부부들이 순기능적이고 서로 만족스러운 완전한 결혼을 유지하지 못하고 있다는 것은 분명 이 열기구에서 바람이 새고 있다는 증거다.

나는 하나님의 귀중한 말씀을 안내서로 삼아 여러 열기구들에서 새어나가고 있는 공기를 채우기 위해 이 책을 썼다. 열기구를 새로 만들고싶은 생각은 추호도 없었다. 그리고 나는 정확하게 그 일을 해냈다!

나는 이 가상적인 열기구의 구멍을 메우는 과업을 하나님의 온전한율법과 아가페적인 사랑의 원칙과 말씀을 기반으로, 하나의 종합적이고 실제적이며 체계적이고 성과 지향적인 윈-윈 방식을 통해 성취하였다. 그 결과, 마음을 열고 이 접근법을 완전히 적용한 부부들은 90퍼센트에서 100퍼센트에 이르는 성공적인 치료 결과를 보여 주었다.당신이 예수님을 따르기로 작정하기만 한다면, 당신의 목적지는 분명코 완전한 결혼이 될 것이다!

예수님은 말씀이며, 예수님은 사랑이시다. 그러므로 해답은 사랑이다. 여기서 사랑이란 예수께서 행함의 모델로 보여 주신 사랑을 일컫는 것이다. 예수께서는 우리가 그분의 형상을 닮을 것을 요구하시며 서로 사랑하라고 분부하셨다. 사랑은 언제나 주는 것이다. 예수님의 말씀에서처럼, "하나님이 세상을 이처럼 사랑하셔서 독생자를 주셨"(요 3:16)다. 그러나 여러 이론을 동원하여 부부 역할과 권리, 책임을 재정의하는 과정에서 이 완전한 사랑이라는 열기구 풍선에 커다란 구멍이 생겨났다. 우리의 거룩한 결혼서약이란 바로 예수님의 아가페 사랑을 구현하는 것이다.

불행하게도 그리스도인들은 하나님의 변치 않는 진리보다 세상의 진리를 수용하도록 유혹받고 있다. 그 결과, 많은 이들이 그들의 문제에 대한 해답을 세속적인 책들에서 찾으려 하고 있으며, 그 결과 100퍼센트 해답을 얻지 못하고 있다. 오늘의 세계에서는 주는 자의 책임이 주는 자의 감정으로 대치되고 있다. 하나님께서는 두 배우자에게 느낌에 근거해서가 아니라 진리의 말씀에 근거하여 100퍼센트 줄 것을 요구하신다. 다른 선택은 악마에게 당신의 결혼을 주장하도록 통제권을 내어주어, 배우자에게 기꺼이 사랑을 주기를 거부하는 것이다. 당신은 믿음으로 부부관계의 장애와 난관과 모든 문제를 극복할 수 있다. 믿음을 통해 당신은 당신의 배우자를 변화시키기 위한 통제권을 하나님께 내어줌으로써, 당신의 결혼 잠재력을 극대화시킬 수 있다. 그러나 그에 앞서 당신은 예수님을 신뢰해야 하며 스스로 당신의 생활에 필요한 변화를 일으켜야 한다.

완전한 결혼을 이루려면 성경적인 원리를 나침반과 지도와 안내서로 삼아 항상 사랑을 실천하는 일에 책임을 져야 한다. 이 책을 읽는 동안, 당신이 예수께 순종하려 할 때, 지금까지 악마가 당신의 결혼에서 성공적으로 사용하였던 여러 가지 계략에 직면할 것이다. 이것은 당신이 변화할 수 있는 기회다! 또한 당신은 주기를 주저하는 당신 자신과 하나님의 말씀을 신뢰하는 것에 대한 두려움에 직면할 것이다.

나의 아내 역시 이 책을 쓰는 동안 여러 가지 도전에 직면했었으며, 이들 도전으로 인해 나는 우리의 열기구에 구멍이 나 있는 것을 발견했다. 예수께서는 완전한 결혼의 성취가 바로 하나님과 그의 말씀에 단순히 거하는 것임을 일관성 있게 보여 주셨다.

당신이 목적을 가지고, 일관되고 마음을 다해 결혼서약을 이행함으로써 예수님을 완전히 신뢰한다면, 당신은 완전한 결혼을 성취할 수 있다. 당신의 결혼이 하나님이 의도하신 방향으로 진행된다면, 거기에는 조화와 교감, 상호만족이 있을 것이다.

이 책은 성경적 원리와 해결책으로 가득하며 특히 후반부에는 여러 성공담을 담았다. 나는 나의 100퍼센트 사랑 접근법을 뒷받침하기 위해 성경에 뿌리를 둔 충고를 제공할 뿐만 아니라 임상적인 자료를 제시하기 위해 최선을 다했다.

당신이 완전한 결혼을 누리는 데 필요한 것이라 믿고 제시한 이 원리들을 내면화하고 적용하여, 예수 그리스도를 영화롭게 하기를 진심으로 바란다. 아내 메리와 나는 부부들이 하나님의 말씀을 믿고 말씀을 실제로 적용했을 때, 결혼이 완전히 변화하는 것을 수없이 보아 왔다.

이 책을 읽을 때, 눈앞에 놓여 있는 도전과 풍요로운 축복을 위해 스스로를 준비시키기 바란다.

아울러 이 책에 기울여 준 정성과 희생, 영감, 오랜 시간 노고를 아끼지 않은 나의 아내 메리에게 감사한다. 아내의 도움과 100퍼센트의 사랑으로 인해 부부간의 사랑에 대한 책을 써야겠다는 꿈을 실현할 수 있었다. 그녀는 잠언 31장에서 말하는 현명한 여인의 살아 있는 증거다.

내가 이 책을 쓰는 동안 지속적인 희생을 보여준 나의 자녀들, 사랑하는 니콜, 매들린, 데이비드, 제프리와 로렌에게 감사한다. 우리 아들과 딸 하나하나는 모두 탁월한 은사를 타고났으며, 나는 그들이 각자의 재능과 능력을 주님을 위해 최선을 다해 사용하기 바란다.

부모님 조 래시티와 투시 래시티에게도 감사드린다. 그들의 사랑과 지도와 정서적이고 경제적인 지원은 나로 하여금 많은 사람에게 도움을 줄 수 있도록 견고한 기초와 본보기를 보여 주었다.

내가 진정을 지원을 필요로 했을 때 함께 해준 처남 고故 릭 라페이지를 추모하며, 아울러 누나 카멜라에게 감사한다. 그녀의 100퍼센트 사랑은 사랑이 보증하는 모든 약속의 열매를 정녕 거둘 것이다.

뉴욕주 노스 콜린스에 사시는 장인 마이클과 이미 고인이 되신 장모님 로이스 조지에게 감사한다. 장모님에 대한 기억은 이 책과 함께 살아 있을 것입니다!

친구 배니 라리치에게 감사한다. 그녀는 아내를 내게 소개시켜 주었는데 그녀가 없이는 이 책이 나올 수 없었을 것이다. 그녀는 내가 곤궁과 전환의 시기에 있을 때 힘이 되어 주었다.

나에게 기술 지원을 해 주었던 존 켈러에게 감사하는 것은, 내 컴퓨터가 애를 먹일 때마다 그가 든든한 해결사 역할을 해 주었기 때문이다. 존, 성가시게 구는 그 조그만 바이러스들이 우리를 괴롭혔지만 자네가 그것들을 물리쳐 주어 원고는 보존될 수 있었다네. 자네는 기술적 도움을 주는 데도 최고수였지만 그에 필적하는 인내심을 보여 주었지.

교회 문을 열고 우리 부부가 완전한 결혼을 위한 하나님의 계획을 성도들에게 소개할 수 있도록 배려해 주었던 목사님들에게 감사한다.

마지막으로, 나의 구주가 되시는 예수 그리스도에게 감사한다. 그분은 내가 이 책을 쓰는 데 필요한 지혜와 믿음, 확신과 경험, 말씀을 주셨다. 나는 이 책의 메시지가 수백 만의 독자를 도와 그들이 완전한 결혼을 성취하게 되기를 기도하며, 삶을 위한 그들의 계획을 주님께서 이루어 주시기를 기도한다.

조셉 래시티

한언의 사명선언문

Our Mission

一. 우리는 새로운 지식을 창출, 전파하여 전 인류가 이를 공유케 함으로 써 인류문화의 발전과 행복에 이바지한다.

一. 우리는 끊임없이 학습하는 조직으로서 자신과 조직의 발전을 위해 쉼 없이 노력하며, 궁극적으로는 세계적 컨텐츠 그룹을 지향한다.

一. 우리는 정신적, 물질적으로 최고 수준의 복지를 실현하기 위해 노력하 며, 명실공히 초일류 사원들의 집합체로서 부끄럼없이 행동한다.

Our Vision   한언은 컨텐츠 기업의 선도적 성공모델이 된다.

저희 한언인들은 위와 같은 사명을 항상 가슴 속에 간직하고
양질의 책을 만들기 위해 최선을 다하고 있습니다.
독자 여러분의 아낌없는 충고와 격려를 부탁드립니다.

\- 한언가족 -

HanEon's Mission statement

Our Mission

一. We create and broadcast new knowledge for the advancement and happiness of the whole human race.

一. We do our best to improve ourselves and the organization, with the ultimate goal of striving to be the best content group in the world.

一. We try to realize the highest quality of welfare system in both mental and physical ways and we behave in a manner that reflects our mission as proud members of HanEon Community.

Our Vision   HanEon will be the leading Success Model of the content group.